本书为国家社会科学基金一般项目
"中世纪法国纯洁派异端的历史与叙事研究（13—19 世纪）"
（项目编号：20BSS014）成果

大有

神圣的异端

法国中世纪纯洁派叙事研究

王文婧 著

社会科学文献出版社
SOCIAL SCIENCES ACADEMIC PRESS (CHINA)

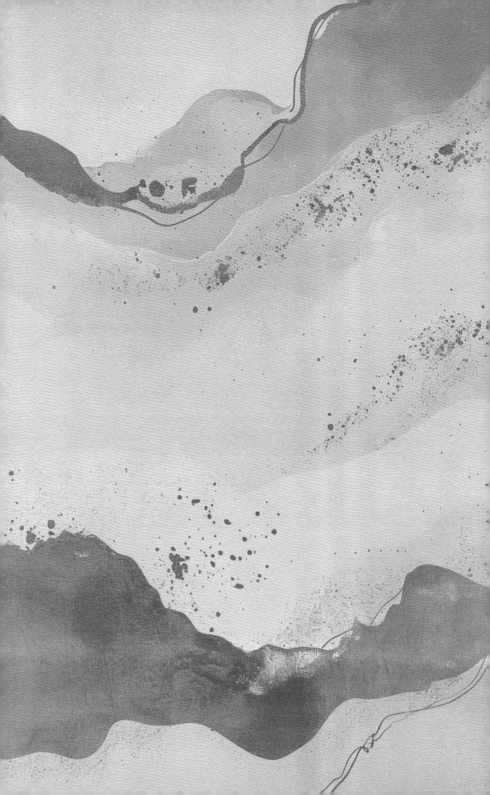

目　录

引　言

　　1979 年 2 月初的一天，图卢兹（Toulouse）一些大学和博物馆的墙上忽然出现了许多海报布告。它们的配图一般是火刑或宗教裁判所审判的场景，标题则不断凸显 1229 和 1979 两个年份。1229 年对于图卢兹和图卢兹大学而言都是极为重要的一个时间节点。这一年，一场决定图卢兹及其周边地区 ① 命运的战争——1209—1229 年的阿尔比十字军战争（la croisade contre les Albigeois）——结束，此前权势无两却桀骜不驯的图卢兹伯爵最终向国王俯首，图卢兹伯国也开始正式被纳入王室辖制。与此同时，战争各方签订的和约要求战败者图卢兹伯爵必须担负身在图卢兹的教会学者的薪酬，图卢兹学术和高等教育体系自此奠基，所以这一年也被视为图卢兹大学的创立之年。1979 年，在从中世纪穿行而来的图卢兹大学建校 750 周年之际，市政当局和大学行政团队准备举办各种庆典活动，希望以此提升和扩展图卢兹大学与城市的影响力，不料却出现了前述张贴海报进行抗议的行为。

---

　　①　此处指的是囊括当时法国整个东南部区域的图卢兹伯爵领地。值得一提的是，2016 年法国行政区划改革将原本的朗格多克-鲁西永大区（Languedoc-Roussillon）和南部比利牛斯大区（Midi-Pyrénées）合并形成了以图卢兹为首府的奥克西塔尼大区（Occitanie），而它的行政范围与 12、13 世纪图卢兹伯爵领地大致重合。

1

对于这场抗议的缘由，一份在图卢兹流转、两三天内便集齐了近百签名的请愿书解释得非常清楚。"1229 年，为了结束清除阿尔比派（les Albigeois，即纯洁派①）的十字军的蹂躏，图卢兹伯爵雷蒙七世（Raymond Ⅶ de Toulouse, 1197—1249）不得不签下《巴黎和约》（Traité de Paris），结束了奥克西塔尼（l'Occitanie）的独立。根据和约中的一个条款，伯爵还必须供养十四名来自巴黎的教授十年，而在这些人中，有人在授课之余甚至亵渎宁静的墓地，只为了点起所谓的'涤罪之火'，把图卢兹民众带入'正途'。朗格多克的宗教审判之路由此开启。大学行政部门打算隆重纪念这起镇压和论罪事件，政府则抓住机会将之上升到政治层面，试图以弘扬图卢兹大学的悠久历史来转移学校的危机。鉴于可怕的《巴黎和约》给图卢兹和朗格多克带来的灾难，以及在本地区面临紧缩和失业的敏感时刻举行盛大仪式的不合时宜，请愿人要求取消这一庆祝活动并呼吁民众以一切可能的方式对此表示反对"。②同一时间，著名中世纪史家米歇尔·罗克贝尔（Michel Roquebert）也在《南方快报》（Dépêche

---

① 这一教派在 19 世纪之前一般被称为"阿尔比派"，19—20 世纪，尤其是 20 世纪以后通常被称为"纯洁派"。虽然曾有学者从宗教和语义学方面对"纯洁派"一词的使用进行讨论，不过这与本书内容并无太大关联。因此本书会依照常例在 19 世纪之前的语境中多用"阿尔比派"，而在涉及现代情境时使用"纯洁派"，但对两个名称并不作严格区分。关于学者们对"纯洁派"名称的讨论，参见 Jean Duvernoy et Christine Thouzellier, « Une controvese sur l'origine du mot "cathares" », *Annales du Midi* 87/123 (1975): 341-349; Uwe Brunn, « Cathari, Catharistæ et Cataphrygæ, ancêtres des cathares du XⅡ e siècle?», *Heresis* 36-37 (2002): 183 200。
② René Soula, « La mémoire des toulousain offensée (1229-1979)» , dans Martin Aurell dir., *Les Cathares devant l'histoire, mélanges offerts à Jean Duvernoy*, Cahors · L'hydre éditions, 2005, pp.425-430.

du Midi）上发表文章表达了对这场庆典的不认同。他在文章中写道："政府打算以官方身份庆祝《巴黎和约》签订 750 周年。这个和约于 1229 年 4 月签订，确认了奥克地区最后一位图卢兹伯爵雷蒙七世的失败，预示着朗格多克将被并入法兰西王国，而图卢兹大学也就此建立，那些从巴黎来的神学家被安排到这里负责打击纯洁派异端（les Cathares）……大学的许多教师和各文化组织都对这个不合宜的计划感到震惊……并思量（到时的）官方发言是否会唤起人们对 1226—1229 年[①]战争期间诸多暴行的回忆……想一想，如果英国人为了纪念他们的征服而邀请法国人一起庆祝特拉法加和滑铁卢的胜利，将是多么可怕的事。"[②]

很快，在这些反对声音的倡导下，更多图卢兹民众参与到抗议活动中。最终，市政当局和图卢兹大学的管理者不得不放弃原有计划，各项庆典活动被叫停，只余一本纪念文集（Toulouse universitaire）得以出版。一场由反对派取得胜利告终的抗议活动就此落下了帷幕，其中凸显出来的问题却是值得玩味的，它让我们清楚地认识到，在（至少一部分）图卢兹人的集体意识中，遥远的过去与现实是多么紧密地交织在一起。

细读请愿书和罗克贝尔的文章便可发现，人们对这场周年纪念活动的抗拒主要源于两个方面。首先，纪念活动庆祝的虽是大学这一文化机构的成立，但图卢兹大学的创立与一场以战争形式展开的镇压和征服是分不开的。在人们的"记忆"中，这场战争不仅终结了南方的独立，而且摧毁了南方人的家园以及他们的自

---

① 1226 年，法王路易八世（Louis Ⅷ le Lion, 1223—1226 年在位）开始主导战争，王室之战开启。

② René Soula, « La mémoire des toulousain offensée (1229–1979) », p.426.

由安宁。即便意识到参与甚至领导战争的是图卢兹伯爵及其子民的君主，也很难改变无论是彼时还是当下的南方民众对这种暴力压迫行为的反感和怨愤。除此之外，人们虽然明白这场战争的起因在于纯洁派异端在图卢兹地区的盛行，然而现代信仰和道德体系培养出来的价值观念却让他们无法毫无障碍地理解——遑论认同——罗马的弹压、杀戮和宗教裁判所的行为。说到底，人们头脑当中保留的关于纯洁派的印象往往不是异端的离经叛道、执迷不悟和他们对教会及社会的危害，而是被送上火刑柱的男人女人、遭到十字军肆意屠杀的平民，以及令人畏惧的宗教裁判所。这些可怕场景唤起的怜悯和同情很容易使纯洁派被归入弱小无助的受害者行列，而他们的历史自然也被蒙上了一层凄惨悲怆的色彩，变成了一部受迫害者的历史。当一场庆典活动以如此暴力而充满压迫的历史意涵呈现在人们面前，图卢兹民众对它的抗拒也就不难理解了。

事实上，这不是纯洁派和阿尔比十字军的历史第一次以记忆之名介入现实。此前的1970年，朗格多克庆祝圣路易（Louis Ⅸ，1226—1270年在位）逝世700周年的庆典同样引发了不小的争议。这位圣徒国王原本有虔信正义的形象，但随着历史研究的深入和相关信息的扩散，他压迫犹太人、持续镇压纯洁派的历史细节也逐渐展现在人们面前，开始影响大众对这位国王的认知和评价。1970年的庆典活动之所以受到质疑，就在于对朗格多克民众而言，圣路易国王唤醒的更多是他们关于纯洁派和宗教裁判所的负面回忆，激起的也多是反感和抵触的情绪。在这种情况下，朗格多克成为记忆的场所，而民众也自行带入了深受阿尔比十字军和宗教裁判所之害的朗格多克人——甚至是纯洁派——

后裔的身份。图卢兹的抗议活动同样如此。对于长期有外省人和南方人身份意识的图卢兹人而言，1229 年这个时间节点马上会让他们联想到图卢兹的屈服、阿尔比十字军的暴力和宗教裁判所的专横，从而对导致这些情况出现的中央权力与传统权威产生不满，并将之投射到现实世界。

　　类似的情况在各个时代、各个国家和地区比比皆是。过去的确已经成为历史，但从未真正消失，它常常以与现实紧密相连的记忆的形式继续存在，并对人们的认知和行为，甚至对当下的社会产生影响。然而，这些"记忆"究竟从何而来？这个问题显然涉及生理、心理、社会、文化等诸多领域，所以很难给出全面确切的答案。但具体到纯洁派和阿尔比十字军，各类报纸、杂志、书籍、连环画，甚至旗帜、标语和广告招贴无疑都在以各自的形式承载和传播着关于这段过去的"记忆"，而描绘与讲述过去之事的文本毫无疑问是最重要的信息来源。从这个意义上来说，记忆关涉的显然不只是过去发生之事，更是人们对过去发生之事的记录和表述，亦即被书写的"历史"。

　　长久以来，书写下来的"历史"被视作了解过去的基础和依据，研究者普遍认为可以通过阅读这些历史文本把握过去的社会情态，从而重建关于过去的事实。然而，随着学术界对历史学研究方法与实践的持续反思和剖解，这种信念终究成了无法维系和实现的理想。无论是福柯（Michel Foucault）、米歇尔·德·塞尔托（Michel de Certeau）、海登·怀特（Hayden White）、保罗·利科（Paul Ricoeur）等学者对理论的探讨，还是勒华拉杜里（Emmanuel Le Roy Ladurie）、卡洛·金茨堡（Carlo Ginzburg）、娜塔莉·泽蒙·戴维斯（Natalie Zemon Davis）等史家对个案的研究，都在揭示和展现着历史的"可制造性"特征。[①]对于今天的历史学者来说，历史文本当然仍是了解过去的重要途径，但在此之前，它们首先是对特定事件或主题的叙述与"再现"（réprésentation）。这就意味着，除了对客观存在过的历史事实的反映和描述之外，文本中还包含写作者赋予的解释、想象，甚至是创造性的建构，这些同样构成了文本的核心内容。更为重要的是，历史文本中的事实、解释、想象与建构并非随意拼合，而是特定时空背景以及这一背景中的社会和文化选择的产物。从长时段的视角来看，这种复杂性显得尤为突出。人们在不同时空、不同知识和文化体系中不断地重新"认识"过去，以回应当下的需求，相应地，关于过去的叙述与记忆也在朝着不同的方向展开。在时空流转中，这些叙述和记忆难免经历增补、删减，甚至可能被掩匿或遗忘，但其中的某些关键要素常常得以保留，成为后来叙事和记忆的重要灵感来源，并持续为历史的再生产提供丰富的素材和养分。

　　几乎所有历史叙事都会经历类似过程，纯洁派亦不例外。在当下社会，人们对这个群体的理解不仅含混而且充满矛盾，他们可以既是离经叛道的异端，也是追求自由的变革者，既是信仰和社会秩序的破坏者，也是宗教和世俗权威之下的牺牲品，既是恶魔，也是圣者，简言之，既是恶的也是善的。这种错杂的认知自然是时下纯洁派叙事多样性的表现，然而这种多样性却并不完全是当代史学扬弃宏大叙事，进入碎片化时代的产物。当前思想领域对异质性、弱势群体、边缘化议题的广泛关注，确实使纯洁派

---

① 〔法〕保罗·利科：《记忆，历史，遗忘》，李彦岑、陈颖译，华东师范大学出版社，2018，第407—408页。

的多种形象更易为大众接受，但更为关键的是，前述关于纯洁派的所有观点和看法，均已在此前的历史叙事中有所呈现，并在不同层面深刻影响了纯洁派"历史"的构建和演变。可以说，正是这些既有叙事奠定了当代纯洁派认知的思想基础，而本书的主要目标便是讨论这些叙事的生成、关联，揭示其中各种因素之间的互动纠缠。①

　　纯洁派自出现之初就引起了罗马教会的关注，被斥为"异端"，并频繁出现在教会神职人员和编年史家的笔下，由此形成了一种与"错误""邪恶""破坏""分裂"等关键词紧密关联的原初叙事。这是一种典型的基督教异端叙事，其核心意象——上帝与恶魔之间的殊死对抗——不仅象征着精神领域的斗争，也为现实世界中"正义"与"邪恶"的生死较量提供了理论依据和正当性。这一阶段标志着纯洁派"历史"的初步形成，纯洁派最根深蒂固的"异端"形象正是在此时得以确立。本书第一部分便是对纯洁派在这一阶段的出现及其叙事的讨论。

　　然而，这种与罗马教会正义观完全契合的叙事在宗教改革时期却遭遇了前所未有的挑战。为了与天主教会争夺话语权，建立自身教会的合法性，改革思想家与改革派文人学者——在天主教论战者的"协助"下——通过重新阐释基督教义与教会史，

---

① 其中部分讨论可参见王文婧《法国宗教改革时期纯洁派与新教之间的谱系构建问题》，《世界历史》2016 年第 4 期，第 80—90 页；Wang Wenjing, « La « reviviscence » de l'histoire des Albigeois dans le conflit catholiques-protestants au XVIe siècle », *Histoire, monde et cultures religieuse* 43 (2017) : 115-130；Wang Wenjing, « L'Écriture de l'histoire des Albigeois et l'identité des Protestants dans la France Moderne » , *Chrétiens et sociétés. Documents et mémoires* 47 (2023) : 227-241；王文婧《历史书写与纯洁派形象的近代"制造"》，《史学月刊》2025 年第 4 期，第 115—125 页。

成功塑造了纯洁派的另一重形象。从恶名昭著的异端成为真正的信仰的守护者，这一转变不但颠覆了纯洁派的原初形象，也推动纯洁派"历史"进入了关键转变时期。伴随着新教独有的叙事策略，"圣洁纯净的教会""真理之光""明灯"等正面意象开始进入人们的认知，并在相当长的时间里影响着新教群体的集体记忆和信仰认同。这是本书第二部分的主要内容，也是纯洁派多元叙事展开的起点，虽然新教对纯洁派的解读同样根植于基督教传统，但新的纯洁派形象的出现本身便为后续各种不同叙事的生成开辟了空间。

本书第三部分即围绕宗教改革之后的纯洁派叙事展开。在这一阶段，关于纯洁派的书写不再是单一叙事的模式，而呈现出多元共存的局面。不同身份和知识背景的书写者从各自视角和需求出发，勾勒出或善或恶，或积极或消极的纯洁派形象，甚至将其塑造成了极具传奇色彩的"神话"。尽管这些文本的框架和内容在很大程度上继承了此前时代的思想观念和叙事方式，但不同写作者对其中元素的选择、编排以及对此给出的阐释，构建出的是更加复杂且更具现实意义的纯洁派"历史"，也是它们造就了当代对纯洁派的多重记忆和认知。

值得注意的是，上述三个阶段纯洁派"历史"的演变虽依照时间顺序展开，却绝非各自独立或截然分开。尤其从近代开始，关于纯洁派的不同叙事便往往交织在一起，既长期共存又互相竞争。比如，在原初阶段形成的典型异端叙事事实上贯穿了纯洁派历史叙事的三个阶段，即使在新教世界普遍接受纯洁派的先驱身份，将之视为真正的基督徒的时代，以及对异端这种边缘群体充满同情甚至认同的当下，这一叙事也从未消失。再比如，宗教改革时期形成的关于纯洁派的正面叙事虽然在新教不再受到质疑的时代常常处于边缘地位，却并未被遗忘，甚至至今仍在持续产生影响。比较典型的是，法国新教牧师米歇尔·雅斯（Michel Jas）在近年出版的著作中依然坚持认为，纯洁派与新教徒之间存在"同一性"，或至少存在某种"关联"。[①] 这样的观点当然很难被现在的历史学者接受，但在大众层面收获了不少关注和支持，以往叙事的持久影响力可见一斑。

　　关于过去的书写和叙事之所以能够不断影响人们的认知乃至行为，最根本的原因在于它们被普遍视为联结过去与现在不可或缺的纽带，是人们认识过去的主要依据和线索。这种天然内在的"信任"，即便在学术界对文献 – 证据的错位关系已有深入分析的现在，依然没有发生根本动摇。诚然，对历史事实的表现或陈述不可能与事实达到"同一"，但这些叙事的确为我们提供了接近事实的必要路径和基础。因此，为了更好地理解过去的真实面貌，对历史文本与叙事的讨论显得尤为重要。本书对纯洁派叙事的考察，正是对这一问题的具体探索，就此而言，纯洁派本身的历史不是本书关注的重点，我们的核心关注在于围绕纯洁派的书写，即人们讲述和传布的关于纯洁派的"故事"。

---

① Michel Jas, *Braises cathares, filiation secrète à l'heure de la Réforme* (Villemur-sur-Tarn : Loubatières, 1992), p.195 ; Michel Jas, *Cathares et Protestants, familles rebelles et histoire du Midi*, Sète : Nouvelles Presses du Languedoc, 2011, p. 12.

第一部分

阿尔比十字军与纯洁派的历史

在基督教异端史中，被称为"阿尔比异端"的纯洁派无疑占据着举足轻重的位置。自12世纪起，这一教派在欧洲迅速发展，令罗马教廷深感忧虑，最终斥其为异端并决定动用武力将之清除。1209年爆发的阿尔比十字军战争持续近二十年，被视为异端"巢穴"的法国南方遭遇了战火荼毒。直至14世纪，在教俗力量的联合打压下，阿尔比异端终于不复存在，但其历史并未随之终结。战争留下的深刻印记和教会在异端问题上的高度警惕，使这段过去始终萦绕在记忆中，激发着人们对纯洁派的长久关注。

第一章 纯洁派与阿尔比十字军

1 发现纯洁派

1143 年左右,莱茵兰地区施泰因菲尔德(Steinfeld)的普雷蒙特雷修会(les Prémontrés)会长埃韦万(Evervin)致信明谷的圣贝尔纳(Bernard de Clairvaux, 1090—1153),称他所在的科隆(Cologne)地区出现了一些公开抵制教会的异端分子,而且他们在各地已有诸多追随者,甚至包括不少教会神职人员。据埃韦万所说,这些人中的一些自言要像使徒一样安贫守道,终日祈祷、劳作,践行节制生活,他们拒绝奶制品和"经由交配繁衍的所有食物",不赞成婚姻,认为真正的洗礼是"圣灵与火的洗礼",因此否认教会以水洗礼的圣事,代之以按手礼;另一些人则整日与教会作对,指责神职人员腐化堕落、教会过多介入世俗事务,公开拒绝代祷、祭献等教会仪规。[1] 显然,这些"不良分子"的出现

---

[1] Jacques-Paul Migne éd., *Patrologia latina*, vol.182 (Paris : Migne, 1859), col.676–680(以下简称 *PL*)。相关研究参见 Anne Brenon, « La lettre d'Evervin de Steinfeld à Bernard de Clairvaux de 1143: un document essentiel et méconnu », *Heresis* 25 (1995) : 7–28; Pilar Jiménez Sanchez, « Aux commencements du catharisme : la communauté d'« apôtres hérétiques » dénoncée par Evervin de Steinfeld en Rhénanie », *Heresis* 35 (2001) : 17–44。

让埃韦万十分担忧，因此决定写信求助德高望重的西多会①领袖，希望他能给出有效的办法处理这些自称"使徒"的"魔鬼"。

1163 年，依然是在科隆地区，一本名为《驳纯洁派宣道书》（Sermones contra Catharos）②的小册子出现，作者是科隆附近舍瑙（Schönau）本笃修道院修士埃克伯特（Eckbert）。这位修士解释说，他之所以撰写此书，是因为近期在科隆地区发现了思想极为危险的异端。事实上，不仅是科隆，德意志、弗兰德尔和法兰西都已出现这些人的踪迹，不过名称各异，在德国他们被叫作"纯洁派"（les Cathares），③在弗兰德尔被称作"比夫勒"（les Piphles），在法国因其信徒多从事织造工作而被叫作"蒂斯朗"（les Tisserands，意为织工）。据说，这些异端分子拒绝婚姻，不食荤腥（他们认为肉类多是动物交配的产物，因而是不洁的），不接受婴儿受洗，否认以水洗礼的有效性（坚信洗礼必须是"火和圣灵的洗礼"）。此外，他们也不承认基督具有肉身和人性，不相信炼狱存在，而且在他们看来，基督的血肉不可能出现在圣餐里，因而参加弥撒、祈祷都是无用的行为。④由此，埃克伯特断定此类异端是摩尼教（le

---

① 西多会（l'Ordre cistercien）源起于 1098 年由莫莱姆的罗贝尔（Robert de Molesme，约 1029—1111）等本笃修士在勃艮第建立的西多修道院（l'abbaye de Cîteaux）。修道院笃行本笃会规，倡导守贫、克己和灵性生活，在 12、13 世纪的欧洲发展迅速。

② Eckberti Schonaugiensis, Sermones contra Catharos, in PL 195 (Paris : Migne, 1855),col.11–102.

③ PL 195, 31A: « catharos, id est mundos »。埃克伯特是第一个使用 catharos 指称这些异端的人，他在文中表明，catharos 意指"纯洁""净化"。因此，大多数当代学者都更倾向于使用"纯洁派"（他们认为该词出自希腊语，意为"纯净"）来称呼 12 世纪开始出现在欧洲的这些二元论异端。

④ Robert Ian Moore, The birth of popular heresy (London: Edward Arnold, 1975), pp.88–94. 关于埃克伯特《驳纯洁派宣道书》，参见 Robert Harrison, Eckbert of Schönau's Sermones contra Kataros﹝Ph. D. diss., Ohio（转下页注）

manichéisme）的后裔，认为他们不食肉类的教义、否定基督人性的观念，与信奉二元论的摩尼教坚信所有肉身都源自魔鬼的思想是遥相呼应的。很难确定埃韦万会长和修士埃克伯特描述的是同一个异端教派，但这些人在思想观念上的确存在不少相似之处，因而时人往往认定他们出自同一信仰体系。

在科隆地区发现异端踪迹的同时，法国也报告了多起异端事件。1144—1145 年，列日主教区向教廷呈报称，该地区出现了一些新的异端。[①]1146 年前后，圣贝尔纳到法国南方小城阿尔比（Albi）传道，随同弟子欧塞尔的若弗鲁瓦（Geoffroy d'Auxerre，生卒年不详）在谈及当时情况时说，这个城市的居民如传闻一般受到了异端邪说的侵染。[②]在各类报告的描述中，这些异端有一些共同特征，如推崇使徒时代守贫的生活方式，不承认耶稣肉身降临和复活，反对婚姻，拒绝教会的仪礼。及至 1190 年前后，[③]当时著名的西多会学者里尔的阿兰（Alain de Lille,?—1202 或

（接上页注④）State University, 1990〕; Robert Harrison, "Eckbert of Schönau and Catharisme: A Reevaluation", *Comitatus: A Journal of Medieval and Renaissance Studies* 22/1 (1991): 41–54; Uwe Brunn, « Cathari, Catharistæ et Cataphrygæ, ancêtres des cathares du XIIe siècle?» , *Heresis* 36–37 (2002): 183–200。

① Arno Borst, *Les cathares*, traduction et postface de Christiane Roy (Paris : Payot, 1974), p.80.

② *PL* 185, 414 C-D: « In Albigensi civitate factum est, quod caeteris non immerito miraculis credimus praeferendum. Erat enim populus civitatis illius super omnes qui in circuitu ejus sunt, haeretica pravitate contaminatus , ut audivimus ».

③ 学者们多认为此书出现在 1190—1200 年，也有看法认为此书应出现在 1179—1202 年，因为阿兰将这本书题献给蒙彼利埃领主纪尧姆八世（Guillaume VIII de Montpellier, 1157—1202），而后者约于 1173 年接替其父成为蒙彼利埃的领主，直至 1202 年去世。参见 Albert Dupuis, *Alain de Lille, études de philosophie scholastique* (Lille: L.Danel,1859), p.65.

1203）甚至特地撰文批判法国南方出现的异端。他称这些异端为
"阿尔比派"，确信他们是真正的二元论信徒，因为这些人声称，
世界存在光明（上帝）与黑暗（撒旦）两个本源，人类肉体源于
恶魔，只是天使堕落后存于人间的灵魂之狱，只有信仰坚定，这
些灵魂才能最终回归天堂。为此，这些信徒遵循不可吃肉的戒
律，不认可耶稣的真实存在和复活，不承认婴儿甚至成人洗礼的
有效性，也不认同圣餐中的面包和酒能够变为耶稣血肉的信念。[①]
这些情况与之前科隆以及各地汇报的异端信息共性明显，使当时
许多教会人士（以及诸多当代学者）由此确信，12 世纪的基督
教欧洲正被一种信奉二元论的异端侵害，而其中最具规模、影
响最为深远的便是出现在法国南方的分支，时人往往以"阿尔比
派"称呼他们，而后世学者则多采用"纯洁派"之名。

　　从之后越发丰富详尽的文献记载来看，这些异端的信仰中最
明显也最令罗马教廷无法容忍的，是一种神正论意义上的二元思
想。在基督教历史上，二元论早已有之，信奉者多认为宇宙存在
两个本原，一为善，一为恶，因此上帝并非唯一的神灵，与之相
对的还有罪恶之神撒旦。但这种思想与基督教会确认的一元论体
系有着本质分歧，因此一直受到正统教会的厌弃与谴责。即便如
此，抱持这类思想的个人或群体仍然存在，其中最令罗马教会忌
惮的便是在亚欧地区得到广泛传播的摩尼教。摩尼教于公元 3 世
纪由波斯人摩尼（Mani, 216—274 或 276 或 277）创立，摩尼教
徒相信存在光明和黑暗的永恒对峙，认为精神属于光明而物质属
于黑暗，人类灵魂由光明塑造，却被黑暗的肉体囚禁。所以，他

---

① Alanus de Insulis, *De fide catholica contra haereticos sui temporis, praesertim Albigenses*, in *PL 210* (Paris: Migne, 1855), col.305–378.

们不承认耶稣肉身曾真实存在，反对婚姻，禁绝肉食，笃信克制
肉体欲望能够使自身得到净化，让灵魂脱离黑暗，到达光明的乐
园。正如约安·P. 库里亚诺（Ioan P. Couliano）所说，摩尼教应
算是西方二元论思潮中最成功的一种变体。①它的成功之处不仅
在于其复杂而有序的思想体系，更在于其影响之深远（尤其是在
罗马教会的"助力"下）。12 世纪出现在法国南部地区的纯洁派
从一开始直到今天的绝大多数时间里都被视为摩尼教思想的继承
者，或至少与摩尼教及其所属的东方二元论体系有着不可否认的
微妙关联。应该说，埃克伯特修士的推测开启了将纯洁派归入摩
尼教谱系的先例，此后诸多报告者均会强调纯洁派思想的东方起
源，而做出这一论断的主要依据便是纯洁派有类于摩尼教的二元
论观念体系。

据说，最初到达西欧的纯洁派信奉的是一种源自保加利亚②
的温和二元论，认为这个世界"只存在一个上帝，就是造物主。
他所创造的事物中包括了恶魔撒旦，撒旦最初也是'善'的，后
来因为自由意志而堕落，背叛了圣父"。但从君士坦丁堡来的新
的传道者说服了这些人，以一种绝对二元论取代了先前的思想。
1167 年，纯洁派信徒在图卢兹附近的圣菲里克斯（Saint-Félix
de Lauragais）举行宗教会议，经过商议后开始信奉绝对二元论，
认为"世界存在一个好的事物的创造者，一个存在却不可见、不

---

① 〔美〕约安·P. 库里亚诺：《西方二元灵知论——历史与神话》，张湛、王伟译，上海人民出版社，2009，第 43—46、179—207 页。
② 学者多认为这些出现在意大利和法国的二元论思想源自 6 世纪小亚细亚的鲍格米勒派（le bogomilisme）。人们对其创始人鲍格米勒一无所知，但 10—11 世纪，有浓厚二元论思想色彩的鲍格米勒派在保加利亚、波斯尼亚、君士坦丁堡极为活跃，信奉者众多。

会受到任何影响的精神层面的神，而与他对立存在的还有一个邪恶的本原，一个腐败的神"。善神"在神圣的天国是万能的"，恶神则统治所有俗世的造物，两者同等永恒，却也互相对抗。恶神"撒旦进入天国诱惑了那些有生命的天使，使他们堕入尘世"，其灵魂被困于肉体之中赎罪，只有得到纯洁派教会神职人员的拯救才能重回天国，如果没有在一个躯体中获得拯救，灵魂就必须进入另一个躯体继续赎罪。由于相信有形可见的世界是邪恶之神创造的，所以纯洁派信徒不承认耶稣诞生、受难、身死和复活的事实，他们不杀生，不食肉（除了鱼类），不起誓，摒弃婚姻，反对圣餐，并拒绝接受在"有形的水"中洗礼。①

及至 12 世纪中叶，欧洲南部的纯洁派似乎已经形成了比较系统的组织和仪规体系。据记载，在 1167 年的圣菲里克斯教务会议上，来自君士坦丁堡的尼塞塔斯（Nicètas）神父主持封授了六位纯洁派神职人员为主教，分别管理法兰西教区、伦巴底（Lombardie）教区、阿尔比教区、图卢兹教区、卡尔卡松（Carcassonne）教区和阿兰（Aran）教区。②不过，纯洁派没有总领教派事务的教宗或大主教，各教区相对独立，主教之间也不存在从属关系。纯洁派的内部结构同样比较简单，主要由主教、神父和信徒三个群体组成，主教和神父被称为"完人"（parfait），意指"完美的基督徒"。完人的生活极为清苦，他们

---

① René Nelli, *Dictionnaire des Hérésies méridionales* (Toulouse : Privat, 1968), pp 91-92.

② Antoine Dondaine, « Les actes du concile albigeois de Saint-Félix de Caraman : Essai de critique d'authenticité d'un document médiéval », dans *Miscellanea Giovanni Mercati* (Città del Vaticano : Biblioteca Apostolica Vaticana, 1946), pp.324-355 ; Jean Duvernoy, *Le catharisme :* （转下页注）

需以苦行——如节欲、斋戒、摒弃肉类——摆脱肉体的束缚，为普通信徒做出榜样。其中主教的品阶更高，在所有教会活动，如为人祈祝、宣布斋戒和祷告中，都起重要的作用。在他之下，通常有一位"大弟子"（le Fils majeur）和一位"小弟子"（le Fils mineur），相当于助理主教，这里的"大""小"不仅表明两人在教会体系中地位的高低，也决定着他们接替主教的位次。一般而言，在某位主教死后，"小弟子"负责将主教职位授予"大弟子"，然后由新任主教任命"小弟子"为"大弟子"，再从所有完人中推选出新的"小弟子"，由新主教授职。除此之外，每个教会通常还会设立执事，[①]他们的职能是管理一个作为纯洁派活动中心的修院，在这里布道、抚慰信徒，采取一些必要的安全措

（接上页注②）la religion des cathares (Toulouse : Privat, 1976), p.237 ; Monique Zerner, « Traduction de la Charte de Niquinta », dans Monique Zerner dir., L'histoire du catharisme en discussion : le "concile" de Saint-Félix (1167) (Nice : Centre d'études médiévales, 2001), pp.19–21 ; David Zbíral, « Édition critique de la Charte de Niquinta selon les trois versions connues » , dans Anne Brenon dir., 1209–1229, cathares : une histoire à pacifier ? (Portet-sur-Garonne : Loubatière, 2010), pp.45–52. 对于此次会议内容的记载最早见于 17 世纪纪尧姆·贝斯（Guillaume Besse, 16?—1680）的《纳博讷公爵、侯爵、伯爵史》（Histoire des Ducs, Marquis et Comtes de Narbonne），后于 20 世纪 50 年代引起历史学家安托万·东丹（Antoine Dondaine）的注意。由于没有任何旁证，这份文献的真实性一直存在争议。经过细致分析研究后，如今大多数专研纯洁派历史的学者对其予以认可，但其中的一些具体内容仍不断引起争论。

① 有研究者认为纯洁派教会还有一点与天主教会不同，那就是有女执事，因为许多女性在纯洁派修院中承担相当于执事的工作，并有着很高的地位，埃斯克拉蒙德·德·富瓦（Esclarmonde de Foix），富瓦伯爵雷蒙-罗歇（Raymond-Roger de Foix, 1152, 一说 1155—1223）的妹妹就是一例。也正因为这样，纯洁派的女性在小说家和诗人的笔下总是扮演纯洁派女英雄的角色。虽然这一情况足以引起女性研究者的关注，不过，由于缺乏直接的证据，学者们的想法至今仍停留在猜测阶段。

施，在纯洁派信众不得不秘密活动时负责将完人从一个隐藏处护送至另一处。[①]如此简单的人员结构使学者们不得不谨慎推测纯洁派完人群体的数量。如让·迪韦努瓦（Jean Duvernoy）在研究宗教裁判所的审判记录后，认为从 1190 年到 1250 年左右，法国南部应有 1015 名完人，[②]而米歇尔·罗克贝尔也克制地提出，"从 1200 年到 1209 年至少有 1000 位完人分布在图卢兹至贝济耶（Béziers）之间的地区"。[③]不过即便为数不多，这些完人仍有效保证了纯洁派教会的正常运作，并以他们的行动吸引众多信徒进入教会，甚至加入完人的行列。

纯洁派虽然建立起特有的组织系统，但它自身几乎没有文献存世，因此直到今天，我们对这个群体的仪礼仪规依然知之甚少，多数情况下只能从负责追捕他们的宗教裁判所的记录中获取零星的信息。根据这些记载和后世学者的研究总结，纯洁派最为重要的仪礼是被称为"慰藉礼"（*consolamentum*）的按手礼。这是纯洁派特有的仪式，学者们认为这一仪式几乎涵盖了罗马教会除圣餐之外的所有圣事职能。比如，它可以被视为纯洁派的洗礼，但与罗马教会以水洗礼不同，纯洁派认为，他们以按手作为洗礼是在延续使徒时代的传统，得到的是圣灵的慰藉。此外，它也可以在与罗马教会坚振礼、告解忏悔以及授职礼类似的场合施

[①] Jean Duvernoy, *Le catharisme : la religion des cathares*, pp.236–239. 关于纯洁派内部的许多信息都来自兰尼埃·萨科尼（Rainier Sacconi）的记述。他曾是纯洁派完人，在历经长达 17 年的异端生活后，又出人意料地重新皈依了正统教会。后来他加入多明我会，成为一名宗教裁判官并著书记载了许多纯洁派和韦尔多派的信息。

[②] Jean Duvernoy, *Le catharisme : la religion des cathares*, p.263.

[③] Michel Roquebert, *L'épopée cathare : I. L'invasion 1198–1212* (Paris : Perrin, 2006), pp.142–143.

行，大致起到相同的作用。①不过，据文献记载，慰藉礼的施行主要还是在两种情况下：一是接纳普通信徒成为完人，此时这位信徒已经过初修，并且接受过严格细致的考察，被施行慰藉礼代表他将正式进入需严守戒律、践行苦修的生活状态；②二是对将死之人施以慰藉，与罗马教会的临终受膏仪式相似，纯洁派相信通过临终慰藉，被施行者的罪行将被赦免，灵魂可以得救。③

关于慰藉礼的施行过程，文献说法不一。一般而言，完人慰藉礼由两部分组成。第一个环节包含忏悔和确认，在场所有完人进行集体忏悔并向上帝祷告，之后由主教或长老（年纪或资历最长者）询问申请成为完人者"是否决定不再食用肉类和鸡蛋，是否能够做到不撒谎，不发誓，不奢侈，是否能够承诺即使在死亡的威胁下也不放弃信仰"。在申请者给予肯定回答后，仪式进入第二个环节，所有在场完人将右手按在申请者身上，为之赐予圣灵，并众声念诵天主经和福音书片段。慰藉礼结束，这位申请者便完成了从普通信徒到完人身份的转变。④对将死之人施行的慰藉礼与完人慰藉礼的过程基本相同，通常情况下，接受者都要证

① Anne Brenon, *Les archipels cathares : dissidence chrétienne dans l'Europe médiévale* (Cahors : Dire Éditions, 2000), pp.129-147.

② 在特殊情况下，慰藉礼需重新施行。比如，如果一个完人做了纯洁派教规不允许的事情，亦即犯下了罪孽，那么他就必须重新接受慰藉礼以求宽恕；如果为别人施行慰藉礼的完人犯下了罪孽，那么所有经他施行的慰藉礼的完人都必须重新举行仪式。

③ 接受过临终慰藉又奇迹般痊愈的情况并非完全没有。这时，之前的慰藉礼便是无效的，这位被施行者要么重回普通信徒的生活，要么经过一段时间考验后接受完人慰藉礼成为纯洁派的神职人员。参见 René Nelli, *La philosophie du catharisme* (Paris: Payot, 1978), pp.194-195; Paul Christophe, *Vocabulaire historique de culture chrétienne* (Paris: Desclée, 1991), p.86。

④ Steven Runciman, *Le manichéisme médiéval* (Paris : Payot, 1972), pp.140-142.

明他过去是如何要求自己向纯洁派教会靠拢，是否做出过伤害教会的事情等，不过一般而言，只要信徒作出信仰纯洁派的决定，就可以得到完人的临终安慰。

除了慰藉礼，纯洁派另一个经常被提及的独特传统是他们的斋戒（endura）。斋戒在包括基督教在内的许多宗教中都存在，纯洁派完人因其崇奉理念需弃绝物质享受，不得食用肉蛋，只能以面包、蔬菜和鱼类作为食物，以极度节制的方式生活，而某些信徒为纯净自身，也常常以完人为榜样，奉行斋戒。据说在最为极端的情况下，有人甚至会完全禁食，直至生命终结。这也是纯洁派常常遭到诟病之处。[①] 然而事实上，关于此类禁食的记载极少，可见这样的情况应该并不多见，不过病人，尤其是将死之人，也许是愿意使用这种方式以保证在身死之前不再重堕罪恶的。比如让·迪韦努瓦就从文献中发现过这样一段简单的记载："一个完人说，菲利普·德·拉尔纳（Philippe de Larnat）的妻子于盖特（Huguette）已经在她重病期间接受了慰藉礼，此后，她自愿禁食。根据完人们的建议，她被送到一个比较低矮的房间，这样完人们可以与她待在一起，以便能在需要时给予她安慰，直到她死去。"[②]

尽管组织结构简单，神职人员人数不多，相关圣事仪规似乎也仍处于简单朴素的状态，但纯洁派的确以其信奉的守贫生活和孜孜不倦的传道在12、13世纪的法国南方开创出了令罗马教会十分忌惮的局面。

---

① René Nelli, *La philosophie du catharisme*, p.195 ; Paul Christophe, *Vocabulaire historique de culture chrétienne*, p.118.

② Jean Duvernoy, *Le catharisme : la religion des cathares*, pp.164-165.

2 罗马教会的应对之策

12、13 世纪是法国人口快速增长的时期。1250 年前后，图卢兹城大约有 20000 居民，蒙彼利埃（Montpellier）人口约15000，贝济耶城的人口也已达到 10000 左右。就信仰来说，大多数民众普遍接受的仍是罗马教会灌输教导的观念体系，而纯洁派仅依靠千人左右的完人群体，就在法国掀起轩然大波，是让人难以想象的。事实上，在由纯洁派引发的一系列事件中，占据主体位置的其实是它的信徒群体。从狭义而言，"信徒"（croyant）应指尚未接受完人慰藉礼，并不践行完人禁欲生活，却信奉和拥护纯洁派教义的人。但由于纯洁派只有接受信徒成为完人的慰藉礼，并无类似罗马教会面向普通教徒施行的洗礼仪式，且纯洁派也没有相关记录留存，因此要判断一个人是不是纯洁派信徒无疑是十分困难的。不仅如此，从宗教裁判所的审判记录来看，当时许多民众去听完人布道，与他们同桌吃饭，甚至会跟随信徒一起崇拜完人，他们这样做或是出于好奇，或是对纯洁派宣扬的思想理念抱持宽容同情的态度，甚至在某种程度上认同这些理念，因而并不排斥参与纯洁派的活动。严格来说，这些人并不能直接被视为纯洁派信徒，但他们无疑是这一教派能够在法国南方掀起浩大声势的重要原因，因此，很多学者将他们与纯洁派教义的信奉者一并归入信徒群体。[1] 如此一来，纯洁派信众的数量倍增，对社会的影响也随之显著，所以在当时流转各方的信息中，法国南

---

[1] 例如阿尔诺·柏斯特（Arno Borst）便认为大多数纯洁派信众更像是纯洁派教义或理念的同情者和认同者。参见 Arno Borst, *Les cathares*, pp.173-175。

部地区的信仰情况才显得如此糟糕。

实际上，即便按照上述广义的方式来算，13 世纪法国南部朗格多克地区的纯洁派信徒大约也只有 4 万人，[①] 整个欧洲的纯洁派信徒也才 10 万人左右，[②] 与法国当时约 2000 万的人口规模相比不足为道，但他们的确在欧洲，尤其是在法国南部地区，引发了巨大反响。[③] 究其原因，一方面是纯洁派坚持的守贫、禁欲、节制等理念更符合人们对基督教和使徒生活的想象。相比罗马教会神职人员的贪婪、放纵、奢靡无度，纯洁派完人须遵守严苛的戒律，他们不拥有财产，不能食用荤腥，不得杀生，不起誓言，在宣道时，他们也会告诫信徒和倾听者不得放纵淫欲、通奸、贪财、杀人、使用暴力，也不应愤怒、欺骗和惧怕死亡。[④] 如此朴素的教导和自我约束的生活方式显然很容易赢得民众的好感。另一方面，法国南方教会长期以来的混乱以及神职人员的失职堕落早已令民众极为不满。"在朗格多克，教会许多主教的腐败和失职是人所共知的"，"那些修道院长也并不比主教们好到哪里"，"在他们的带领下，各教区神父或跟随他们的脚步，或失望气馁毫无活力而无所作为"。[⑤] 教皇对此并非一无所知，他曾多次指责他们（南方教士）"不再坚持行剃发礼，不巡视自己的教区，却

---

① Jean-Louis Biget, « Catharisme et cathares en Languedoc », *Clio voyages culturels* (2018): 1–5.

② Arno Borst, *Les cathares*, p.175.

③ 本书讨论仅涉及欧洲大陆，尤其是法国地区。但事实上，12 世纪中期，纯洁派已经在欧亚很多地方出现，如莱茵地区、佛兰德尔和香槟地区，还有卢瓦尔河流域、朗格多克、加利西亚（西班牙）、阿拉贡（西班牙）、意大利、波斯尼亚、希腊、保加利亚、君士坦丁堡和小亚细亚地区。参见 Jean Duvernoy, *Le catharisme : la religion des cathares*, p.7。

④ René Nelli, *Dictionnaire des Hérésies méridionales*, p.94.

⑤ Steven Runciman, *Le manichéisme médiéval*, pp.122–123.

更喜欢用昂贵的布料和漂亮的毛皮来装点他们做圣事时所穿的礼服，（这些人）沉湎于赌博，经常找一些小丑和乐师娱乐消遣，（他们）轻率地实施绝罚，有些人甚至在床上望弥撒"。[1] 这样的教会神职人员与在行为、道德上严守戒律的纯洁派完人相比高下立现，普通民众自然会更为推崇仿效使徒生活的群体。而与此同时，厌倦了总是要从修士手中争取土地所有权的世俗贵族，也"终于在并不觊觎他们财产的纯洁派那里得到了平静"。[2] 贵族的青睐对纯洁派在南方的发展无疑有不可忽视的影响，毕竟在一个对贵族阶层充满尊崇和敬畏的时代和社会，"一种异端被越多贵族喜欢，就会拥有越多信众"。[3]

到 12 世纪下半叶，纯洁派的组织结构已初步形成，而它在法国的教区几乎都位于当时权势极大的图卢兹伯爵及其附庸富瓦伯爵和卡尔卡松、贝济耶、阿尔比、利穆（Limoux）子爵领地范围之内。图卢兹伯国远离中央政权却又自成一体的特性显然十分有利于纯洁派的发展。据说，这里的民众往往对纯洁派完人礼遇有加，信徒与同情者会满怀热情为其奔走，贵族主动为他们提供物质给养，有些罗马教会的神职人员也会因为失望而将热切的目光投向"上帝的使徒"。这样的情况如此普遍，甚至让图卢兹伯爵雷蒙五世（Raymond V de Toulouse, 1134—1194）都感到不安，因而主动向教皇和国王求助："异端瘟疫式的传播是如此广泛……它在原本融洽的人群中散布不和，引起丈夫和妻子，儿子与父亲，儿媳和婆婆之间的争执。天主教的教士们也受其影响而

---

① Dominique Paladilhe, « Rome décide d'extirper l'hérésie », dans *Les cathares : la croisade albigeoise* (Paris : Éditions Tallandier, 1999), pp.68–77.

② Dominique Paladilhe, « Rome décide d'extirper l'hérésie », pp.71–72.

③ Steven Runciman, *Le manichéisme médiéval*, p.119.

堕落。教堂被遗弃变成废墟。人们拒绝洗礼，圣餐礼遭人厌恶，忏悔告解完全被忽视，他们不再相信上帝造人，也不认为肉体可以复活；天主教会的所有圣事全然被毁，人们开始相信有两个神……作为双刃剑的一端、神之怒的施行者、上帝的仆人，我苦苦寻求制止这种罪恶的方法，却一无所获。我的力量不足以成功遏止异端的传播，因为我的臣民中有许多贵族已经被这些不信教者的邪恶传染，大批民众受到蛊惑，以至于我不敢也无法有所作为。"[①]

事实上，对于法国南部的情状，罗马教会并非一无所知。早在 1163 年图尔（Tours）宗教会议上，各主教和修道院长应该就察觉到了纯洁派的存在，并决定以教规惩罚"阿尔比异端"（haeretici albigenses）。按照会议规定，基督徒"不得接待阿尔比异端，不许收容庇护他们，不得与他们有任何买卖往来，如有违反，则会被视为共犯予以绝罚；而这些异端一旦被发现，就应被监禁起来并罚没财产"。[②]1178 年，大概是对雷蒙五世求援的回应，教廷向法国南方派遣了第一个传道团，成员包括教皇特使帕维亚的皮埃尔（Pierre de Pavie）、普瓦提埃（Poitiers）主教让·贝勒曼（Jean Bellesmains）、来自英国的巴特（Bath）大主教，以及克莱沃修道院（Abbaye de Clairvaux）院长亨

---

① Dominique Paladilhe, « Rome décide d'extirper l'hérésie » , p.72; Michel Roquebert, L'épopée cathare : I. L'invasion 1198–1212, pp.116–117. 事实上，雷蒙五世此处控诉的异端应不单指纯洁派，还包括此前曾在图卢兹宣道的皮埃尔·德·布吕（Pierre de Bruys）和洛桑的亨利（Henri de Lausanne），以及他们的追随者，这些人都因传播与正统不符的教义受到教会惩罚。

② Charles-Joseph Hefele, Histoire des Conciles d'après les documents originaux, traduit par Henri Leclercq , tome 5, partie 2 (Paris : Letouzey et Ané, 1913), pp.971–972.

利·德·马西（Henri de Marcy）。尽管阵容强大，结果却不尽如人意。他们的传道并不受南方民众欢迎，甚至会被视为骗子、伪君子和异端，成为人们嘲弄的对象。^① 于是在次年于罗马举行的第三次拉特兰公会议上，教廷以愈发严厉的口吻谴责了加斯科尼（Gascogne）、阿尔比和图卢兹附近地区异端"公然毒害普通民众"的行为，并宣布，对被叫作"纯洁派""巴塔利派"（les patares）^② 或"波普利安派"（les publicains）^③ 的异端及其同党处以绝罚，与之接触者（如为其提供住所或与其交易）也同样面临被逐出教门的风险。会议还鼓励基督徒主动对抗这些异端，必要时甚至允许他们使用武力，且许诺响应主教号令清除异端者"将被免除两年的悔罪，与十字军一样得到教会的庇佑"。^④

在下达正式通谕后，教会打击、肃清异端的行动愈发强势且目标明确。1181 年，亨利·德·马西组织了一次带有军事意味的远征，准备讨伐据称控制拉沃尔城（Lavaur）的异端，不过这次远征并未遭遇抵抗，很快便以拉沃尔城的投降告终。^⑤1198

---

① Beverly Mayne Kienzle, "Henry of Clairvaux and the 1178 and 1181 Missions", *Heresis* 28 (1997): 63–87.

② 11 世纪出现在米兰的基督教派，因反对教会买卖圣职、抨击教会神职人员不遵守独身誓言受到教会打击，甚至被视为异端。由于地理位置接近，某些学者认为巴塔利派与法国南部的纯洁派存在关联。

③ 12 世纪出现在欧洲地区（主要是英国、法国）的异端教派，一般认为他们是被视为摩尼教后裔的保罗派信徒（les Pauliciens），百科全书中关于波普利安派的词条认为这是摩尼教徒在西欧的称呼。参见 *Encyclopédie, ou Dictionnaire raisonné des sciences, des arts et des métiers*, tome 13 (Paris: Briasson et al., 1751), p.87。

④ Charles-Joseph Hefele, *Histoire des Conciles d'après les documents originaux*, tome 5, partie 2, pp.1107–1108.

⑤ Beverly Mayne Kienzle, "Henry of Clairvaux and the 1178 and 1181 Missions", pp.63–87.

年，英诺森三世（Innocent Ⅲ，1198—1216 年在任）登上教皇宝座。第二年，这位教皇发布谕旨（*Vergentis in senium*），将信奉异端的行为与亵渎君主罪等同，从此，追捕异端并对其施加刑罚就成为世俗君主需履行的天然义务。[①]同年，英诺森三世的亲信蓬扎的雷尼尔（Rainier de Ponza）和西多会修士居伊（Gui）作为特使被派遣到南方宣道。1200 年，红衣主教圣普里斯科的让（Jean de Saint-Prisque）也带着教廷的申饬来到南方。在此期间，教皇还多次向图卢兹伯爵雷蒙六世（Raymond Ⅵ，1156—1222）施压，要求他在领地内清除异端，保卫信仰。1204 年，英诺森三世直接致信雷蒙六世的君主、法国国王腓力·奥古斯都（Philippe Auguste, 即腓力二世，1180—1223 年在位），恳请他履行世俗之剑的职责，协助镇压异端。[②]但从效果来看，教廷的苦心劝诫和威胁恫吓均收效甚微。

1203 年起，西多会丰弗鲁瓦德修道院（Abbaye de Fontfroide）的修士卡斯泰尔诺的皮埃尔（Pierre de Castelnau）[③]、拉乌尔

---

① Patrick Gilli, Julien Théry, « Innocent Ⅲ équipare le crime d'hérésie et le crime de lèse-majesté » , dans Patrick Gilli, Julien Théry éds., *Le gouvernement pontificale et l'Italie des villes au temps de la théocratie (fin XIIe-mi XIVe siècle)* (Montpellier : Presses universitaires de la Méditerranée, 2010), pp.553–561 ; Jacques Chiffoleau, « Note sur la bulle *Vergentis in senium*, la lutte contre les hérétiques du Midi et la construction des majestés temporelles » , *Cahiers de Fanjeaux* 50 (2015) : 89–144.

② Catherine Léglu et al.eds., *The Cathars and the Albigensian Crusade: a sourcebook* (London and New York: Routledge, 2014), pp.34–36.

③ 皮埃尔·德·卡斯泰尔诺，曾是西多修道院修士和马格罗纳（Maguelone）的代理主教。他开始担任英诺森三世特使的具体时间并不明确，不过 1203 年秋天，他已经与另一位修士拉乌尔一起以教皇特使的身份行事。在记载中，这位特使并不招南方民众，尤其是当地天主教教士和显贵家族的喜欢，因为他总是毫不留情地免去一些不称职教士的职务，将不遵从律法的人（其中许多都是贵族领主）逐出教会。

（Raoul）和西多修道院长阿诺·阿莫里（Arnaut Amaury, abbé de Cîteaux），①受命与其他几十位修道院长和修士一起执行在南方肃清教会、消灭异端的任务。他们巡视各处，宣讲福音，与异端分子辩论，试图在这里重建秩序。1208 年 1 月 14 日，卡斯泰尔诺的皮埃尔在准备渡过罗讷河返回圣吉尔（Saint-Gilles）②时被一柄长枪从背后刺死。随着这位教皇特使遇刺，原本尚算平和的反异端步调被打破，纯洁派的命运也就此转变。

3　阿尔比十字军（1209—1229）

　　卡斯泰尔诺的皮埃尔的死讯很快传回罗马，英诺森三世震怒不已。他立刻指称图卢兹伯爵是这场刺杀的幕后策划者，认为他出于对皮埃尔的不满，③指使人精心布局，刺杀了这位"可敬的殉道者"。④1208 年 3 月 10 日，英诺森三世连续发布数道谕旨，控

①　阿诺·阿莫里是阿尔比十字军战争中一个非常重要的人物。1196 年到 1198 年，他担任波布雷（Poblet）一个西多会修道院的院长，之后出任格兰塞尔夫（Grand Selve）修道院院长，并最终于 1200 年入主西多修道院。1204 年 5 月，他被英诺森三世任命为第三位，也是最有决定权的教皇特使，到法国南方协助（或者领导）卡斯泰尔诺的皮埃尔以及拉乌尔抵制异端。

②　圣吉尔为法国东南部小镇，因修建于此的圣吉尔修道院而得名，是基督徒重要的朝圣地之一。中世纪图卢兹伯爵因其家族源自这个地方也经常被称为"圣吉尔伯爵"。

③　在特使被谋害前，图卢兹伯爵曾在圣吉尔与之有过一次不愉快的会面。由于皮埃尔拒绝解除 4 月份宣布的对伯爵的绝罚和在其领地内禁止宗教活动的命令，伯爵公开表示了他的愤怒，甚至威胁要杀了这位特使。因此，教廷怀疑雷蒙六世是这场刺杀的幕后主使并非毫无道理。

④　Catherine Léglu et al. eds., *The Cathars and the Albigensian Crusade: a sourcebook*, pp.37–40. 图卢兹伯爵策划刺杀教皇特使应该是时人对这一事件的普遍看法，如记录阿尔比十字军始末的编年史作者沃德塞尔奈的皮埃尔（Pierre des Vaux-de-Cernay）便是以非常确信的口吻谈及此事的。

诉法国南方异端横行，以及图卢兹伯爵不仅无所作为甚至对抗教会的行为，决定以武力解决法国南部的异端问题。在向南方诸领主贵族发出的诏令中，这位教皇殷切呼吁人们同仇敌忾、捍卫信仰："这位义人被谋杀后，此地教会便失去了抚慰者，堕入痛苦和凄惨的境地；信仰消失，和平不再，异端肆虐，战祸将起；教会的小船在疾风暴雨中飘荡……如此危难当前，教会许诺赦免你们的罪孽，以便你们能对如此巨大的危险予以补救……可以用上帝予以启示的一切方法摧毁异端"；对于被认为应该为特使遇刺负责的图卢兹伯爵，教会不仅要再次将他逐出教门，而且"允许所有基督徒，不但可以对他本人发动攻击，还可以占领和保有他的封地，以便新的所有者可以清除那些无耻污染这片土地的异端……"[①]

　　与此同时，法国国王腓力·奥古斯都也收到了教皇的信件。除了将教皇特使被刺的信息告知国王，英诺森三世还强烈敦促这位君主直接介入南方的反异端斗争，惩罚图卢兹伯爵，重建基督教的秩序。然而，这一出兵南方的请求却遭到了腓力·奥古斯都的委婉拒绝。因为一方面，当时法国与英国正在交战，分兵南方或同时支撑两个战场显然不是明智的选择；另一方面，尽管法王对图卢兹伯爵也抱怨颇多，[②]但作为他的领主，过于迅速地响应

---

① Pierre des Vaux-de-Cernay, *Histoire Albigeoise*, traduit par Pascal Guébin et Henri Maisonneuve (Paris : J.Vrin, 1951), pp.31–32.

② 对于图卢兹伯爵的不服管束，法王在给教皇的回信中也有提及："对于您所告知的那位圣吉尔的伯爵应该为之负责的卡斯泰尔诺的皮埃尔的死，我深感遗憾：这是一位义人，他为实现其神圣的使命而奋斗。对这位伯爵，您有不满，我又何尝不是，也许我更多。在我与英国国王理查（Richard d'Angleterre）的战争中，他将妹妹嫁给了理查与我对抗。而我的父亲与我却一直出于好心为保护他的父亲与他以及他的领地作出了巨人牺牲。即便在与攻击我的英国国王约翰（le roi Jean）的战斗中，这位伯爵也有属下在法莱斯（Falaise）帮助英军。在所有战争中，作为王室治下（转下页注）

教皇的呼吁，向封臣的领地出兵，不仅无益于他将南方收归王室的长远目标，似乎也是对教皇随意插手世俗事务的默认。出于这些考虑，腓力二世虽然赞同教皇和教廷的做法，却并不打算直接插手，只批准了勃艮第公爵和纳韦尔伯爵（le comte de Nevers）组织骑士参与，以表重视。[1] 即便如此，这场罗马教会极力宣扬的"圣战"还是吸引了许多北方中小贵族和普通民众加入，毕竟拿起十字架不仅能让他们摆脱各种债务麻烦，还能轻松得到教会的赦罪承诺，这样的条件对于当时的基督徒而言还是极具诱惑力的。

　　1209 年 6 月，据称有 2 万骑兵和 20 多万步兵[2]的十字军主力部队在里昂集结，听从教皇特使阿诺·阿莫里、米隆（Milon）和泰蒂斯（Thédise）的指挥向南方进发，一场在基督教内部清除异端的十字军战争自此开始。战争矛头从一开始便对准了图卢兹伯爵雷蒙六世。雷蒙显然也觉察到了危险，因此迅速约见教皇特使，以"十足诚意"——用一些城堡作保，甚至主动送出人质[3]——恳请特使准许他归附十字军。特使接受

（接上页注②）最有权势的贵族之一，他没有向我提供过丝毫帮助。"参见 Michel Roquebert, *L'épopée cathare : I. L'invasion 1198–1212*, pp.320–321。

[1] Augustin Villemagne, *Bullaire du bienheureux Pierre de Castelnau, martyr de la foi : 16 février 1208* (Montpellier : Imprimerie de la Manufacture de la Charité, 1917), pp.321–326.

[2] 这个数目源自《阿尔比战争之歌》的作者图德拉的纪尧姆（Guillaume de Tudèle），其他两位编年史作者沃德塞尔奈修道院的修士皮埃尔（Pierre des Vaux-de-Cernay）和皮伊洛朗的纪尧姆（Guillaume de Puylaurens）都只用"不计其数"等词汇来形容十字军的规模，没有给出具体数字。Guillaume de Tudèle et son continuateur anonyme, *La chanson de la croisade albigeoise*, édité et traduit par Eugène Martin-Chabot, tome 1 (Paris : Société d'Éditions « Les belles lettres » , 1976), p.37.

[3] Pierre des Vaux-de-Cernay, *Histoire Albigeoise*, p.39.

了他的归降，并为这位伯爵主持了复归仪式。最大的敌人转瞬间成为盟友，使这场箭在弦上的战斗顿失对手。不过，十字军很快就选定了新的目标：掌控贝济耶、卡尔卡松、阿尔比等城市的子爵雷蒙－罗歇·特伦维尔（Raymond-Roger Trencavel，1185—1209）。[①]

事实上，在图卢兹伯爵选择妥协后，雷蒙－罗歇·特伦维尔也曾试图以屈服投降的方式来避免战争，但教皇特使拒绝了他的归顺。[②]1209年7月，由于贝济耶居民宁死也不愿交出城内异端，"那些随军散勇，既没有通知贵族，也没有请示贵族的意见，径直冲向城墙，对贝济耶城发起了进攻，不久就奇迹般攻入了这座城市……一进城，他们就对几乎所有居民——无论是小孩还是老人——展开屠杀，并且放火烧毁了整座城市"。[③]十字

① 雷蒙－罗歇·特伦维尔是图卢兹伯爵雷蒙六世的外甥。特伦维尔子爵家族从11世纪开始崛起，12世纪已经成为南方显贵。虽然领地地处图卢兹伯爵与阿拉贡国王两股势力中间，但两方常常相互牵制，特伦维尔家族反而从中获利。12世纪下半叶，为了与图卢兹伯爵结盟，特伦维尔家族的罗歇二世（Roger Ⅱ Trencavel），即雷蒙－罗歇·特伦维尔的父亲，迎娶了当时图卢兹伯爵雷蒙五世的女儿阿代拉伊德（Adélaïde）。由此，当雷蒙－罗歇·特伦维尔继承子爵之位时，他的领地已扩至阿尔比、贝济耶、卡尔卡松和拉泽斯（Razès）。

② 在一些学者看来，这位子爵被断然拒绝的原因主要在于，当时的十字军领导者阿诺·阿莫里认为，在南部进行一场军事行动以警告异端的同谋者和包庇者是十分必要的，既然此时图卢兹伯爵已不再是敌人，那么十字军继续征伐，特伦维尔子爵无疑是合适的替代选择。不过，伊莱恩·格雷厄姆－利则认为，特伦维尔家族成为十字军的新目标，主要是因为他们在其领地对异端实行宽容政策，而且一直以来与罗马教会关系恶劣。参见，Michel Roquebert, *L'épopée cathare : I. L'invasion 1198–1212*, pp.349–351; Elaine Graham-Leigh, *The Southern French Nobility and the Albigensian Crusade* (Woodbridge: The Boydell Press, 2005), pp.42–57.

③ Pierre des Vaux-de-Cernay, *Histoire Albigeoise*, pp.40–42.

军在南方的第一次大屠杀无疑给当时的见证者和记录者留下了深刻的印象。图德拉的纪尧姆是以震惊的口吻讲述贝济耶之战的："所有教堂里的人都被屠杀；即便有十字架、祭坛和耶稣受难像，也无法挽救他们的生命；这些随军仆役，这些疯子、浑蛋，甚至屠杀教士、女人和孩子；我猜想没有人能幸免于难。如果这些被害者足够虔诚的话，上帝会在他的天国接纳他们的灵魂！我从没有想过，在与撒拉逊人的战争之后，还会有如此野蛮的杀戮出现。"[1] 相比之下，皮伊洛朗的纪尧姆则仅仅指出，当十字军使用云梯攻入城市时，"所有人都躲入教堂寻求庇护，然而十字军紧随而至，他们在真福者玛丽亚－抹大拉的礼拜堂（那天正是节期）里杀了这些人"。[2] 战后，教皇特使向罗马汇报，贝济耶城被攻破那天，十字军一共杀了大约两万人。[3] 两年后，一个此后不断引发争议的插曲出现在西多会修士海斯特巴赫的凯撒里乌斯（Caesarius of Heisterbach, 约 1180—1240）的记载中。据说，当一个十字军战士询问西多修道院长兼教皇特使阿诺·阿莫里应如何辨别城中的天主教徒和异端时，这位特使回答说，"杀掉所有

---

[1] Guillaume de Tudèle et son continuateur anonyme, *La chanson de la croisade albigeoise*, tome 1, p.58.

[2] Guillaume de Puylaurens, *Chronique, 1203–1275*, édition et traduction par Jean Duvernoy (Paris: Edition du centre nationale de la recherche scientifique, 1976), p.61.

[3] 在贝济耶城被杀人数这一问题上，记载并不一致，从数千到十万人不等。学界一般认为教皇特使向英诺森三世汇报的数字是比较可信的。参见 *PL* 216 (Paris: Migne, 1855), col.137–141; Martin Alvira Cabrer, « La croisade des Albigeois : une armée gigantesque ? », dans Monique Bourin dir., *En Languedoc au XIIIe siècle. Le temps du sac de Béziers* (Perpignan : Presses universitaires de Perpignan, 2010), pp.163–189.

人，上帝会认出他的子民"。[1] 如此残忍的杀戮对南方各地意欲抵抗者而言无疑产生了极强的震慑。此后，除了雷蒙－罗歇·特伦维尔不得不守卫卡尔卡松外，十字军在战争初期几乎再未遭遇激烈的抵抗。

在攻破贝济耶数天后，十字军来到卡尔卡松城外。守城者与十字军几番交战，双方均死伤惨重。当时正值盛夏，卡尔卡松城水源渐缺，开始出现疫病。最终，特伦维尔子爵选择投降，他本人由十字军羁押，卡尔卡松居民被要求仅着外衫长裤（近乎"赤裸"[2]）离开。[3] 雷蒙－罗歇·特伦维尔不久后去世，其领地落入北方贵族西蒙·德·蒙福尔（Simon de Montfort, 1170?—1218）之手。西蒙·德·蒙福尔来自法兰西岛附近的蒙福尔－拉莫里（Montfort-l'Amaury）家族，1204 年通过母族继承成为莱塞斯特公爵（le comte de Leicester）。1208 年，西蒙受邀加入十字军来到南方。在攻占卡尔卡松，囚禁特伦维尔子爵之后，西蒙被推举为新的卡尔卡松与贝济耶子爵，也从此成为十字军的实际领导者。此后，十字军在西蒙·德·蒙福尔的带领下，穿过已经被占

---

① 这段记载的真实性长期受到质疑，许多学者认为如此残忍的话语不会出自罗马教会神职人员之口。但雅克·柏辽兹在分析了当时的反异端环境及中世纪教会的话语模式后指出，不论这段记载是否为实录，以当时的环境而言，神职人员说出此类话语并非不可能。参见 Jacques Berlioz, « *Tuez les tous, Dieu reconnaîtra les siens* » : *la croisade contre les Albigeois vue par Césaire de Heisterbach* (Toulouse: Loubatières, 1994)。

② 在图德拉的纪尧姆和皮伊洛朗的纪尧姆的记述中，这些居民不能带走任何财物，因此出城时只着衬衫长裤。但根据沃德塞尔奈的皮埃尔的记载，这些居民必须依照十字军的要求裸身离开，"除了满身罪恶，他们什么也带不走"。见 Pierre des Vaux-de-Cernay, *Histoire Albigeoise*, p.44。

③ Guillaume de Tudèle et son continuateur anonyme, *La chanson de la croisade albigeoise*, tome 1, pp.62–83; Guillaume de Puylaurens, *Chronique, 1203–1275*, p.63; Pierre des Vaux-de-Cernay, *Histoire Albigeoise*, pp.42–45.

领的地区，继续攻占帕米耶（Pamiers）、萨韦尔丹（Saverdun）、普雷桑（Preixan）。[①]1210 年 7 月，米奈弗（Minerve）被攻破；11 月，泰尔梅（Termes）陷落；1211 年春，卡巴莱（Cabaret）投降，3 月，拉沃尔遭到围攻很快失陷。至此，十字军已经推进到了图卢兹伯爵的直属领地。

　　尽管从一开始就参与了十字军，图卢兹伯爵的妥协却并没有换来教廷和十字军上层的信任。1211 年初，教皇特使在蒙彼利埃再次向雷蒙六世提出苛刻要求——包括解散佣兵，在领地内清除异端，摧毁领地内的要塞城堡，将领地移交十字军——被拒绝，因此这位伯爵又一次被逐出教门，其领地自然也就成为十字军可以进攻的目标。1211 年 6 月，十字军发动对图卢兹城的进攻，遭到前所未有的抵抗。图卢兹民众团结一心，科曼日（Comminges）伯爵和富瓦伯爵也响应图卢兹伯爵的召唤，与其一起抗击十字军。对图卢兹的围攻持续了两个多星期，在后方补给越来越困难的情况下，西蒙·德·蒙福尔不得不下令撤退，这是十字军侵入南部后第一次大的失败。

　　而在另一边，图卢兹之战的胜利让图卢兹伯爵信心大增，也揭开了法国南方反击十字军的序幕。南方贵族领主迅速集结在图卢兹伯爵旗下，许多城市和乡村的兵卒也加入进来，为保护家园和自己的利益而战。一时之间，南方各地起义骚动不断，领主们借机收回了许多被十字军占领的土地。然而这种情况持续的时间并不长。1212 年，获得增援的西蒙指挥十字军攻克了阿尔比、阿让（Agen）、凯尔西（Quercy）和科曼日等城市，重新掌握了战争的主动权。

_____

① 这些地方都属于富瓦伯爵——法国南方最有权势的贵族之一——的领地。

1213 年 1 月，因西蒙的征服担忧不已的阿拉贡国王皮埃尔二世（Pierre Ⅱ d'Aragon, 1176 ?—1213）介入战争。这位国王不仅是阿拉贡的君主，还同时领有巴塞罗那（Barcelone）和蒙彼利埃，其领地与图卢兹伯国毗邻，因此与图卢兹伯爵的关系一直十分微妙。图卢兹伯爵虽尊奉法王为君主，却从未放任王室插手南方事务，对于这种状况，阿拉贡国王不仅乐观其成，而且一直蓄谋将图卢兹伯国纳入阿拉贡的势力范围。1202 年，他将妹妹艾蕾诺尔（Éléonore d'Aragon）嫁与雷蒙六世，以图进一步增强与图卢兹伯爵的联系。十字军的进攻和西蒙·德·蒙福尔对南方土地抱有的野心令皮埃尔二世倍感威胁。面对 1212—1213 年南方阵营节节败退的情况，皮埃尔二世不得不改变策略，直接介入这场战争。他与教皇联系，试图说服教皇叫停战争。彼时，英诺森三世似乎也意识到十字军在南方的征伐已经走得太远，因此劝导西蒙·德·蒙福尔和特使谨慎行事，尽量减少暴力冲突，但这一建议显然并没有被接纳。和平解决争端的努力落空，皮埃尔二世最终决定将图卢兹、富瓦和科曼日伯爵领地纳入自己的保护范围，与南方领主们共同对抗十字军。

1213 年 9 月，以皮埃尔二世为首的南方阵营与十字军在米雷（Muret）开战。阿拉贡国王和图卢兹伯爵集结了南方主要兵力，而西蒙·德·蒙福尔能够指挥的十字军却只有千人左右，但也许是"上帝旨意"的昭显，这场对战以少胜多，最终以十字军的全面胜利告终。皮埃尔二世战死，儿子雅克（Jacques d'Aragon, 1208—1276）被西蒙扣为人质，无数南方骑士被俘被杀，"图卢兹人几乎家家有丧"。[①] 此次失利让南方阵营受到了沉

---

① Guillaume de Puylaurens, *Chronique, 1203–1275*, pp.79–87.

重打击。1215 年，图卢兹也被占领。继特伦维尔家族领地之后，西蒙·德·蒙福尔又得到了图卢兹伯爵的许多领地，且在第四次拉特兰会议上得到认可，在南方的权势一时无两。

1216 年 9 月，雷蒙六世和他的儿子开启了收复失地的战争，很快取得了一些胜利。1218 年 6 月 25 日，西蒙·德·蒙福尔在对图卢兹的又一次包围战中战死。1219 年，法国王子路易（后来的路易八世）参与了这场战争。1222 年 8 月，雷蒙六世逝世，其子雷蒙七世继承了他的头衔和未竟的事业。与此同时，西蒙的儿子阿莫里·德·蒙福尔（Amaury de Montfort）无力维持和经营其父为他争得的土地，最终自愿将这片占领地全数移交给了法国国王。1226 年，路易八世再次出现在南方，将这场十字军战争变成了卡佩王朝的国土归并之战。不过不久，这位国王就身染重疾而死，将所有问题都留给了他的儿子路易九世，即圣路易。路易九世继位时年纪尚小，因此直接领导南方战事的是路易八世的亲信于贝·德·博热（Humbert de Beaujeu）①。从 1227 年到 1228 年，卡佩王室与南方势力仍然冲突不断，但谁也没有占据上风。僵持的局面让已经被多年战争折磨得筋疲力尽的双方不得不开始寻求和解。王太后布朗什（Blanche de Castille）和摄政官于贝·德·博热在谈判开始前就加快了进攻步伐，以争取足够

① 于贝·德·博热是路易八世的表兄弟，他的父亲是博热第八代领主吉夏尔六世（Guichard Ⅳ de Beaujeu），其母为佛兰德尔和埃诺的西比勒（Sibylle de Flandre et de Hainaut），也是法国王后伊莎贝尔·德·埃诺（Isabelle de Hainaut，路易八世的母亲）的姊妹。于贝因在阿尔比十字军战争中表现出卓越的军事才能而深受国王器重，在路易八世死后被任命为朗格多克总督，后来更是全权代表王室与南方贵族谈判，促成了《巴黎和约》的签署。1247 年，他随路易九世东征埃及，任陆军统帅，1250 年死于叙利亚。

的筹码，最终在谈判中占据了明显优势。

1229 年 3 月，图卢兹伯爵雷蒙七世与王室签订《巴黎和约》，阿尔比十字军战争宣告终结。雷蒙七世不仅根据协定接受了王室和教会关于其领地安置的苛刻条件，而且允诺举行一场盛大的仪式祈求教会的宽恕。这一仪式于当年 4 月 12 日星期四在巴黎圣母院举行，伯爵仅着内衣，赤脚走向圣坛，祈求赦罪，接受免除绝罚的仪式。之后，他向王室和教廷代表发誓会遵守《巴黎和约》的所有条款，包括宣誓至死效忠教会、忠于卡佩王室，不遗余力打击异端及其支持者，在领地内确保教会及神职人员的权利，对因他和他的家族遭到损害的各教堂、修道院予以补偿。不仅如此，伯爵还承诺拆除图卢兹城的围墙，摧毁其他近三十座城市和城堡的防御工事，填平阻敌的壕沟，将位于图卢兹教区以东、罗讷河下游盆地及河对岸的所有领地割让给国王，而他自己也会按照教会要求到海外服役五年。最后也是最为关键的是，雷蒙七世允诺将女儿让娜（Jeanne de Toulouse）嫁与国王的兄弟阿尔方斯（Alphonse de Poitiers）为妻，并约定只有他们的子女才拥有图卢兹伯爵领地的继承权，如若没有合法继承人，这一领地将自动归于王室。①

随着《巴黎和约》的签署，以清除异端为目标的阿尔比十字军之战终于落下帷幕。法国南方贵族群体遭受了最为沉重的打击，原本盛极一时的特伦维尔家族几乎土崩瓦解，图卢兹伯爵家族也最终失去了对领地的控制权（1271 年，让娜夫妇去世，并未留下继承人，图卢兹伯爵领地直接归入王室）。没有了这些贵

---

① 关于《巴黎和约》的具体条款，参见 Guillaume de Puylaurens, *Chronique, 1203–1275*, pp.131–135。

族照拂和庇护的纯洁派虽不至完全消失，却也再未如阿尔比战争时一般站在历史的聚光灯下。然而，纯洁派对法国社会、宗教和政治的影响不仅局限于当时，在见证者的回忆和历史书写者的不断述说中，纯洁派似乎一直在历史长河中散发着微光，为不同时代的社会和记忆增添着出乎意料的色彩。

第二章　纯洁派的"故事"

1　编年史中的纯洁派

对于 12、13 世纪的基督教会而言，纯洁派的出现及其引发的阿尔比十字军之战无疑是具有特殊意义的重要事件，因此在战争初始便有教会文人记录这场战争。作为亲历者或见证者，他们为后世留下了关于纯洁派事件的最早记录，也勾勒出了纯洁派的最初形象。关于这些记录，目前所知最为重要的是三部编年史文献，它们分别是西多会沃德塞尔奈修道院的修士皮埃尔撰写的《阿尔比教派史》(Hystoria Albigensis)，图德拉的纪尧姆与不知名续写者所作《阿尔比战争之歌》(La Chanson de la Croisade albigeoise)，以及皮伊洛朗的纪尧姆的《编年史，1203—1275》(Chronique, 1203–1275)。

在关于阿尔比十字军的最初记载中，信息最为丰富也被后世学者参考最多的，是西多会修士皮埃尔以拉丁文撰写的《阿尔比教派史》。[①]这位作者自称是巴黎西南沃德塞尔奈修道院的一位修士，而他的叔叔居伊（Gui des Vaux-de-Cernay）是这座修道院

---

① 《阿尔比教派史》的译本早在 13 世纪便已出现，15、16 世纪又有其他译本和抄本出现，现主要收藏在布鲁塞尔的比利时皇家图书馆和法（转下页注）

30

的院长。作为当时颇受欢迎的西多会高级神职人员，居伊的交际十分广泛，颇得法王腓力·奥古斯都和教皇英诺森三世的信任。[①]他参与了第四次十字军东征，应该也是在此期间与西蒙·德·蒙福尔有了密切交往。阿尔比战争开始后，居伊在皮埃尔的陪同下来到南方，不久便成为西蒙的亲信。1212 年，他甚至受命接任卡尔卡松主教，以帮助西蒙和十字军在南方站稳脚跟。从这个意义上来说，居伊显然处在一个十分接近决策层的位置，而且不难获知十字军的行止布置、策略决定，以及许多事件的内情。对于一直陪伴在他身边的皮埃尔而言，这无疑是一种极大的便利，让其能够近距离了解到 13 世纪这场重要战事。因此，对于皮埃尔在《阿尔比教派史》开端声称所有记录都是他亲眼所见之事，后世学者一般是持肯定态度的。[②]当然，这种肯定很大程度上也源于作者在写作之初就谨慎地表明了自己的写作原则："尽管我可

（接上页注①）国国家图书馆。宗教战争时期，《阿尔比教派史》有两个译本出现，分别出自蒙彼利埃主教纪尧姆·佩利西埃（Guillaume Pélissier）和国王布道神父阿尔诺·索尔班（Arnaud Sorbin，约 1532—1606）之手，前者只有手稿，后者有印刷版本问世，且很受欢迎（详见下文）。17、18 世纪，这部著作似被遗忘，直至 1824 年，基佐主持翻译出版古代文献时才再次翻译出版了这部著作。1951 年，帕斯卡·盖班（Pascal Guébin）和亨利·迈松纳夫（Henri Maisonneuve）的修订版发行，即本书引用的版本。关于《阿尔比教派史》的相关文献分析，参见 Pierre des Vaux-de-Cernay, *Histoire Albigeoise*, Introduction；Christopher M. Kurpiewski, "Writing beneath the shadow of heresy：the Hisoria Albigensis of Brother Pierre des Vaux-de-Cernay"，*Journal of Medieval History* 31 (2005)：1-27.

① Monique Zerner, « L'abbé Gui des Vaux-de-Cernay prédicateur de croisade »，*Cahiers de Fanjeaux* 21 (1986)：183-204.

② 虽然没有注释，但皮埃尔总是在讲述时穿插他的消息来源，如"这是由……告知"，"我是从……那里听说的"。多数情况下，正如皮埃尔自己所说，他的信息都来自权威或绝对信任之人，如他的叔叔居伊、西多修道院长阿诺·阿莫里等。

能无法按照时间顺序讲述这段历史中发生的每件事，但至少我所记录的都是真实的，对于我没有亲眼见到的事情，或不是从权威与能够绝对信任的人那里得到的信息，我均不予采信。"[①] 正是这种坦诚与（至少看似）求真的态度，再加上随军的便利条件，才使他所讲述的纯洁派历史更具可信度，皮埃尔也因而被视为"阿尔比十字军官方史家"。[②]

由于将阿尔比派看作这场战事的挑起者，皮埃尔在《阿尔比教派史》一开篇就借助西多会在反异端斗争中积累的大量信息为读者勾勒出了这个群体的大概模样。据他所说，这些异端普遍"相信存在两位造物主：一位无形而不可见，他们称之为'善'神，另一位有形可见，被称为'恶'神"；他们认为"新约源出善神，而旧约则是恶神的作品"，"'出生在可见的地上的伯利恒又死于耶路撒冷十字架上'的基督是恶神基督，抹大拉的玛利亚是他的情妇……（而）善神基督不食不饮，从未有过真实的肉体"。[③] 不过，也有些异端相信只存在一位造物主，他有"两个子嗣，基督和撒旦；两个受造者本性均善，却因启示录所说的神之怒而堕落"。[④] 但不管怎样，他们都不承认教会的权威，认为罗马教会是"盗匪的巢穴，是启示录谈及的臭名昭著的娼妓"，并因此否认教会圣事的效用。这些人宣称洗礼的圣水与普通的水并无区别，圣餐的面包也与常人食用的面包无异，他们如此亵渎神圣，甚至讽刺说，"即便基督的身躯高大如阿尔卑斯山脉，也早

---

① Pierre des Vaux-de-Cernay, *Histoire Albigeoise*, Préface.

② Pierre des Vaux-de-Cernay, *Histoire Albigeoise*, Introduction.

③ Pierre des Vaux-de-Cernay, *Histoire Albigeoise*, pp.5-6.

④ Pierre des Vaux-de-Cernay, *Histoire Albigeoise*, p.6.

就被蚕食殆尽"。① 不光是圣餐和洗礼，告解礼、坚振礼、临终涂油和婚姻圣事等也都被这些异端认为是毫无意义的行为。更有甚者，就连肉体复活都遭到他们的怀疑，因为在他们"编造的奇怪故事"里，"人的灵魂来自那些由于骄矜倨傲而背叛天国的天使，天使的圣体虽然消散，但灵魂会连续停驻在七个凡人躯体中，并最终回归圣体，以此完成一场救赎"。②

皮埃尔讲述的这些异端信仰于时人而言可能并不熟悉，他们了解的更多是生活层面的信息。如皮埃尔所指出的，受到异端邪说蛊惑者大致分为两类，一类被称为"完人"或"义人"（bons hommes），另一类则是单纯的信徒。完人一般"身着黑衣，誓言恪守贞洁（骗子！），拒绝食用所有的肉蛋类食物和奶酪"，皮埃尔指斥这些人"在与上帝相关的事情上谎言不断却妄想被视为诚笃之人"，惊讶于他们竟相信"人无论在什么情况下都不应发誓"。依照相关资料，完人中也有"主教"（évêque）和"辅祭"（diacre），其主要职责是为将死之人施行按手礼，据说他们仅以此举（即"慰藉礼"）便能够让罪人得到救赎，进入天堂。与之相比，信徒们"并不追求像完人那般生活，却希望完人所信能给他们带来救赎"，但这些人显然绝非善类，他们"放贷、偷盗、杀人、享乐、背誓，无恶不作；他们带着确信和狂热犯下如此罪行，却相信即使不为盗窃做出弥补，不去忏悔苦赎，只要在去世前诵读主祷文并从他们的神父（完人）那里获得按手礼，就能救赎自己"。③ 在皮埃尔看来，这样的想法和行为不仅荒谬，且危害极大，而更可怕

① Pierre des Vaux-de-Cernay, *Histoire Albigeoise*, p.6.
② Pierre des Vaux-de-Cernay, *Histoire Albigeoise*, p.7.
③ Pierre des Vaux-de-Cernay, *Histoire Albigeoise*, p.7.

的是，整个朗格多克、纳博讷（Narbonne）都受到此类邪恶思想的侵袭，人们失去理智，背离信仰，迷失在了错误的道路上。

在皮埃尔眼中，阿尔比十字军的到来对当地无异于一场真正的救赎，是上帝旨意的明确展现。将自己视作见证者的皮埃尔因此记录下了这场神圣的战事，并将作品题献给发起战事的教皇英诺森三世。他向教皇坦陈心声，表示撰写这部编年史的"唯一动机就是让世人知道上帝的非凡成果"，让一场光荣而充满奇迹的，挽救基督教世界于危难之中的斗争不至于"随时光流逝而被遗忘"。[①]

为了实现这一目标，皮埃尔详尽地描绘了他于1208—1218年间目睹和了解到的战争情况。不过他的立场非常明确，因此在叙事中对教会和十字军赞颂有加，对异端及其庇护者则极尽贬损。比如，受到教皇派遣进入南方宣道的西多修道院院长阿诺·阿莫里和其他12位神父，在皮埃尔看来，便是"全然虔诚的信徒，知识渊博，圣洁无比"，而且12位神父正好对应"神圣的十二使徒"，与第13位——可敬的西多修道院长——一起"向所有对手展现着他们的信仰和希望"。[②]谈及十字军1209年以后的实际领导者西蒙·德·蒙福尔，皮埃尔也是毫不掩饰自己的赞赏，认为由他来指挥十字军并继承南方最重要的领地之一——特伦维尔子爵领地——绝对是最佳的选择。他形容西蒙不仅"身材高大、头发浓密、面容讨喜、容貌俊美，肩膀棱角分明、双臂强壮有力、肢体优雅，行动灵活敏捷，反应敏锐机警"，而且出身高贵，"能言善辩、亲切和蔼、和气友爱、品性贞洁却异常谦逊"，认为他的"决策充满智慧，建议恰当高明，决断公

---

① Pierre des Vaux-de-Cernay, *Histoire Albigeoise*, Préface.

② Pierre des Vaux-de-Cernay, *Histoire Albigeoise*, p.20.

正无私，能征善战且行事谨慎"。①如此多美好的品质加于一身，让人不得不认同作者的判断，相信西蒙·德·蒙福尔确实是蒙神庇佑的天选之人，定能带领十字军赢得胜利和荣耀。②

与之相对的，对于十字军的主要对手和敌人，南方最有权势的图卢兹伯爵雷蒙六世，皮埃尔常常语带讥讽，表现出明显的厌恶和鄙视。虽然没有明确称雷蒙六世为异端，但图卢兹伯爵对异端的青睐在他看来绝对超出常理，毕竟"没有一个教皇特使曾经成功让他将异端从他的领地驱逐出去，哪怕他曾迫于压力屡次答应他们的要求"。③在皮埃尔的描绘中，这位伯爵自幼便追随异端，经常会见他们，聆听他们的宣讲，而他常年随身携带新约，并有异端伴随左右，也是为了确保在临终时能够及时行慰藉礼，从而得上天堂。④再加上雷蒙六世曾不顾教会反对多次抛弃自己的妻子，经常驱使游兵悍匪劫掠教会财产，所有这些行动都让皮埃尔修士极度反感，认定他是"撒旦的门人、堕落之子、基督的敌人、教会的迫害者、信徒的压迫者、危险的使者、背教者，完全是罪孽的渊薮"。⑤有鉴于此，这位作者在讲述十字军的直接诱因——教皇特使卡斯泰尔诺的皮埃尔之死时，几乎理所当然地将图卢兹伯爵视为幕后黑手，即便雷蒙六世在十字军甫到南方之际便已悔过屈服，皮埃尔仍不乏疑虑地挖苦说，"多么狡猾奸诈的十字军呀！要我说，这位图卢兹伯爵举起十字架，并不是要为

① Pierre des Vaux-de-Cernay, *Histoire Albigeoise*, p.46.
② 正是这种无限推崇的口吻使16世纪阿尔诺·索尔班在翻译这本编年史时将题目定为《阿尔比教派史与高贵的西蒙·德·蒙福尔的功绩》，详见本书第二部分。
③ Pierre des Vaux-de-Cernay, *Histoire Albigeoise*, p.17.
④ Pierre des Vaux-de-Cernay, *Histoire Albigeoise*, p.16.
⑤ Pierre des Vaux-de-Cernay, *Histoire Albigeoise*, p.19.

那个被钉十字架的人复仇，而是为了暂时掩盖他的虚伪！"[①]

事实上，不仅是图卢兹伯爵，所有与异端有关联者——无论是否是异端分子——都令皮埃尔修士憎恶不已。在他笔下，胆敢对抗十字军的富瓦伯爵雷蒙－罗歇同样是"基督的敌人""教会的迫害者"，是"最阴险邪恶"和"出尔反尔"之人，也是最"残忍的刽子手"。[②]而在战争中选择帮助图卢兹伯爵的普瓦图司法总管萨瓦里·德·莫雷昂（Savary de Mauléon, ?—1233）不仅是"危险的叛教者""不义的渎职者"，还是"魔鬼之子""敌基督的代理人"，自己"腐败堕落、毫无德行、寡廉鲜耻"，还敢"反抗上帝，攻击神圣的教会"，简直是"人类的耻辱""魔鬼的化身"。[③]就连一直与罗马教会交好的阿拉贡国王皮埃尔二世，也没有摆脱"恶毒的国王""背信弃义者"和"基督的罪人"之名。[④]更有甚者，整个南方都成为皮埃尔敌视的对象。图卢兹伯爵的大本营图卢兹城被他视为异端的巢穴，图卢兹人成了"蛇蝎般恶毒的群体"；贝济耶的所有居民都是异端，不仅如此，他们还是"最可恶的骗子、不义者、通奸之人和盗匪，罪恶累累"；纳博讷人从未真正帮助过十字军，反而常常暗中阻碍"上帝的事业"。[⑤]总之，南方人都已感染了异端的瘟疫，必须接受惩罚。

怀着如此坚定的信念，皮埃尔修士记录下了十字军的一次次战事，为"上帝之名彰显"的每一个瞬间存证。从卡尔卡松战役中十字军似乎有取之不尽的面包，到十字军身上佩戴的十字架

[①] Pierre des Vaux-de-Cernay, *Histoire Albigeoise*, p.37

[②] Pierre des Vaux-de-Cernay, *Histoire Albigeoise*, p.21, p.58, pp.82-85.

[③] Pierre des Vaux-de-Cernay, *Histoire Albigeoise*, p.105

[④] Pierre des Vaux-de-Cernay, *Histoire Albigeoise*, p.86, p.105, p.173.

[⑤] Pierre des Vaux-de-Cernay, *Histoire Albigeoise*, pp.3-4, p.40, p.187.

奇迹般地挡住了敌人的弓弩，使战士虽被射中却毫发无伤，他几乎能从十字军的每一次行动中体察到"上帝的旨意"和"神的认可"。①哪怕是酷刑、杀戮这些通常与教会宗旨和律法相悖的行为，在这场"神圣的战争"中似乎都变得可以理解，甚至理所当然。所以对于十字军在征战过程中的烧杀行为，皮埃尔几乎从未出言指责，反而常常会在述说胜利的喜悦时加上一些奇闻异事，以表明这场圣战的"正义"。在讲述一场发生于 1210 年的战斗时，这位修士的几句评论透露出了他的真实想法。据他所说，西蒙·德·蒙福尔在这年春天轻松攻陷了卡尔卡松附近的一个小城堡，俘虏了一百多名护卫，却并未将他们就地处决，而是命令挖出这些人的眼睛，割掉他们的鼻子。对于如此残忍的行径，皮埃尔不仅没有提出异议，反而持支持和认同的态度，并且解释说，"伯爵下达这一命令，并不是因为他将这样的残害当作乐事，而是因为他的对手先做了这样的事，我们所有被他们俘虏的人都被那些残暴的刽子手如此残害②。看到他们掉进自己挖的坑里，让他们时不时尝到他们让别人遭受的苦难，这才是公平"。③当然，在皮埃尔的叙述中，针对阿尔比异端的战争也不尽"完美"。譬如参与十字军的既有神圣可敬的神父和虔诚勇武的骑士，也有自私敷衍、毫无信誉、胆小怕事之人，而十字军的作

---

① Pierre des Vaux-de-Cernay, *Histoire Albigeoise*, p.44, p.62.

② 皮埃尔所指应该是 1209 年冬，原本归顺西蒙的南方骑士吉罗·德·佩皮厄（Giraud de Pépieux）在十字军主力队伍离开后，背叛西蒙，杀死两名守军的事。据皮埃尔讲述，吉罗虽答应不会杀死两名守卫，却"挖去了他们的眼睛，割下他们的耳朵、鼻子甚至是上唇，然后将他们赤身露体送回（蒙福尔）伯爵那里"。详见 Pierre des Vaux-de-Cernay, *Histoire Albigeoise*, pp.55–56。

③ Pierre des Vaux-de-Cernay, *Histoire Albigeoise*, p.62.

战过程也远非一帆风顺，其中有凯旋，也有艰难曲折、背信弃义、尔虞我诈。

归根结底，《阿尔比教派史》讲述的是一个正义战胜邪恶的故事。这是基督教世界长久以来的典型叙事，也是涉及信仰问题时，中世纪作家普遍采用的述说模式。但除却这样的固有结构，这部著作依然为时人和后世留下了诸多关于纯洁派和阿尔比十字军战争的具体细节。抱持着对历史和记忆负责的态度，皮埃尔似乎确实在认真履行探询观察之责，尽力将能获取的确切信息传达给读者，因此尽管好恶明显，他所讲述的战争仍旧能给人真切之感。

以奥克语（langue d'oc，法国南部方言）撰写的战争长诗《阿尔比战争之歌》是另一部讲述纯洁派与阿尔比十字军的重要文献。[①] 这本著作与《阿尔比教派史》一样，都是以阿尔比十字军为主题，讲述的同样是 1208—1219 年间阿尔比战争的整体状况。不同的是，《阿尔比战争之歌》采用的是韵体诗歌的形式，以南方本地方言写就，且根据后世学者的研究，这部著作是由两

---

① 《阿尔比战争之歌》的原本已经散失。目前仅存的完整手稿保存在法国国家图书馆（Mss.25425 fonds français），应是 13 世纪下半叶的普罗旺斯语抄本，除此之外，还有一些节选手稿存世。16 世纪以后，有学者注意到了这篇长诗，随后出现了节选和修订抄本。1595 年，新教牧师让·沙萨尼翁（Jean Chassanion）出版他的《阿尔比派历史》时提及的"以朗格多克语撰写的著作"，很可能就是这部文献的某个抄本（参见本书第二部分）。18 世纪，文献学家拉居内·德·圣帕拉耶（La Curne de Sainte-Palaye, 1697—1781）曾研究过这部手稿，并将其中一些章节编入自己的著作出版；此外，《朗格多克简史》的两位作者，本笃会修士克劳德·德·维克（Claude de Vic）和约瑟夫·韦塞特（Joseph Vaissète）曾编译过的一本 15 世纪奥克语韵文诗集指的也是这部作品。19 世纪，基佐主持翻译古代文献，文献学者克劳德·福里埃尔（Claude Fauriel, 1772—1844）受命翻（转下页注）

位不同的作者接续完成的。

第一位作者图德拉的纪尧姆来自纳瓦尔地区，很可能是一位受过教育的教士。[1] 他自述曾在蒙托邦（Montauban）长期居住，之后到布吕尼凯勒（Bruniquel），受到当地领主图卢兹伯爵雷蒙六世的兄弟博杜安伯爵（Baudouin de Toulouse）[2] 的庇护，成为圣 - 安托南（Saint-Antonin）的议事司铎。由此看来，他应该也是十字军之战的目睹者甚至亲历者，至少其身份能够为他了解战争相关情况提供不少便利。与纪尧姆不同，另一位作者没有留下关于自己的任何信息，不过后世学者一般认为他的讲述是从1213 年米雷之战后开始的。之所以有此推断，是因为《阿尔比战争之歌》虽然在时序上没有中断，但前后两部分从语言措辞到态度立场都有明显差异。[3] 纪尧姆的记述混杂了普罗旺斯语和法语，作者并未在其中掺杂过多情感，文笔相对平实，而后一部分却没有延续这种客观中立的态度，写作者在言语中时时流露对南方人的同情和对十字军的不满，甚至使用的语言也更接近图卢兹

（接上页注①）译了这部著作的完整版本（参见本书第三部分），但并不令人满意。此后又有保罗·梅耶（Paul Meyer）和马利 - 拉丰（Mary-Lafon）的译本问世。本书使用的译本是欧仁·马丁 - 沙博翻译的第三版。关于这本著作的文献分析，参见 Guillaume de Tudèle et l'anonyme, *La chanson de la croisade albigeoise*, tome 1, Introduction ; Marjolaine Raguin, *Propagande politique et religieuse dans la Chanson de la Croisade albigeoise, texte de l'anonyme* (Ph.D. thèse, Université Paul-Valéry Montpellier III, 2011).

① 欧仁·马丁 - 沙博认为他也可能是一位有着教士身份的行吟诗人。
② 博杜安伯爵与雷蒙六世早有不和，阿尔比十字军战争开始后（大约 1212 年），博杜安背叛雷蒙六世，归顺十字军，1214 年被雷蒙六世以反叛罪处死。
③ Guillaume de Tudèle et l'anonyme, *La chanson de la croisade albigeoise*, tome 1, Introduction.

本地方言。① 然而这种情况并没有破坏整部著作在主题、形式上的连贯性和一致性，后一部分的作者显然刻意保留了之前的诗歌形式，甚至采纳了纪尧姆的写作风格，只在某些细微之处传递自己对这场十字军战争的不同观感和看法。② 因此，尽管后一部分作者的身份直到今天依然成谜，但学界普遍认为他是南方人，出身于有产阶层或教士群体，而且应当被视为《阿尔比战争之歌》的共同作者。

就内容而言，《阿尔比战争之歌》虽然与《阿尔比教派史》一样以阿尔比十字军为主题，但相比沃德塞尔奈的皮埃尔开篇就着重勾勒阿尔比派的形象，图德拉的纪尧姆在揭示挑起十字军的异端情况方面显得有些漫不经心。他并未单辟章节介绍异端，只是在一开始提醒听众，"异端（上帝会为其带来厄运！）已经占据了整个阿尔比（l'Albigeois）以及卡尔卡塞（le Carcassès）和洛拉盖（le Lauragais）的大部分地区"，"从贝济耶到波尔多"，沿路的大部分居民成了他们的信徒或支持者，即便教会已经尽力劝诫他们回归正途，这些异端分子仍旧执迷不悟，使教会不得不采取极端手段。③ 这就是阿尔比十字军的源起，也是作者要讲述之事的前因。不仅如此，在整部作品中，纪尧姆与

---

① 许多学者因此认为这位不知名的作者来自图卢兹，参见 Yves Dossat, « La croisade vue par les chroniqueurs », *Cahiers de Fanjeaux*4 (1969) : 221–259 ; Martin Aurell, « Les Sources de la croisade albigeoise : bilan et problématiques », dans M. Roquebert, P. Sánchez dir., *La Croisade albigeoise*, colloque international du C.E.C en 2002 (Carcassonne, 2004), pp.21–38。

② Finn E. Sinclair, « La Chanson de la croisade albigeoise comme forge d'une histoire mythique », *Revue des langues romanes*CXXI (2017) : 159–178.

③ Guillaume de Tudèle et l'anonyme, *La chanson de la croisade albigeoise*, tome 1, p.9.

他的续写者也从未像沃德塞尔奈的皮埃尔那样把异端叫作"阿尔比派"，[①] 只是笼统称他们为"异端"（hérétique）、"那些人"（gent），或直接斥责他们是"疯子""异教徒""不信神者""恶毒之人""无耻败类"，认为这些人应该遭受天谴。[②] 但对于这些人的思想和行为，两位作者均很少给出评价。纪尧姆也只是在讲到卡尔卡松的一场教会神职人员与异端的辩论时，谴责这些异端"对待布道还不如一个腐烂的苹果"，并感慨"在大概五年的时间里，这些迷失的人一直如此行事，不知悔改"。[③]

虽然没有过多讨论异端本身，但两位作者——尤其是图德拉的纪尧姆——赞同阿尔比十字军清除异端的立场是十分明确的。同沃德塞尔奈的皮埃尔一样，他们都认为异端必须受到严惩，因而满怀热情地赞颂十字军。纪尧姆夸奖西蒙·德·蒙福尔"勇敢坚强，无畏善战，聪明且经验丰富"，评价他是"一位优秀的骑士，慷慨亲切，温和率直，头脑敏锐，讨人喜欢"。[④] 他盛赞西多修道院长是"最有智慧和德行的主教"，"前所未有"，而图卢兹主教富尔克（Foulque de Marseille）的"功德无与伦

---

① 纪尧姆也使用"阿尔比"一词，但完全是一种地理指向（即阿尔比地区），并不代指异端。

② Marjolaine Raguin, « « Hérésie » et « hérétiques » dans la Chanson de Guilhem de Tudela », dans Anne Brenon dir., *1209–2009, Cathares : une histoire à pacifier ?* (Portet-sur-Garonne : Loubatières, 2010), pp.65–80.

③ 欧仁·马丁–沙博认为纪尧姆的记忆有误，他把 1207 年在蒙特利尔召开的会议定位到了卡尔卡松，但也有学者认为纪尧姆此处所说的是 1204 年在卡尔卡松召开的一场论辩集会。参见 Guillaume de Tudèle et son continuateur anonyme, *La chanson de la croisade albigeoise*, tome 1, p.10; Christine Thouzellier, « Conférence de Mlle Christine Thouzellier » , *École pratique des hautes études, section des sciences religieuses, Annuaire* 87 (1978): 385–388。

④ Guillaume de Tudèle et son continuateur anonyme, *La chanson de la croisade albigeoise*, tome 1, p.87.

比"。^①哪怕是守城不利，战败投降的博杜安伯爵，在纪尧姆看来，仍然骁勇善战，甚至可以比肩《罗兰之歌》中的"奥利维耶（Olivier）或罗兰（Roland）"，"如果像其他王爵一样拥有足够广阔的领地，他的一生必定可以征服更多"。^②这位伯爵之所以能得到如此赞许应当不只因为他是纪尧姆的庇护者，还因为他迷途知返，弃绝异端，从而避免了"被'神的战士'毁灭的命运"。与之相比，其他一心追随维护异端而不知悔改者的不幸不仅应当而且必然。纪尧姆谈到西多修道院长和图卢兹主教的宣教，称他们从未放弃向异端宣讲神意，希望将之引回正途，图卢兹人却很少听从，甚至转而讥笑两人是"到处乱转的蜜蜂"。这种状况显然令纪尧姆颇感失望，因而他评论说，这些人的结局已定，他们"会被摧毁、遭受劫掠，甚至被人暴力对待以便让他们回归正途，而我不会感到惊讶"。^③之后，这位作者讲述了血腥的拉沃尔之战，虽然惊呼"我不敢相信，在基督教世界会有身份如此高贵的贵族和那么多的骑士被吊死"，却仍不忘提醒听众，"先生们！这应该成为阿尔比派的一个教训；就我所看到和听到的，他们遭受了如此多的痛苦，都是因为他们没有按照神父和十字军的要求去做；（也许）当他们像拉沃尔城的人一样被劫掠一空时才会照做，但那个时候，无论是上帝还是其他人都已不会对他们有所顾念了"。^④

---

① Guillaume de Tudèle et son continuateur anonyme, *La chanson de la croisade albigeoise*, tome 1, p.21, p.111.

② Guillaume de Tudèle et son continuateur anonyme, *La chanson de la croisade albigeoise*, tome 1, p.175

③ Guillaume de Tudèle et son continuateur anonyme, *La chanson de la croisade albigeoise*, tome 1, pp.110–113.

④ Guillaume de Tudèle et son continuateur anonyme, *La chanson de la croisade albigeoise*, tome 1,, p.167.

　　纪尧姆的确将异端视为罪人，但与十字军和沃德塞尔奈的皮埃尔不同的是，他没有将所有南方人或对抗十字军者全都划归到异端或异端支持者——亦即应被清除之人——的行列，也并未把所有与异端有关联的人都当作不可饶恕的罪人。在纪尧姆看来，沃德塞尔奈的皮埃尔笔下整日与异端为伍并公然对抗十字军的贝济耶子爵，就绝非异端。"天底下再没有比他更杰出、英勇、宽容、礼貌、慷慨的骑士了……他是个虔诚的基督徒，生活在修道院里的众多教士和议事司铎都可以为他作证"，但他年纪太轻，无法令附庸信任或是畏惧，这些人放纵异端驻留家中，终于为他们的领主招来祸事；"这是他们覆灭惨死的原因"，而"他们的子爵也在经历可怕的痛苦后死去……这就是他们犯下大错的后果"。① 除此之外，富瓦伯爵虽然一直与十字军为敌，阻拦十字军惩罚异端，却终究还是一位"勇敢的伯爵"。② 甚至被沃德塞尔奈的皮埃尔称为"最邪恶的异端"的拉沃尔城女主人吉罗德夫人（dame Giraude），在纪尧姆眼中也并非没有可取之处。讲到拉沃尔城破、这位夫人被丢入井中砸死时，他发出感慨，"这是不幸，也是罪过，人们都知道，这位夫人总是能让所有人心满意足"。③

　　秉持着这种相对超然中立的态度，纪尧姆对战争期间交战双方的过分暴力皆表现出明显的不认同。他批评在贝济耶和其他

---

① Guillaume de Tudèle et son continuateur anonyme, *La chanson de la croisade albigeoise*, tome 1, pp.45-47.

② Guillaume de Tudèle et son continuateur anonyme, *La chanson de la croisade albigeoise*, tome 1, p.171.

③ Guillaume de Tudèle et son continuateur anonyme, *La chanson de la croisade albigeoise*, tome 1, p.167.

地方无谓屠杀平民的十字军——在他的描述中，大多是随军的仆役、无赖、投机分子——是"疯子""混蛋"，对胆敢杀害十字军的人更是满心厌恶，主张以暴制暴，甚至提议"如果能把这些杀害并强夺十字军财物的坏人像小偷一样吊死，就好了"。[①]不过，无论怎样，对于这场战争，纪尧姆的看法始终是明确的：十字军为清除有害的异端而来，其正当性毋庸置疑。

相比之下，《阿尔比战争之歌》续写者的态度却有些含混。他并没有质疑十字军的正当性，却也没有掩饰对十字军的不满。在讲述西蒙·德·蒙福尔的葬礼时，他告诉听众，这位十字军指挥官的墓志铭是这样写的："他是一位圣人、殉道者，他定会复活，得到他的遗产，徜徉在奇妙的欢悦中，头戴花冠，坐上王座。"但这位续写者显然认为西蒙并无资格得到如此赞颂，他写道，"如果在这个世界上，一个人可以借由流血杀人、夺去人们的性命、允准杀戮、听从错误的意见、纵火、毁掉诸侯贵族、剥夺他们的高贵体面、抢占他们的领地、傲慢得不可一世、抑善扬恶、屠杀妇女儿童，得到耶稣基督的庇佑，那么这位伯爵倒的确能够戴上王冠，照亮天空"。[②]受到指责的不光是十字军的首领，曾被纪尧姆高度称赞的图卢兹主教富尔克在《阿尔比战争之歌》的后半部分也成了"背信之人"。续写者对富尔克巧言令色骗取图卢兹人顺服西蒙的行为十分不齿，因此借里昂副主教之口痛斥富尔克，"主教大人，您如此恶毒好斗，您的威胁之语让超过50

[①] Guillaume de Tudèle et son continuateur anonyme, *La chanson de la croisade albigeoise*, tome 1., p.171.

[②] Guillaume de Tudèle et son continuateur anonyme, *La chanson de la croisade albigeoise*, tome 3 (Paris : Société d'Édition « les belles lettres », 1973), p.229.

万人陷入了痛苦，他们的灵魂在哭泣，身体在流血"。[①] 而在他们的对立面，图卢兹伯爵雷蒙六世和他的儿子雷蒙七世则被塑造成南方的保护人和拯救者。他们领导人们抵抗外来入侵，守护自己的家园，言行操守都无可指摘。在述及 1218 年图卢兹再次被围时，续写者更是以一种极具诗意的语言描述了年轻的雷蒙七世的到来："为了抚慰他们（图卢兹人），圣母之子为他们遣来了一段橄榄枝、一个惊喜、一颗清晨在山间升起的明亮的星星，年轻英勇的伯爵，杰出的继承者，带着剑和十字架穿过了城门。"[②] 态度和风格转变如此明显，无怪乎许多学者认为《阿尔比战争之歌》的后半部分已经偏离了第一位作者纪尧姆的写作主旨，被不知名的续写者转变成图卢兹人收复失地的爱国主义叙事。

不管图德拉的纪尧姆及其续写者是否在写作意图和主旨观念上存在分歧，《阿尔比战争之歌》的确为世人留下了另一部关于阿尔比战争的详细记录。这同样是一个有关光明与邪恶之争的故事，却夹杂了写作者更多的思考和情感。与沃德塞尔奈的皮埃尔相比，图德拉的纪尧姆及其续写者讲述的更像是一个南方人视角的故事。他们述说异端的出现招致灾祸，也哀叹家乡遭到外国人（les étrangers, les Français）的破坏和蹂躏变为废墟；他们怨怪南方领主们交结异端，却也同情他们领地被夺的遭遇，感怀他们对治下城池的卫护。关于纯洁派的历史便在这首以本地奥克语写就的长歌的不断传唱中得以保存和流传。

---

① Guillaume de Tudèle et son continuateur anonyme, *La chanson de la croisade albigeoise*, tome 2 (Paris : Société d'Édition « les belles lettres » , 1972), p.65.

② Guillaume de Tudèle et son continuateur anonyme, *La chanson de la croisade albigeoise*, tome 3, p.167.

在阿尔比十字军战争结束大概 20 年后，纯洁派事件终于迎来了它的第三部重要记录，皮伊洛朗[①]的纪尧姆撰写的《编年史，1203—1275》。[②] 在伊夫·多萨（Yves Dossat）的讨论中，相比之前两部著作，这部写于阿尔比战争过去后较长时间的编年史也许少了些对早期事件内情的了解把握，但时间的间离也让作者站在更为公正的立场对一些情况作出解释和评断。[③] 但对于更多学者来说，这部编年史的关涉时段虽然是三部著作中最长的，其连贯性和可靠性却均逊于其他两部。其中一个重要原因便是作者写作的时间较晚，因此难以像沃德塞尔奈的皮埃尔修士或图德拉的纪尧姆及不知名的续写者一样给出可靠的信息来源。另一个原因则是作者明显忽略了一些重要事件，如雷蒙六世公开弃绝异端和十字军对图卢兹的劫掠，[④] 这让读者和研究者很难不对作者的客观性产生疑问。不过，无论如何，这部编年史仍为我们提供了阿尔比战争时期许多事件的详细信息，对于了解战争之后法国南部的状况而言，它更是不可或缺的珍贵资料。

研究表明，皮伊洛朗的纪尧姆 1200 年左右出生于图卢兹，

① 皮伊洛朗是位于图卢兹东部的一个小村庄。

② 《编年史，1203—1275》现存最早的 14 世纪抄本和节本保存在法国国家图书馆和图卢兹市图书馆，此外还有一些 16 世纪的抄本手稿问世。1623 年，《图卢兹伯爵史》（Histoire des comtes de Toulouse）的作者纪尧姆·卡代尔（Guillaume Catel, 1560—1626）将之编入其著作附录，使这部编年史为更多人所知。1649 年，安德烈·迪歇纳（André Du Chesne, 1584—1640）出版的《法国史家著作》（Scriptores historiae francorum）也收入了此书。1824 年，基佐主持的翻译工程同样包含此书，此后还有查理·拉加德（Charles Lagarde）译本问世。本书采用让·迪韦努瓦的译本。对于这部编年史的分析，参见 Guillaume de Puylaurens, Chronique, 1203-1275, Introduction.

③ Yves Dossat, « La croisade vue par les chroniqueurs », p.238.

④ Guillaume de Puylaurens, Chronique, 1203-1275, pp.8-9.

并在这里接受教育。大约自 1228 年起，他开始在图卢兹主教富尔克身边为其服务；1231 年富尔克去世后，继任主教勒福加的雷蒙（Raimond du Fauga）依然对他信任有加，他也因此得到了皮伊洛朗本堂神父的职位。如果我们相信让·迪韦努瓦的推断，那么皮伊洛朗的纪尧姆至晚从 1247 年起还担任过图卢兹伯爵雷蒙七世的教堂神父。[①] 这样的身份和经历无疑可以让皮伊洛朗的纪尧姆成为很多事件的知情者甚至见证人，从这个意义上来说，《编年史，1203—1275》提供的信息可信度还是比较高的。当然，以作者的年龄而言，他不可能亲历或目睹十字军战争期间的事态发展，因此这部涵盖漫长时段的编年史必然借鉴了其他的资料，其中最有可能的便是《阿尔比教派史》和《阿尔比战争之歌》。考虑到纪尧姆对某些细节的描述（比如贝济耶之战，拉沃尔城屠杀）与这两部著作有颇多类同，因此研究者普遍认为《编年史，1203—1275》的作者应该阅读过这两部作品，或至少了解、听闻过其中一些章节。

此外，就内容而言，可以想象的是，同为教会神职人员，皮伊洛朗的纪尧姆对于异端及其引发的十字军战争的看法也应该与另两位作品的作者是一致的。他在序言中就告诉读者，这场"为捍卫基督教信仰，扫除异端而发起的行动"是欧洲近百年来"最值得记录的事件"，而他希望通过这部编年史让所有人都能理解"因为人们犯下了罪孽，上帝才决定对我们可怜的家园施加惩罚"。[②] 这里的"罪孽"显然就是指人们对异端思想的信奉。纪尧姆形容这些异端是"堕落之子"，"表面虔诚，实则拒斥真理"，

---

① Guillaume de Puylaurens, *Chronique, 1203–1275*, p.4.

② Guillaume de Puylaurens, *Chronique, 1203–1275*, pp.23–25.

称"他们的话，像坏疽一样蔓延"，无论城市还是乡村都有许多人被感染和诱惑，以至于整个地区如同"受到诅咒"一般荆棘丛生，到处都是"土匪、强盗、小偷、杀人犯、通奸之人和明目张胆的高利贷者"。[①]至于异端究竟信奉何种思想，作者并没有像沃德塞尔奈的皮埃尔一样给出具体描述。不过，在谈及 1207 年异端与教会神职人员的论辩时，纪尧姆指出，这些罪恶之人甚至声称罗马教会"并不是耶稣的教会，也不是神圣教会，而是撒旦和魔鬼的教会，是圣约翰在启示录中所说的巴比伦：'世上行淫之事和可憎事物之母，沉醉于圣人和耶稣基督殉道者的鲜血'"，认为"这个组织既不神圣，也不纯洁，并不是我主耶稣基督所建；无论是耶稣还是使徒们都不曾要求建立一个如今天看到这般的举行弥撒的社群"。[②]以此而言，即便没有不合正统的神学观念，这样看待罗马教会的叛逆想法也足以给南方的异端招致严厉的惩罚。

事实上，不光是异端，纪尧姆认为应该接受惩罚的还有没有恪尽职守、履行守护职责的当地神父和贵族。他在序言中就表明，南方人的"罪孽"也包含神父和贵族的失职。其中，极为典型的便是富尔克之前的图卢兹主教和图卢兹伯爵。据纪尧姆所说，十字军到来之前，图卢兹曾先后有两任主教，分别是富尔克朗（Fulcrand）和雷蒙·德·拉巴斯腾（Raimond de Rabastens）。在他们任职期间，图卢兹的状况十分糟糕：教区收入微薄，什一税大多都被领主贵族攫取；神职人员非但不受尊敬，连人身安全都难以保障，甚至主教想要巡视教区都不得

---

① Guillaume de Puylaurens, *Chronique, 1203–1275*, pp.23–25.

② Guillaume de Puylaurens, *Chronique, 1203–1275*, pp.51–53.

不请求领主保护才能出行。① 在这样的情况下，神职人员几乎不可能肩负起与异端抗争的责任，虽然他们本能够"斥骂、谴责、回击"这些罪人。而另一边，图卢兹伯爵原本也应该承担起基督教守护者的职责，却同样因"无能、疏忽、懈怠"而在铲除异端方面无所作为。② 在纪尧姆看来，正是因为有着这样的神父和领主贵族，"魔鬼才得以在这个地方安营扎寨"，使"黑暗来临"。③

由此，十字军的到来在纪尧姆的叙述中便成了罪恶南方涤罪历程的开始：为了对抗魔鬼的侵入，上帝最终决定派遣他的战士进入这片地域，以肃清黑暗。所以，对于这些上帝的战士，《编年史，1203—1275》的作者不吝赞美。尽管与图德拉的纪尧姆及其不知名的续写者一样出身南方，皮伊洛朗的纪尧姆却没有如他们一般把来自北方的十字军叫作"外国人"，反而称他们为"上帝的军队"，并常常赞美他们的英勇。在他笔下，蒙福尔伯爵"虔诚而精力充沛"，在战场上冲杀犹如"雄狮进入了马群"，他一直蒙神庇佑，甚至在上帝的帮助下得到了图卢兹伯爵的领地和权势。④ 教皇特使、西多修道院长阿诺·阿莫里是位虔信者且足智多谋，图卢兹主教富尔克完全就是受神指派而来。在如此正义的光环之下，十字军的杀戮和征服也成了无可厚非的正常行为。比如，对1209年十字军攻占贝济耶后在教堂实施的屠杀，纪尧姆只以十分平淡的口吻简单描述了这一事件，而且还评论说，"很显然，这是上帝允准的行为，是对他们（贝济耶民众）阴险

① Guillaume de Puylaurens, *Chronique, 1203–1275*, pp.41–43.
② Guillaume de Puylaurens, *Chronique, 1203–1275*, pp.41–43.
③ Guillaume de Puylaurens, *Chronique, 1203–1275*, p.27.
④ Guillaume de Puylaurens, *Chronique, 1203–1275*, p.63, p.75, p.95.

杀害他们的领主特伦维尔①的报复"。②对于极为血腥的拉沃尔城之战，这位作者虽然罕见地耗费了不少笔墨，指出"伯爵西蒙吊死了那位艾默里大人和一些骑士，有近 80 名贵族被杀……将近 300 个异端被送进熊熊的火焰。城堡的女主人吉罗德被埋在投入井中的石头之下"，③但他的语调依旧平静无波，似乎记录下来的只是平平无奇的事情。

不过，十字军的行动在纪尧姆眼中也并非完全无可指摘。在讲到十字军 1215 年攻下图卢兹城，将图卢兹伯爵逼退到西班牙并接管其领地后，这位编年史家给出了一番评论。他请读者回想十字军的初衷，说上帝让十字军出现本是为了清除异端以保护基督教的信仰，而十字军也是在上帝的助力庇佑之下才得以凯旋。但是胜利的欢悦似乎让这些上帝的战士忘记了初衷，他们随意占领土地城池，却不是为了信仰，而是为了自己的利益，贪婪和享乐的欲望占据了他们的身心，金钱和土地变成了他们的目标。在纪尧姆看来，这种情况已经预示了十字军将会遭遇的失败，因为上帝必会让他们为此付出代价，正如犹太人的不知感恩最终招致了埃及人和其他民族的攻击一样。④果然，在之后的战役中，十字军常常遭遇阻碍，左支右绌，再无之前所向无敌的局面。1218 年，西蒙·德·蒙福尔在战斗中被石块砸到，伤重去世。根据纪尧姆的叙述，这位十字军指挥官此时

---

① 此处作者指的是雷蒙－罗歇·特伦维尔的祖父，雷蒙·特伦维尔（Raimond Ier Trencavel, ?—1167）。1167 年，这位子爵在贝济耶的教堂被叛乱的民众杀害。

② Guillaume de Puylaurens, *Chronique, 1203–1275*, p.61.

③ Guillaume de Puylaurens, *Chronique, 1203–1275*, p.71.

④ Guillaume de Puylaurens, *Chronique, 1203–1275*, pp.95–97.

已满身疲惫，厌倦战争，因而上帝以死亡让他得以休息，而这也是上帝给予十字军的另一个昭示，他在提醒"那些并不努力清除异端却想狂妄地统治那些与他们对立的民众的人"，他们已经偏离了上帝的道路。[1]

值得注意的是，《编年史，1203—1275》中虽有对十字军的批评，却不代表皮伊洛朗的纪尧姆与《阿尔比战争之歌》的不知名续写者一样对他的南方同胞充满同情。纪尧姆的确为家乡遭遇战争灾祸感到惋惜，但他一直是坚定站在上帝一边的。在他心中，十字军遭遇的失败源于他们的堕落引发的上帝之怒，而南方各个城镇、领地被征服占领也是由于不敬上帝、不事反省。他在讲到1209年十字军围攻贝济耶城时，直言已"不受神宠"的贝济耶人"本应和平迎接到来的人"，但他们"傲慢地"认为自己能够抵抗上帝的军队，结果便是毫无意外的失败。[2]谈及1213年的米雷之战，纪尧姆的评论也一样犀利。这场与十字军的对抗集合了南方两大领主——图卢兹伯爵和阿拉贡国王——的实力，然而看似优势明显的南方联军面对十字军却溃不成军、一败涂地，十字军甚至只以一人伤亡的代价就赢得了战争。在纪尧姆看来其缘由便在于，他们的对手"全心笃信上帝"，而南方人，尤其是阿拉贡国王，"并不信任上帝的力量，反而对人的能力充满信心"。虽然此战之后，图卢兹几乎家家户户都有伤亡，但这一不幸是他们自己造成的，或者如纪尧姆所说，是阿拉贡国王失去理智的结果。而这位国王也终究为自己的不尊信仰、傲慢、鲁莽以及耽于享乐付出了应有的代价，他的战死向世人昭示了与基督

[1] Guillaume de Puylaurens, *Chronique, 1203–1275*, pp.101–105.
[2] Guillaume de Puylaurens, *Chronique, 1203–1275*, p.61.

徒为敌的后果。①

　　与《阿尔比教派史》和《阿尔比战争之歌》相比，《编年史，1203—1275》的最大贡献其实在于它补充了1220年之后南方地区发生的事情。对于这些事情，作为图卢兹主教亲信的纪尧姆往往能够亲自参与或目睹，因此为我们提供了许多有价值的资料。他描写了1222年图卢兹伯爵雷蒙六世染病去世，但由于尚未摆脱被绝罚的身份，所以无法以教会礼仪入葬的情况，也讲述了继任的图卢兹伯爵雷蒙七世带领南方贵族领主重整旗鼓与十字军对抗的过程。十字军仍在继续征战，但其领导权很快转移到了王室手中，在纪尧姆笔下，路易八世和路易九世是带着神的庇佑加入这场圣战中的，因而图卢兹伯爵领地和整个南方地区完全归入法兰西王国治下便成了注定的结局。事实上，纪尧姆不仅记述了十字军在王室领导下的胜败得失，甚至还论及了法国南部在整个欧洲范围内的军事和外交情况，从这个意义上说，编年史的后半部分几乎是对法国南部地区13世纪下半叶整体状况的概述。而与此同时，这位作者对异端的关注也没有减少。他报告了1229年图卢兹宗教会议商定的继续追捕异端的措施，也记录了1233年宗教裁判所的建立及其最初面对的困难局面。1244年蒙塞居城堡（Montségur）被攻陷的情况在纪尧姆的记述中尤为详尽。这是许多异端的藏匿之所，一座"撒旦的圣堂"，然而由于该城堡盘踞于极高的岩石之上，易守难攻，所以此处的反异端斗争长久以来都没有进展。不过在纳博讷主教、阿尔比主教和卡尔卡松司法总管的联合行动下，这座由"不信教者"守卫的设防城堡终于不敌虔信者的军队。据纪尧姆所说，在蒙塞居共发现了近

---

　　① Guillaume de Puylaurens, *Chronique, 1203–1275*, pp.83–87.

200 名异端信徒，其中甚至包括一位主教，但他们都不愿改变信仰，于是被处以火刑，永堕地狱。[1]

纪尧姆在谈及 1272 年法王腓力三世（Philippe III le Hardi，1270—1285 年在位）南下平定富瓦伯爵（Roger-Bernard III de Foix, 1243?—1302）叛乱时，停止了他的讲述。此时，法国王室已经接掌图卢兹伯爵领地，曾经包容异端的图卢兹伯国的命运至此终结，但纯洁派异端和他们的故事却依然在传播和延续。

值得注意的是，三位编年史作者在谈及纯洁派时，都提到当时还有另一些异端分子也颇受南部民众欢迎。皮伊洛朗的纪尧姆指出，当时南方既有"阿里乌斯派信徒"（les Ariens）、"摩尼教信徒"（应是指纯洁派），也有"韦尔多派（les Vaudois）或里昂派"，他们虽然都阴谋破坏基督教信仰，所想所做却不完全一致，尤以韦尔多派与其他群体最不一样。[2]图德拉的纪尧姆在讲述十字军的集结时，也不经意地提及十字军的目标是纯洁派和那些脚穿粗陋鞋履的人。[3]后世学者一般认为图德拉的纪尧姆所说的第二个群体就是韦尔多派，其外在明显特征便是穿简陋的鞋子。沃德塞尔奈的皮埃尔也曾说起过这一情况，而且更加详细。他在介绍异端状况时谈到，南方除纯洁派外，还有一个"以里昂人瓦尔多（Valdo）的名字命名"，被叫作"韦尔多派"的异端群体。这些人如使徒般穿凉鞋，在任何时候都不会宣誓，也不得杀人，必要的时候，穿着凉鞋的任何人都可以不经授权为他人行圣餐礼。这些行为无疑是有悖于教会规条的，不过在

---

[1]　Guillaume de Puylaurens, *Chronique, 1203–1275*, pp.173–177.

[2]　Guillaume de Puylaurens, *Chronique, 1203–1275*, p.25.

[3]　Guillaume de Tudèle et son continuateur anonyme, *La chanson de la croisade albigeoise*, tome 1, p.25.

皮埃尔眼中，他们虽然"同样是坏人，但与那些异端（纯洁派）比起来，也就没有那么邪恶了"。[①] 由此可见，韦尔多派[②] 于时人而言并不陌生，只是由于纯洁派的声势更大，韦尔多派才没有得到太多关注。阿尔比战争之后，许多韦尔多派信徒与纯洁派完人一样继续向南逃遁，直到意大利北部山区才安顿下来。当"韦尔多派"再次出现在世人面前时，已是近三个世纪之后（16世纪初期，隐居山区的韦尔多派主动与改革教会领袖取得联系，并于1532年决议加入改革教会）。彼时，纯洁派早已成为历史，而中世纪韦尔多派的过去也与纯洁派一样，被封存在史书和教会文献当中。

---

① Pierre des Vaux-de-Cernay, *Histoire Albigeoise*, pp.8–9.

② 一般认为，韦尔多派得名于它的创立者皮埃尔·瓦尔多（Pierre Valdo ou Valdès, Vaudès）。据说他原是一位富有的里昂商人，由于被吟游诗人的颂诗感动，决定弃绝财产，效仿使徒过简单朴素的生活。也有人认为，这一转变源于这位里昂商人长久坚持的狂热信仰。瓦尔多不同寻常的观念很快就引来了众多追随者，1177年左右，里昂已出现以他为核心的信仰群体，此后法国南部许多地方都有韦尔多派信徒存在。但这种不经授权的个人传道行为是不被罗马教会允许的。1182年（或1183年），瓦尔多和他的门徒被里昂大主教驱逐，1184年维罗纳（Vérone）会议将韦尔多派斥为异端、分裂分子，并逐出教会。1215年第四次拉特兰会议上，教会重申对韦尔多派的决定。因此，韦尔多派与纯洁派一样只能秘密传教，在阿尔比战争中也遭到残杀。战争过后，韦尔多派逐渐离开城镇，退居到普罗旺斯、多菲内（Dauphiné）等地的山谷中，有些信徒甚至去了意大利北部的伦巴底和皮埃蒙特（Piémont）地区。相关情况参见 Jean Guiraud, *Histoire de l'Inquisition au Moyen Âge : Cathares et Vaudois* (Paris : Picard, 1935); Christine Thouzellier, *Catharisme et Valdéisme en Languedoc à la fin du XIIe et au début du XIIIe siècle* (Paris : PUF, 1966); Christine Thouzellier, *Hérésie et hérétiques : Vaudois, Cathares, Patarins, Albigeois* (Rome : Edizioni di storia e letteratura, 1969); Jean Gonnet et Amedeo Molnár, *Les vaudois au Moyen Age* (Turin : Claudiana, 1974); Gabriel Audisio, *Les Vaudois : Histoire d'une dissidence (XIIe - XVIe siècle)* (Paris : Fayard, 1998)。

2 宗教裁判所与审讯记录中的纯洁派

发起十字军绝不是，也不会成为教会应对信仰异议者的恒常措施，但纯洁派事件的确让罗马教会更为关注和警惕起基督教世界的思想问题。因此，阿尔比十字军甫一结束，对异端的深入调查便在法国南部甚至整个欧洲地区全面展开。一个个人名出现在宗教裁判所的审讯和判决记录里，人们不断讲述着相似或不同的经历，有鲜活生命的纯洁派信徒的故事呈现在了世人面前。

如前所述，纯洁派从 12 世纪下半叶开始就引起了各级教会的关注，许多宗教会议都在讨论追捕和审判异端，并为此发布了不少教令，要求各地神父配合对当地异端以及嫌疑人的调查。如在 1184 年的维罗纳（Vérone）会议上，教皇卢修斯三世（Lucius Ⅲ，1181—1185 年在任）便发布谕令（*Ad abolendam*），要求所有大主教、主教必须亲自或派遣代理人巡视教区，以便及早发现有异端倾向的人，如有需要，他们还需开庭审理异端案件并对有罪者实施惩罚，而相应地，教区民众也需每年数次起誓，保证会检举身边有嫌疑之人，以供各级主教进行甄别。[①]数年后，英诺森三世召集的第四次拉特兰公会议继续重申异端危险，再次要求各地主教必须履行搜查和惩处异端的义务，同时也敦促世俗领主对这项事务予以协助，并且规定不能履行此项职责的神职人员将被解职，而不配合教会追捕异端的世俗领主也将面临被罚没领地的风险。

对探查异端提出更详尽要求的是 1229 年的图卢兹主教会

---

① Henry Charles Lea, *Histoire de l'Inquisition au Moyen Age*, traduit par Salomon Reinach, tome 1 (Paris : Alcide Picard, 1900), p.363.

议。在图卢兹伯爵与王室签订《巴黎和约》结束阿尔比十字军战争后，教皇特使罗曼（Romano Bonaventura, cardinal de Saint-Ange）召开了一次宗教会议，要求教俗力量共同探查异端及有嫌疑者，并针对相关情况给出了详细的指示。会议规定，各地主教均需指派堂区神父和在俗教徒执行调查异端的任务，他们应逐户走访探查，并第一时间阻拦或帮助抓捕异端嫌疑人和对异端提供帮助之人；各领主要在他们的领地内搜寻异端踪迹，并负责摧毁他们的藏匿之地；胆敢收留异端者，轻则罚款，重则失去土地并根据罪行接受领主惩罚；如若某地被发现常有异端活动，哪怕房屋主人并不知情也应为其疏忽承担责任；教会法庭管辖范围内如发现异端，主事神父将被剥夺职权；所有成年基督徒每隔两年需在主教面前发誓维护基督教信仰，并帮助追查异端；所有达到法令年龄的信徒须每年三次向他们的神父悔罪、做补赎，并领受圣体，若有人在不经神父同意的情况下不领圣体，则会被直接视为异端嫌疑人。此外，根据会议的要求，选择重新皈依正统的异端不可再居住在原来的地方，需被转移到信仰纯正的地区，他们必须在衣服的左右两边各佩戴一个不同于服饰颜色的十字以便识别（但这并不代表他们已经获得由主教颁发的复归证明）；重新皈依之人在补赎完毕得到教皇或教皇特使的赦免前，不得担任公职，也不得在法律文件上签字；并非自愿复归的异端分子，一经发现，将被投入监狱赎罪，以免其继续诱惑他人。[①] 如此细致的规定无疑为教会在实践中设立一种类似于宗教裁判所的教会特别法庭作了完美的铺垫。

在教会积极搜寻并遏制异端的同时，世俗力量也在教廷的

[①] 关于这次会议的具体决议，参见 Charles-Joseph Hefele, *Histoire des Conciles d'après les documents originaux*, tome 5, partie 2, pp.1496–1501。

敦促下主动参与打击异端的活动。神圣罗马帝国皇帝腓特烈二世（Friedrich Ⅱ，1215—1250 年在位）从 1220 年开始便颁布了一系列针对异端的法令。在其治下，异端不受任何法律保护，一旦被教会定罪，就会被移送世俗法庭处以火刑；有异端嫌疑者会被剥夺权利，逐出帝国；悔罪者如非真心，将被投入监狱以余生忏悔；重归异端者则直接被处以死刑。此外，根据法令，异端要被罚没财产，其继承人不仅无法继承财产，且两代之内不得担任公职或得到某种头衔，除非他们检举其父辈或其他异端的罪行以求赦免；信奉异端者以及异端的支持者和庇护者将被永久放逐，他们的财产及后人的待遇与异端等同；异端的房产和给异端提供居处者的房屋也会被摧毁且不得重建。在法国，同一时期，王室也显露出与教会合作的意愿。1226 年，路易八世发布敕令，宣布所有被定为异端的人均须受到应有惩罚，被没收财产或剥夺所有权利。[①]1229 年《巴黎和约》签订后，圣路易颁布诏书（Cupientes），不仅确认了路易八世相关敕令继续有效，还规定主动检举异端者将获得两个银马克的奖赏，以鼓励臣民配合教会打击异端。[②]

　　然而无论是各级宗教会议的努力还是世俗力量的配合似乎都无法完全扫除异端，地方教会又常常无力甄别异端，教廷最终决定直接介入各地的异端探查。1231 年 2 月，教皇格雷戈里九世（Grégoire Ⅸ，1227—1241 年在任）发布绝罚法令（Excommunicamus），再次申明教会针对异端问题的态度和立场：异端将被剥夺所有权利，顽固不化者送交世俗法庭接受惩罚（一

[①]　Henry Charles Lea, *Histoire de l'Inquisition au Moyen Age*, tome 1, pp.364–366.

[②]　Jean-Louis Biget, « L'Inquisition du Languedoc, entre évêques et Mendiants (1229–1329) », *Cahiers de Fanjeaux* 42 (2007) : 121–163.

般为死刑）；被告人无权得到辩护，也不得上诉，其后代也将受到影响；所有基督徒均有责任向神父揭发可疑的异端行径，如有包庇，将同样受到绝罚。[1] 同年晚些时候，教皇任命他在莱茵兰地区的特使马尔堡的康拉德（Conrad de Marbourg, ?—1233）为宗教裁判官，准许他自行处理异端事务，如可以直接惩罚异端（绝罚或禁止参加宗教活动）或接受复归。11月，格雷戈里九世又发布诏书（*Ille humani generis*），授权雷根斯堡（Ratisbonne）多明我会（les Dominicains, 又称布道兄弟会）修院院长布卡德（Burkard）和修士特奥多尔（Théodore）依据教会法令惩处有罪者。此后，这一诏令相继被送往萨尔茨堡（Salzourg）、斯特拉斯堡、勃艮第等地，以委派各地神职人员——以多明我会修士为主[2]——处理异端事务。由此，以教皇特派使者为主导的特殊

---

[1]　Yves Dossat, *Les crises de l'Inquisition toulousaine au XIIIe siècle (1233–1273)* (Bordeaux : Imprimerie Brière, 1959), p.111.

[2]　在法国南部宗教裁判所的运行过程中，多明我会几乎一直处于主导地位。修会创立者圣多米尼克（Dominique de Guzmán, 约1170—1221）首次出现在法国南部大约是在1206—1207年，他跟随奥斯玛主教迭戈（Diego d'Osma）到此地帮助宣道。两位西班牙神父完全舍弃了奢华的服饰排场，以使徒为榜样，简装素服在乡间城堡行走布道，其宣道方式不仅得到了教会内部的认可，也成功推进了南方的反异端运动。1215年，图卢兹主教富尔克决定委派多米尼克修士等人在图卢兹主教区宣讲真正的上帝福音。1216年，教皇洪诺留三世（Honorius Ⅲ, 1216—1227年在任）正式发布诏书（*Religiosam vitam*），批准成立多明我会。1221年，当圣多米尼克在博洛尼亚（Bologna）去世时，多明我会已在八个地区（西班牙、普罗旺斯、法国、英国、德意志、匈牙利、伦巴底和罗马尼亚）拥有六十座修道院，影响遍及整个欧洲。相关信息可参见 Pierre des Vaux-de-Cernay, *Histoire Albigeoise*, pp.11–12 ; Guillaume de Puylaurens, *Chronique, 1203–1275*, pp.47–53 ; Henry Charles Lea, *Histoire de l'Inquisition au Moyen Âge*, tome 1, pp.289–290 ; Jean-Louis Biget, « Les Dominicain, les hérétiques et l'Inquisition en Languedoc » , *Comptes rendus des séances de l'Académie des Inscriptions et Belles-Lettres* 159/4 (2015) : 1661–1672.

宗教法庭开始在欧洲出现，并很快传入法国，尤其是不久前还是异端巢穴的南方地区。据皮伊洛朗的纪尧姆记载，教廷于 1233 年将这一地区的宗教裁判事宜委托给了多明我会的两名修士，皮埃尔·塞兰（Pierre Sellan）和纪尧姆·阿尔诺（Guillaume Arnaud），由他们负责主持异端传讯及审判工作。

1233 年教皇委派多明我会修士进行异端审查只是一个开始，很难说此时在教皇心中或是教廷内部已经有了建立宗教裁判所这样一个专门机构的完整设想。早期宗教裁判官的工作其实只是借助当地神父、主教和世俗力量，完成对异端嫌疑人的简单调查和判罚。但一个不争的事实是，教皇的确试图将异端事宜的决定权收拢并归于指定的宗教裁判官。1233 年，格雷戈里九世向图卢兹教省主教们发出诏令，请他们帮助、支持宗教裁判官的反异端工作，同时也明确指出，这些宗教裁判官并不隶属于哪个教区或某个修会，他们直接对教廷负责。[①] 在发给多明我会修道院长、修士和宗教裁判官的诏令中，教皇直接表明了他希望宗教裁判官能够掌控局面的态度。诏令明言，如果当地神职人员一味包庇维护异端，宗教裁判官有权剥夺他们的所有权力，对他们采取措施并作出最终判决，如有必要，还可求助世俗机构或通过教会内部审查应对他们的抵抗。[②]1256 年，图卢兹的宗教裁判官得到教皇亚历山大四世（Alexandre Ⅳ，1254—1261 年在任）的允许，可以互相纠正履职过程中的违规行为。[③] 这一决定不仅意味

---

① Albaret Laurent, « Les Prêcheurs et l'Inquisition », *Cahiers de Fanjeaux* 36 (2001) : 319–341.

② Henry Charles Lea, *Histoire de l'Inquisition au Moyen Age*, tome 1, pp.374–375.

③ Yves Dossat, *Les crises de l'Inquisition toulousaine au XIIIe siècle (1233-1273)*, p.341.

着宗教裁判官权力的进一步扩大，还帮助规避了当地教会和多明我修会对宗教裁判所事务的介入。到 1257 年，宗教裁判官已经可以独立审判确证的异端分子而无须主教参与。与此同时，教廷也越发明显地将宗教裁判所作为一个独立的专门机构看待：关于异端问题的诏令会直接下发给宗教裁判官而不是当地主教；在宗教裁判所的审判情况和程序等问题上也会直接给予意见和指导。[①]不过，这种越发独立和拥有实权的宗教裁判所的存在看似权责明晰，在定位和程序准则上却仍有诸多含混之处，不但造成各地区司法秩序的混乱，还引发了当地世俗势力和普通民众对宗教裁判官的敌意。

1234 年，阿尔比宗教裁判官阿尔诺·卡塔拉（Arnaud Cathala）执意将已过世异端的尸体挖出予以惩罚，激怒了当地民众，引起了一场小规模骚乱，卡塔拉险些被丢入塔恩河。[②]1235 年，图卢兹宗教裁判官纪尧姆·阿尔诺也因传唤与市政机构关系密切的异端嫌疑人而遭到市民抵制，他们围攻了图卢兹的多明我会修院，并将阿尔诺驱逐出城。[③]1237 年，图卢兹伯爵雷蒙七世向罗马递送陈情书，明确表达了对宗教裁判所滥用职权的不满，要求教廷限制其权力。为了拉拢这位法国显贵共同对抗神圣罗马帝国皇帝腓特烈二世，教皇答应了雷蒙七世的大部分请求，并于 1238 年通报图卢兹地区主教，严令宗教裁判所三个月内停止所有活动，作

① Jean-Louis Biget, « L'Inquisition du Languedoc, entre évêques et Mendiants (1229–1329) » , *Cahiers de Fanjeaux* 42 (2007) : 121–163.
② Yves Dossat, *Les crises de l'Inquisition toulousaine au XIIIe siècle (1233–1273)*, p.125.
③ Yves Dossat, *Les crises de l'Inquisition toulousaine au XIIIe siècle (1233–1273)*, pp.131–133.

为对宗教裁判官们不当行事的处罚，相关事宜由教皇指派的新特使接手。① 由于新的教皇特使迟迟未能到达法国，宗教裁判所的活动事实上中止了三年之久，直到 1241 年才重新开始恢复运转。不过，三年时间显然并没有驱散人们对宗教裁判所的敌意。1242 年，宗教裁判官纪尧姆·阿尔诺修士、艾蒂安（Etienne de Saint-Thibéry，方济各会修士）修士，以及他们的同伴莱扎（Lézat）副主教、阿维尼奥内（Avignonet）修道院长等人，在阿维尼奥内审讯异端时"被残忍杀害"。② 即便如此，宗教裁判所打击异端的工作也并未停止，反而进一步走向系统化和规范化。

13 世纪中叶以后，法国南部宗教裁判所一改往日随宗教裁判官不断移动的习惯，开始在图卢兹和卡尔卡松设立专门集中的裁判所法庭，处理整个南部的异端事务。③ 一般而言，图卢兹法庭负责凯尔西和阿让教区，卡尔卡松法庭则管辖纳博讷除图卢兹主教区外的其他教区，阿尔比和罗德兹（Rodez）主教区则由两个法庭共同管理。④ 此后，在当地各级教会的配合下，宗教裁判所形成了越来越明确的审讯程序和判决标准，并开始系统性地获取关于异端的信息。

对于宗教裁判所的主要职能和审讯方式，1246 年的贝济耶

---

① Yves Dossat, *Les crises de l'Inquisition toulousaine au XIIIe siècle (1233-1273)*, pp.139-141.

② Guillaume de Puylaurens, *Chronique, 1203-1275*, p.167 ; Yves Dossat, *Les crises de l'Inquisition toulousaine au XIIIe siècle (1233-1273)*, pp.145-151.

③ 这并不代表宗教裁判所已得到全面掌控异端事务的权力，虽然宗教裁判官的职权在不断扩大，但地方教会也从未放松对信仰事宜的控制。大多数情况下，宗教裁判官仍有赖于当地主教、神父的配合来完成工作，因此在传唤、审问异端和进行判决时往往受到他们掣肘。

④ Yves Dossat, *Les crises de l'Inquisition toulousaine au XIIIe siècle (1233-1273)*, p.153.

教务会议作出了明确规定。根据会议要求，宗教裁判官需在每个教区选定一位神父和两到三个起过誓的在俗信徒协助搜捕异端，也可委托他们监督被定罪之人的受罚情况。不仅如此，宗教裁判官还应设立一定期限（"赦免期"），在此期限内主动悔罪者将被免除死刑、终身监禁、驱逐或没收财产等相应惩罚，但需公开承认罪行并发誓弃绝所有异端，承诺维护基督教信仰，追踪检举其他异端分子，那些没有在此期限内出现或在审判中故意歪曲事实的人将被再次传唤。而宗教裁判所的审讯应以如下方式进行：首先，受传唤之人需起誓自己所述为真，然后才能进入讯问阶段，其证词要有一位公职人员或两名已宣誓之人的见证认可，审讯记录要归入宗教裁判所档案。依照规定，异端神职人员（完人）的审讯要秘密进行，只有少数人可以参与，宗教裁判官的主要任务是规劝异端回归教会，若其同意，则裁判官可尽量减轻对他的惩罚，若拒绝回归，宗教裁判官也需继续劝说，不应直接判决，若其冥顽不化，则令其公开承认罪行，由宗教裁判官定罪判罚，并依据教皇法令将之移送世俗法庭。宗教裁判所允许不服判决者自辩，也接受抗辩和答辩，但若被告无法提出合理辩护，法庭将强制规定抗辩期限，期满后直接定罪，不再考虑赦免；宗教裁判官可依据高级教士的建议或犯人的情况做出加重或减轻刑罚的决定，也有权对得到减刑或受到赦免者进行重新判罚。此外，宗教裁判官还需承担法庭审讯之外的职能。比如为了有效清除异端，他要遵照教皇和教皇特使的指示，监督所辖范围所有 14 岁以上的男性和 12 岁以上的女性信徒发誓弃绝异端、笃信保卫基督教信仰，以及在必要时参与追捕异端，不愿为此起誓者将被直接视为异端嫌疑人。再比如，裁判官需监察各地教会对异端法令的执行情况，如了解各地行政官在审查异端事务上是否失职，异端及其后人是否担任公职，俗人是否拥有拉丁文版的神学书籍等。[①]

虽然被赋予了极大权力，裁判官在行事时却并非完全不受制约，宗教裁判所的工作毕竟涉及司法，因而程序上的公正也是教会极为重视的。在这方面，教廷和当地教会同样给出了不少建议甚至具体要求。如贝济耶会议一开始就申明，宗教裁判所可以没收异端财产作为惩罚，但只有在正式的司法判决下达后，才能执行，因为不经过司法程序，无人有权剥夺他人财产，如已发生，应将之归还。[②]此外，在审讯中，被告可以列出仇敌之名以免其成为证人，影响法庭判断，如若缺乏可靠的证据或证言，宗教裁判官不可贸然作出判定，即"宁可让一个罪人逃脱惩罚，也不应判处一个无辜之人有罪"。[③]会议特别强调，裁判官须注意遵守程序，每次审讯应由宣誓过的参与者将所有流程、内容以法律条文形式详细记录在案，形成文书，交由宗教裁判所保存。[④]值得一提的是，会议还对处置异端的态度、方法给出了颇为人性化的建议。如，犯有异端罪被投入监狱者虽被要求单独关押以免为害他人，但应满足其基本生存需求；允许妻子或丈夫会见处于监禁中的伴侣；若囚犯被监禁有可能造成严重后果，如孩子死亡，则其终身监禁之刑可被赦免；因持异端思想受到惩罚需要身佩十字；

[①] Charles-Joseph Hefele, *Histoire des Conciles d'après les documents originaux*, tome 5, partie 2, pp.1699–1703.

[②] Charles-Joseph Hefele, *Histoire des Conciles d'après les documents originaux*, tome 5, partie 2, pp.1695–1696.

[③] Charles-Joseph Hefele, *Histoire des Conciles d'après les documents originaux*, tome 5, partie 2, p.1700.

[④] Charles-Joseph Hefele, *Histoire des Conciles d'après les documents originaux*, tome 5, partie 2, p.1703.

悔罪者不应受到嘲笑，也不应在正常交往中受到排斥。[①] 由于这类规定和要求的存在，法国南部宗教裁判所的行事在相当长的时间里是颇为克制的，裁判官们一般不会给予异端过重处罚，多为补赎和监禁之刑，死刑很少出现。

然而，即便重视证据和程序，甚至在某些方面流露出宽容和怜悯，宗教裁判所审判的导向性依然十分明显，这就决定了相比世俗法庭，被宗教裁判所传唤和审讯之人的权利更难得到保障。比如，自始至终，在宗教裁判所受审的嫌疑人都无法得到寻找律师为自己辩护的权利。在被传唤时，很多人都处于完全不明就里的状态，对宗教裁判官掌握的情况和证据也毫不知情，因而根本无法为自己申辩。从 13 世纪下半叶开始，教廷甚至允许宗教裁判官在审讯时直接对异端施以严刑，又进一步加深了人们对这一机构的反感。

不过，最令人们畏惧的还是宗教裁判所在各教区对异端嫌疑人及可能相关者大规模传唤审查带来的无形压力。据统计，仅1241—1242 年，在凯尔西主持宗教裁判所事宜的皮埃尔·塞兰就判处当地 671 人苦行赎罪，被传唤出庭和被认为有异端嫌疑的人则是这一数目的数倍，而同时期任图卢兹地区宗教裁判官的科镇的贝尔纳（Bernard de Caux）和圣皮埃尔的让（Jean de Saint-Pierre)仅在 1243—1244 年就传唤审讯了 5471 人。[②] 尽管这一时期南部较大城市的人口已达万人，但如此规模的受审人数仍是相当惊人的。然而从另外一个角度来说，正是这样的大规模审讯与

---

① Charles-Joseph Hetele, *Histoire des Conciles d'après les documents originaux*, tome 5, partie 2, p.1695, p.1701.

② Jean-Louis Biget, *Hérésie et inquisition dans le midi de la France* (Paris : Picard, 2007), pp.198–199.

宗教裁判所对这些审讯的记录为后世了解纯洁派增添了一个重要的信息渠道。

按照规定，宗教裁判所须对每次传唤和审讯做详细记录并保存文档，但真正留存下来的记录却远不如想象中丰富，其中又以图卢兹、卡尔卡松宗教裁判所留下的档案居多。[①]除此之外，由一些有经验的宗教裁判官撰写的审讯指南对后世了解纯洁派的相关信息也有非常大的帮助。事实上，为了更有效地服务反异端斗争，欧洲各地从 13 世纪 40 年代起就出现了不少类似于指导手册的文本，一般由资深宗教裁判官或宗教裁判的参与者撰写，其中不仅会介绍宗教裁判所的行事规程，而且常常包含对异端分子的鉴别与处置标准。许多新进的宗教裁判官正是跟从这些指南的引导，仔细甄别基督徒群体中的异端分子，并依据教廷和教务会议的相关指令对其加以惩罚，以遏制某些思想流毒的蔓延，保卫基督教信仰的纯洁。[②]其中，内容最为完善的要数 14 世纪初由多明我会修士贝尔纳·居伊（Bernard Gui, 约 1261—1331）撰写的《宗教裁判官手册》（*Manuel de l'Inquisiteur*，以下简称《手册》）。彼时宗教裁判制度在法国南部已运行多年，各种信息和记录颇具规模，而贝尔纳·居伊从 1307 年开始担任图卢兹地区宗教裁判官，在此地进行了近 20 年的反异端斗争，对宗教裁判所的审讯和判罚程序极为熟悉，在界定和识别异端分子方面也

---

① 关于宗教裁判所的文献状况，参见 Charles Molinier, *L'Inquisition dans le Midi de la France au XIIIe et au XIVe siècle, étude sur les sources de son histoire*(Toulouse : Privat, 1880); Célestin Douais, *Documents pour servir à l'histoire de l'Inquisition*, 2 vols (Paris : Librairie Renouard, 1900).

② 关于宗教裁判所审讯指南的相关介绍，可参见〔英〕爱德华·伯曼《宗教裁判所：异端之锤》，何开松译，辽宁教育出版社，2001，第 34—67 页。

积累了丰富的经验。所以，他的《手册》不仅收录了许多审讯案例，还总结了纯洁派信仰的基本概况，其目的便在于为后来的宗教裁判官探查、辨认异端提供线索和依据。

在纯洁派的问题上，贝尔纳·居伊延续了之前教会学者的判断，直接将这一群体视为摩尼教信徒，认为这些人与基督徒最为明显的差异在于他们相信存在一善一恶两个造物主。因为有这种离经叛道的想法，他们幻想在罗马教会之外还存在一个真正信奉耶稣基督的教会，即他们自己的教会，而把罗马教会看作满是邪恶罪孽的巴比伦，认定它是魔鬼的殿堂。也正因如此，这些异端分子在所有仪规的解释上都与教会大相径庭，比如他们否认道成肉身和死后复活，不承认洗礼、圣餐、忏悔、婚姻等仪礼的有效性。居伊还发现他们的生活实践也与基督徒相去甚远。譬如他们绝不起誓，不食肉，不杀生，一年三次斋戒，不与女人发生关系，除了常见的斋戒和慰藉礼，"完人"还会在聚餐时以特殊的仪式为面包祝圣，而信奉者则在聚会中对"完人"进行敬拜（*melioramentum*）。[1]

居伊对纯洁派信仰的说明基本源于 13 世纪末到 14 世纪初活跃在朗格多克地区的最后的纯洁派，尤其是"完人"皮埃尔·奥蒂埃（Pierre Authié）供认的信息。[2] 事实上，在居伊生活的时代，上述大多数信息于教会神职人员而言已不新鲜，甚至对普通

---

[1] Bernard Guidonis, *Manuel de l'inquisiteur*, édité et traduit par G. Mollat, tome 1 (Paris : Librairie ancienne Honoré Champion, 1926), pp.11–23.

[2] 关于皮埃尔·奥蒂埃的判决和最后的纯洁派的讨论，参见 Bernard Gui, *Le livre des sentences de l'Inquisition Bernard Gui (1308–1323)*, édité et traduit par Annette Pales-Gobilliard, vol. 1 (Paris : CNRS, 2002), pp.538–545 ; Anne Brenon, *Le dernier des Cathares : Pèire Autier* (Paris : Perrin, 2016)。

民众来说也并非秘密，但居伊仍以简洁明晰的语言细数了纯洁派在各个方面的"与众不同"。因为在他看来，异端不仅善于用纯善的形象蒙蔽世人，而且常常以各种花招伎俩欺骗审问者，逃脱惩罚，因而裁判官必须获取尽可能多的信息，使用不同的形式和方法对异端进行审问才能获取真相，达到甄别和清除异端的目的。此外，居伊还建议，审问异端嫌疑人时，除了询问各种信仰问题，还应知道他们的家庭情况，了解其亲属中是否有人有过异端倾向或曾因异端问题被判罚，探问他们是否知道或见过其他异端或异端信徒，是否与这些异端或信奉者有过交往，是否参加过他们的聚会、餐宴，是否出席或目睹过这些人的某种仪式，如有机会，还应追问他们是如何看待这些异端及其信奉者的（是好人还是坏人），以此推断被询问者内心真实的想法，作为作出裁决的依据。[①] 不可否认，这样的审讯模式的确可以让宗教裁判官快速探知并了解某个地区民众的思想状况，尤其是民众在异端问题上的理解和认知。

帕米耶主教区异端嫌疑人罗代斯的纪尧姆（Guillaume de Rodès）的审讯便是一个极具代表性的例子。1308 年，来自塔拉斯孔（Tarascon）[②] 的纪尧姆因有异端嫌疑被传唤到卡尔卡松宗教裁判所接受讯问。从 6 月到 10 月，他先后四次出庭作证，审判记录不仅详细记录了他的证词，还将每次的日期、缘由，以及参与讯问的宗教裁判官、当地神父修士、公证人等一并记录在案以备核查。这位纪尧姆的身份有些特殊，他是当地最有名的异端皮埃尔·奥蒂埃和纪尧姆·奥蒂埃（Guillaume Authié）的外甥，

---

① Bernard Guidonis, *Manuel de l'inquisiteur*, pp.27-33.

② 法国南部乡村，位于富瓦伯爵领地。

与他们交往密切。因此，审问者的许多问题都集中在他于何时、何地见到了舅舅们，为什么会见到他们，现场还有什么人，等等。为了诚实回答这些问题，纪尧姆甚至翻检出十年前的记忆，细致讲述了他能回想到的所有关于"完人"舅舅的活动轨迹。除此之外，审问者对两位"完人"的言论也十分关注，不断询问纪尧姆他的舅舅们发表过何种异端邪说。对于这些问题，纪尧姆似乎所知不多，回答也相对谨慎。他承认听到过一些奇谈怪论，如"并不是上帝让大地上开花、成穗、结果"，也不是上帝造出了人，真正的"好的基督徒"（即"完人"）才能助人得到救赎，等等，但他明确表示并不相信这些说法。他也知道舅舅们为一些人行临终慰藉礼，甚至看到有些人在集会中行礼敬拜他们，但否认自己曾经参与或做过同样的事，也直言并不想加入。然而纪尧姆并不讳言他曾多次接待两位"完人"，为其提供住所、吃食，甚至会交代妻子在他不在时代为接待。当审问者质问他是否知道舅舅们的异端身份，为什么不遵照教会和宗教裁判所的规定举发甚至捕捉他们时，纪尧姆回答说，之所以帮助他们是因为他们是亲人，"我不觉得自己做错了事"。① 于是，虽然已经极力避免在审问中留下沾染异端思想的印象，这位"完人"亲属仍被判为异端，关进了监狱。

也许是出于安全考虑，又或者的确在思想上与异端保持了一定距离，罗代斯的纪尧姆的审判记录并未在纯洁派的信仰方面给出更多信息，不过从他的证词可以明显看出，他是"完人"奥

---

① Jean Duvernoy, *Registre de Geoffroy d'Ablis*, édité et traduit par Jean Duvernoy, http://jean.duvernoy.free.fr/text/pdf/geoffroi_d_ablis. pdf#page=170.25, 最后访问日期：2024 年 3 月 24 日。

蒂埃兄弟信任之人，也因此被当地异端信徒或与异端有交往的人视作可以信任和依赖的人。纪尧姆本人或许确实不曾参与异端集会，甚至刻意与他们保持距离，不与异端分子一同进餐，但这些人几乎从不在他面前掩饰自己的思想倾向，有时甚至会主动与纪尧姆谈及或告知他的舅舅们和其他异端信徒的去留动向。大概正是基于这样的原因，在对纪尧姆的审讯中（尤其是后半段），讯问者的大多数问题围绕"完人"的行踪及其活动状况展开，以清查塔拉斯孔及其隶属的萨巴泰地区（Sabarthès）的异端网络，而纪尧姆也没有让讯问者失望，他供出了近60个名字。若将家庭因素纳入考量，则纪尧姆的证言至少牵涉近百人。对于往往只有数百居民的村庄而言，这个规模足以让宗教裁判官和教会认为此地信仰状况十分严峻，亟须教会介入和扶正。

如果说罗代斯的纪尧姆供述的是一个村镇的异端关系网络的话，以下这位贵族女性的供词则为宗教裁判官深入了解纯洁派异端的思想世界提供了更丰富的资源。这位受问讯者名叫贝阿特里斯·德·普拉尼索尔（Béatrice de Planissoles），她曾是蒙塔尤城堡主贝朗热·德·罗克福尔（Béranger de Roquefort）的夫人，后改嫁给富瓦伯爵领地达鲁（Dalou）的一个小贵族奥东·德·拉格雷兹（Othon de Lagleize）。[1] 不过，在很长一段时间里，她都与有明显异端倾向的蒙塔尤本堂神父皮埃尔·克莱格（Pierre Clergue）保持密切关系，并因此获知了纯洁派在许多问题上的观点和看法。据她所

---

① 关于贝阿特里斯·德·普拉尼索尔，也可参见〔法〕埃马纽埃尔·勒华拉杜里《蒙塔尤：1294—1324年奥克西塔尼的一个山村》，许明龙、马胜利译，商务印书馆，2016，第258—274页；Christian Abry, Alice Joisten, « Béatrice de Planissoles et les théories populaires de la génération en Europe », *Heresis*35 (2001)：129-137。

说，皮埃尔曾提及，只有精神才是上帝创造的（因此不毁不灭），与之相对的物质世界则是由魔鬼控制的，推及人，则人的灵魂属于上帝，而肉体属于魔鬼。那么为什么会有属于上帝的灵魂存在世间呢？贝阿特里斯谈到了皮埃尔讲述的一个关于堕落与救赎的故事。在这个故事里，上帝创造了灵体并把他们安置在天堂，然而这些被造物竟妄想与神同列，因此犯下罪孽堕入天地，此后这些灵体开始在（包括人在内的）动物的躯体中转生；转生的机会只有九次，若灵体能够在此期间进入"好的基督徒"或其信奉者的身体，便能得到救赎，重归天堂，否则将永堕地狱。因此，只有"好的基督徒"和信奉他们所讲教义者组成的教会才是"真正的基督教会"，也只有追随"真正的基督教会"的信徒才能得到救赎。这些说法显然与罗马教会的教导相抵牾，但由于涉及所有民众都十分关心的灵魂得救问题，仍旧令许多人心生敬畏而选择接纳甚至追随，就连贵族女性如贝阿特里斯也很难抗拒其影响。

不过，贝阿特里斯并非完全没有察觉到这些言论的不妥。据其供述，她曾质问皮埃尔神父，占有一位已婚妇女是否与神圣婚姻的教义不符，而皮埃尔的回答是："如果真的是上帝为亚当和夏娃赐予婚姻，也是他创造了他们，那么为什么他并不阻止他们犯罪呢？"贝阿特里斯说，她理解皮埃尔的意思，对于这些异端来说，创造亚当和夏娃并为他们缔结婚姻的并非上帝，因此婚姻一事毫无神圣之处，通奸、姘居自然也就不算什么罪过。不仅是婚姻，在皮埃尔看来忏悔也是毫无功效的，因为只有上帝才有权赦免罪行，除他之外，任何人（如教堂的神父）都没有这个权力。除此之外，在贝阿特里斯的供词中，这位神父还曾攻讦教会的许多信条，宣称万物并非来自上帝的创造，圣母玛利亚不可能给予耶稣肉体，崇拜将耶稣置于死地的十字架是荒谬的，等等。[1]总而言之，罗马教会几乎所有圣事教义都遭到皮埃尔的否定、质疑，从而失去了意义。

贝阿特里斯以上谈到的异端观念其实已经超过了大多数受问讯者的认知，异端裁判官却并未就此满足。实际上，相比受问讯者，宗教裁判官们通过频繁交流掌握了更多信息，也常常会借助问讯进行确证。因此，贝阿特里斯在供述自己所知后，又被追问是否听说过善神、恶神以及他们各自创造十重天的说法，有没有人曾提及精神是上帝的实质或部分，是否有人说过上帝创造的灵体是同质同等的，异端是否认为圣经旧约并不是善神所作，等等。对于这些更具神学意涵的问题，贝阿特里斯的回答明显更加谨慎，大多时候都在重复早已供述过的内容。比如，对于异端是否说过既有善神又有恶神的问题，这位夫人回答："没有。他们称呼灵魂的创造者为上帝，将世界的创造者和主宰者叫作恶魔。我没有听他们将之称为'本源'（hylè）。"当被问及异端如何谈论耶稣基督，是否将之视为"真正的人"时，贝阿特里斯回答，"（皮埃尔）神父称之为真正的神，但我不记得听到过他是'真正的人'的说法"。在被问到异端是否说过耶稣已死时，贝阿特里斯继续回应，"（皮埃尔）神父的确说过他被钉死在十字架上，但我不记得他说过耶稣死了"。[2]

从上述回答可以看出，这位夫人也许的确是个文盲，[3]但这

---

[1] Jacques Fornier, *Le Registre d'inquisition de Jacques Fournier, évêque de Pamiers, 1318-1325*, traduit par Jean Duvernoy, tome 1 (Paris : Mouton, 1978), pp.260-290.

[2] Jacques Fornier, *Le Registre d'inquisition de Jacques Fournier, évêque de Pamiers, 1318-1325*, tome 1, pp.260-290.

[3] 〔法〕埃马纽埃尔·勒华拉杜里：《蒙塔尤：1294—1324 年奥克西塔尼的一个山村》，第 259 页。

并不代表她在应对可能的危险时是盲目和非理性的。事实上，在宗教裁判所的几次讯问中，贝阿特里斯都表现出了一种真诚朴素的狡黠。在与异端的关联问题上，她承认曾全心相信异端的某些说法，甚至会对异端分子予以资助，但据她所说，这只是出于对皮埃尔神父身份的信任，何况在离开皮埃尔并听从多明我会和方济各会（les Franciscains）修士的宣道后，她早已弃绝这些异端思想。至于有人告发她以不当方式谈论神父和圣餐（这是她受到传唤的主要原因）——据说她曾不止一次与人言及："您敢相信圣坛上的神父手中是耶稣的肉体！如果真的是，那么即便他高大如山，也早被那些神父蚕食殆尽。"贝阿特里斯坦言，这番话她是听一个泥瓦工说的，有时也会拿来说与他人听，但她本人从来无意诋毁神父、否认圣餐。她自言没有见过真正的异端（她与"完人"奥蒂埃兄弟的交往是在其仍为公证人之时），也从未听过他们宣讲，更无意加入他们。总而言之，她也许曾在情夫的引导下误入歧途，却从未真正相信那些异端邪说，而且对于之前的罪过，她早已心生悔意并愿意接受处罚。[1] 或许正是这种坦白的态度和谨慎回应的策略起到了积极的作用，这位曾经试图逃跑的异端同情者最终得到赦免，刑罚减至只需佩戴双十字架即可。

　　贝阿特里斯的供述展现了非常典型的纯洁派话语和理念，它们在宗教裁判所运行之初就经常出现在裁判官的审问记录中。早在 1244 年，卡斯泰尔萨拉桑（Castelsarrasin）的皮埃尔·德·努瓦（Pierre de Noye）就供认，他曾多次听"完人"们说起，一切可见的事物都不是上帝的造物，圣餐面饼也不是

---

① Jacques Fornier, *Le Registre d'inquisition de Jacques Fournier, évêque de Pamiers, 1318–1325*, tome 1, pp.260–290.

基督圣体，况且即使面饼大如山峦，在如此长的时间里也已经被蚕食殆尽。^①1247 年，图卢兹居民皮埃尔·加西亚斯（Pierre Garcias du Bourget-Nau）在接受讯问时，承认自己相信存在善恶两个神，善神创造了所有不可见却也不会腐朽的事物，而恶神创造的则是可见而无法长存的事物；摩西律法在他看来只不过是阴暗虚幻的东西，将之赐予世人的神完全就是骗子。这位皮埃尔的供述中还有许多"惊人之语"，例如从天堂堕入世间的耶稣基督、圣母玛利亚和福音传道者圣约翰都并非肉体实在，耶稣从未把人从地狱中拯救出来，婚姻与卖淫没什么两样，等等。^②除此之外，1273 年，一位名叫纪尧姆·德·莫里哀（Guillaume de Molières）的神父作证说，身为图卢兹圣十字兄弟会成员的异端贝尔纳·邦潘（Bernard Bompan）曾谈及教会的婚姻和告解，直言这些圣事毫无价值，因为轻狂傲慢的罗马教会并不是真正的基督教会，他们的教会才是，所以只有加入他们才能真正得到救赎。^③

在具有一定神学素养的修士、神父和宗教裁判官听来，这些观念或许已经足够离经叛道，但对于大多数只了解教会教导的最浅显教义的普通民众而言，却并非完全不可接受。或者应

---

① Doat 22, fo 29, dans Jean Duvernoy, *Enquête de Bernard de Caux - Bas-Quercy, Toulousain*, traduit par Jean Duvernoy, http://jean.duvernoy.free.fr/text/pdf/bdecaux.pdf，最后访问日期：2024 年 3 月 24 日。

② PROCESSUS CONTRA PETRUM GARCIAS DE BURGO NOVO THOLOSE, pp. 152–164, dans Jean Duvernoy, *Enquête de Bernard de Caux-Bas-Quercy, Toulousain*, traduit par Jean Duvernoy, http://jean.duvernoy.free.fr/text/pdf/bdecaux.pdf，最后访问日期：2024 年 3 月 24 日。

③ Doat 25, fo 2–4, dans Jean Duvernoy, *Registre de Pons de Parnac et autres inquisiteurs de Toulouse (Lauragais 1273 - 1282)*, traduit par Jean Duvernoy, http://jean.duvernoy.free.fr/text/pdf/Parnactrad.pdf, 最后访问日期：2024 年 3 月 24 日。

该说，与"完人"们能够快速简便得到救赎的许诺相比，偶尔另类怪异的说法是可以被民众宽容对待的，更有甚者，由于顺应了民众的厌教情绪和叛逆心理，异端们的某些说法还会得到人们的赞赏和推崇。结果就是，从 12 世纪开始，许多南方人接受或至少接收到了纯洁派的思想，由此便造就了教会与宗教裁判官认知中的异端村庄和异端网络，其中甚至不乏具有影响力的教会人士，比如圣波莱（Saint-Paulet）修道院院长吉拉伯特·阿尔齐厄（Guilabert Alzieu）。据说在阿尔比战争之前，他就一直与当地"完人"保持着密切来往，战争期间，这位修道院长仍常常招纳异端在葡萄园里干活，还曾凭借自己对纳博讷大主教的影响力帮助异端得到与教会的和解复归文书，[①] 纯洁派对地区的影响和渗透可见一斑。从这个意义上来说，哪怕并不如教会所言"随处可见"，异端分子也的确形成了极大声势。13 世纪，他们甚至在不少村庄拥有自己的墓地。有人供述说，在皮伊洛朗的异端墓地里为信徒索雷热的佩塔维（Peitavi de Sorèze）举行的葬礼上几乎齐聚了那里所有的骑士、贵妇。[②] 这是阿尔比十字军到来之前的情况。然而即便经历了阿尔比十字军的打击，在南方仍有许多信仰和同情异端的民众，虽然这些人中间很少有真正的纯洁派信徒，但人们对异端的容忍和善意却仍存在，收容甚至敬拜异端的情况也不在少数。宗教裁判所档案中曾经记载，1233 年左右，"完人"贝特朗·马尔蒂（Bertrand Marti）被方茹（Fanjeaux）的行政官抓住，这里的信徒凑够 300 图卢兹

[①] Ms 609, fo 216, 转引自 Yves Dossat, « Les cathares dans les documents de l'Inquisition », *Cahiers de Fanjeaux* 3 (1968) pp.71–104。

[②] Doat 24, fo 127, 转引自 Yves Dossat,« Les cathares dans les documents de l'Inquisition » , p.80.

苏才将他赎救出来。①13 世纪 40、50 年代，尽管十分危险，许多"完人"仍在图卢兹地区活动，并继续收获亲异端民众的信任、崇拜。1253 年，得知圣 - 罗马（St-Rome）行政官准备抓捕"完人"皮埃尔·杜普拉（Pierre du Prat）和贝尔纳·科伦布（Bernard Colombe）的消息后，负责接待他们的罗克韦尔的贝特朗和贝克（Bertrand et Bec de Roqueville）骑士兄弟果断将两人转移到家族葡萄园中，帮助"完人"们顺利逃脱了追捕。②

即便如此，将 12、13 世纪的法国南方视为几乎完全被异端思想浸染的"堕落"之地也是并不确切的。蒙塔尤或许的确是一个"佩戴黄十字"的村庄，罗代斯的纪尧姆涉及塔拉斯孔诸多家族的供词也并非无中生有，但这两个村庄究竟是南部村镇的常态还是特例，其实很难定论。一方面，目前可使用的宗教裁判所资料并不完整，许多文献在漫长的岁月中已经被损毁或散佚不见，因此几乎不可能对其中涉及的异端情况作全面分析。另一方面，尽管教会和宗教裁判所一直试图防止诬告陷害的出现，但在实际层面，这种行为从未断绝。贝尔纳·居伊的判决书中记录了数起诬告行为，帕米耶主教雅克·富尼埃（Jacques Fournier, ?—1342）③的审判记录表明类似情况在帕米耶教区也时有发生。这类诬告者一经发现，往往会受到极为严厉的惩罚，因为他们的行为无论在道德、法律还是信仰层面都不被容忍的。1316年，贝尔纳·居伊在细致调查后，判处一个给出虚假证言之人终身

---

① Ms 609, fo 152, 转引自 Yves Dossat,« Les cathares dans les documents de l'Inquisition » , pp.90–91.

② Doat 26, fo 1, dans Jean Duvernoy, *Registre de Pons de Parnac et autres inquisiteurs de Toulouse (Lauragais 1273–1282)*, traduit par Jean Duvernoy, http://jean.duvernoy.free.fr/text/pdf/Parnactrad.pdf, 最后访问日期：2024 年 3 月 24 日。

③ 雅克·富尼埃于 1334 年当选为教皇，即伯努瓦十二世（Benoît XII）。

监禁，此外，他还必须在前胸、后背各佩戴两枚红色舌状标记以作补赎，且每周日都需绑缚双手在图卢兹各个教堂前的高台上示众。[①]这样的判决和惩罚无疑是严厉的，却仍然很难杜绝构陷污蔑他人的情况发生，况且宗教裁判官们也并非都如居伊一般能够获得充足信息，验证所有证词，并作出准确的判断。不仅如此，从13世纪下半叶开始，宗教裁判所在审讯环节中也许普遍存在的精神折磨和严刑逼供，虽然很少被记录下来，却绝非无案可稽，由此可能会造成的信息不实的情况同样不容忽视。所以，对宗教裁判所记录中的纯洁派进行分析和概括，确如一些学者所言，无论以何种方式进行，以何种结果呈现，都是片面而有限的，很难上升到普遍程度。[②]

但不可否认的是，这些审讯和判决记录为当时的宗教裁判官、罗马教会和世俗权力机构评判法国南部各地区的信仰状况提供了重要的"事实"依据，从而影响了掌权者的看法和决策，甚至决定了许多人的命运。阿尔比十字军战争之后，罗马教会的反异端斗争已不仅是针对异端本身，虽然教廷设立宗教裁判所的主要意图是肃清异端流毒，但事实上，宗教裁判所进行的是一场针对所有可能沾染到异端之毒的个人和群体的全面净化。所以，这场反异端斗争向世人展现的，不光是裁判官们甄别、辨认出来的异端分子及其信仰，还有这些离经叛道者赖以生存和生活的社会网络。

[①] Bernard Gui, *Le livre des sentences de l'Inquisition Bernard Gui (1308–1323)*, édité et traduit par Annette Pales-Gobilliard, vol. 1 (Paris : CNRS, 2002), pp.855–865.

[②] Jacques Paul, « La société hérétique dans le diocèse de Carcassonne au milieu du XIIIe siècle », dans Claude Carozzi et al. éds., *Vivre en société au Moyen Âge* (Aix-en-Provence : Presses universitaires de Provence, 2008), pp.241–259.

小结　记录异端：中世纪的纯洁派叙事

直至今天，纯洁派仍是一个有着诸多未解之谜的研究主题，即便是一些基础性问题（如异端思想究竟源起何方，如何流传到欧洲以及法国南部等），在学者当中也仍存在争议。这种情况的出现，当然很大程度上源于文献的匮乏，但文本资料本身的"可制造性"也是一个重要原因。法国中世纪史家让-路易·比热（Jean-Louis Biget）在讨论"纯洁派东方起源说"时曾指出，"说到底，纯洁派信奉的仍是基督教信仰，属于原教旨主义的福音教派，只是生而与教会对立，而且它的形象在很大程度上是被教会塑造出来的"。[①]20 世纪下半叶，如比热一般对纯洁派相关问题（起源、组织、危险性等）持"创造"，甚至"发明"[②]看法的学者不在少数。[③]而他们质疑的重点不仅在于纯洁派文献来源

---

① Jean-Louis Biget, « Réflexions sur « l'hérésie » dans le Midi de la France au Moyen Âge » , *Heresis*36–37 (2002) : 29–74.

② Monique Zerner dir., *Inventer l'hérésie ? Discours polémiques et pouvoirs avant l'Inquisition*(Nice : Centre d'Études médiévales de Nice, 1998). 这本书的编者和作者使用"发明"（inventer）一词，主要是为了强调历史事实的书写来源，突出文字、话语、书写在构建历史事实中的核心作用。

③ 关于纯洁派研究中的怀疑论倾向，相关研究可参见 Monique Zerner dir., *Inventer l'hérésie ? Discours polémiques et pouvoirs avant l'Inquisition*; Mark Gregory Pegg, "On Cathars, Albigenses, and good men of Languedoc" , *Journal of Medieval History*27/2 (2001) : 181–195; Mark Gregory Pegg,（ 转下页注 ）

的单一性（绝大多数文献都出自教会神职人员之手），更在于这些文献可能存在不实、夸张甚至虚构的状况，毕竟从本质而言，它们也只是被表述的事实。

若以追寻真相的目标而论，这样的怀疑的确无可厚非。然而，正如马克·布洛赫（Marc Bloch）所提醒的，历史学家"知道，他的证据有可能出错或说谎。但他首先要让证据说话，以便能理解它们"。[①] 所以，要了解纯洁派（比热等学者认为应该以时人或异端群体内部常用的"义人"一词来称呼他们），仍应探询亲历亲闻者和见证者的记录，因为正是它们在第一时间讲述了纯洁派的故事，为这段过去留下了可供查考的痕迹。

自从被教会判为异端，纯洁派便背负了各种恶名。无论是教会报告、档案记录，还是文字记述或口耳相传的故事，都在向世人表明，这是一个与当时社会格格不入、离经叛道的群体。在罗马教会主导的基督教世界，他们的存在本身便是对秩序的破坏和对信仰的亵渎，他们的思想和行为更被视作对教会和上帝的背叛与挑衅。因此，这些人不可避免地成为"撒旦的工具""魔鬼的代言"，必然引发不幸和灾难，也势必会受到上帝的惩罚，他们的故事实际变成了圣经中上帝与魔鬼斗争的延续。如果说这一特征在教会报告和档案中尚未充分显露，那么在记载阿尔比十字军

（接上页注③）"Heresy, good men, and nomenclature", in Michael Frassetto ed., *Heresy and the Persecuting Society in the Middle Ages, Essays on the work of R.I.Moore* (Leiden : Brill, 2006) : 227–239; Julien Théry, « L'hérésie des bons hommes : comment nommer la dissidence religieuse non vaudoise ni beguine en Languedoc (XIIe – début du XIVe siècle)?» , *Heresis*36-37 (2002) :75 117。

① 〔法〕马克·布洛克：《历史学家的技艺》，黄艳红译，中国人民大学出版社，2011，第92页。

战争的编年史中，它无疑得到了清晰明确的表达。

　　然而，就此判定这些文献因充满教会的蓄意误导和神职人员的盲目偏见而遮蔽了历史真实，显然是有失公允的。阿尔比战争的编年史作者的确不可能摆脱信仰的影响，但熟谙古代（尤其是拉丁语）著作的他们同样深知历史与修辞的本质差别。正因如此，沃德塞尔奈的皮埃尔才会在《阿尔比教派史》开篇就迫不及待地向读者保证，他只是单纯想将"事实"讲述出来。而《阿尔比战争之歌》的两位作者和皮伊洛朗的纪尧姆也才会一边痛斥异端的堕落邪恶，一边揭露教会的疏失和十字军的过度暴虐。至于教会的各类报告与异端审判档案，虽然不可避免存在饱含敌视情绪的预设和引导，其中丰富的细节和生动的证言却是珍贵而不容忽视的。正是在这些神职人员的汇报里、在宗教裁判官和异端嫌疑人的一问一答中，纯洁派的轮廓才逐渐清晰起来，中世纪普通民众的思想世界也在我们面前展开。从这个意义上来说，即便这些文本是经历过复杂构造的产品，与过往的真实联系依然赋予它们无可比拟的价值。

　　就纯洁派而言，这些最初的记载和记录勾勒出的该群体的初始样貌、这个群体设定的角色和定位，不仅建基在记录者／书写者对纯洁派事件的亲历见证上，并且受到他们对这一事件的理解和解读的深刻影响。关于纯洁派的第一重叙事由此产生，而后世书写者的所有构建与重塑都从这里开始。

第二部分

纯洁派的"复活"与"新生"

16世纪的欧洲不仅见证了基督教会的分裂，也经历了天主教徒与新教徒之间从思想到实践全面而激烈的对抗。在这种信仰对立的背景下，纯洁派开始作为一段"有用"的过去频繁出现在知识分子的话语叙事中，随后更是直接进入了新教的传承谱系。法国中世纪最为著名的异端教派就这样奇异地激起了16世纪诸多教会学者和文人的兴趣，天主教徒和新教徒都积极参与讲述和解读其历史的"事业"。借由书写和讨论，他们"成功"将这段几乎被遗忘的过去重新拉回人们的视野，纯洁派的历史由此"复活"，并逐渐走向"新生"。

第三章 前车可鉴：天主教 与纯洁派的"复活"

1 异端身份的危险

1517 年，奥古斯丁会修士马丁·路德以《九十五条论纲》拉开了宗教改革的帷幕。这份宣言连同路德的其他论文被迅速传抄、复印，流传到欧洲各地，并引发了激烈的讨论。路德的"新"观点很快得到了诸多支持，但也随即招致攻击。罗马教会几乎立刻启动了防御机制，为路德等宗教改革者冠上"异端"之名，试图以此恫吓那些准备追随他们的人，以遏制事态继续发展。之所以这样做，是因为在基督教世界，异端身份在很大程度上决定了一个人或一个群体在社会中的位置和命运，于某些极端时刻，异端身份的确证甚至直接关系生死。然而，异端的危险命运却并非自来如此。

"异端"一词源出希腊语 αἵρεσις，最初是指对一种观点或思想的选择，并无贬义。早期基督教时代，教父们在圣经和教义的解释上出现分歧、冲突的情况时有发生，即便教会不断以正典和信经来明确正统，仍有不少持不同意见者存在。比如，2 世纪诺斯替派（le Gnosticisme）的发展壮大就让圣伊雷内（Irénée de Lyon, 130 或 140—202）不得不撰写《驳异端论》(*Contre les hérésies*)，以帮助纯朴的基督教徒摆脱那些"似是而非"的教义的蛊惑。3—6 世纪，摩尼教的影响遍及欧亚各地，连圣奥古斯丁（Augustin d'Hippone, 354—430）也曾被吸引成为信徒。但在转皈正统教会后，这位圣人就开始不遗余力地打击异端，阻止有害思想的传播。他将异端视为最严重的罪行，认为对这些分裂分子，教会必须采取相应措施——通过布道辩论说服他们，对顽固分子则将之逐出教会——加以干涉，必要时还可借助世俗力量予以处罚，如课以罚金、罚没财产、驱逐流放，等等。不过，奥古斯丁并不赞成用更严酷的方式对待异端，因为在他看来，惩罚的根本目的不在于消灭这些犯错误的人，而是引导他们重回教会怀抱。圣奥古斯丁的看法代表了早期基督教会在处理异端问题上的基本态度：持异见者虽然会受到主流体系的排斥压制，甚至必须接受惩罚，但大多数情况下，异端身份并不直接危及生命。

与初期异端盛行相比，5—10 世纪的基督教世界，尤其于法国而言，度过了一段比较平静的时期。墨洛温和加洛林王朝时期，基督教徒与异教徒、阿里乌斯派信徒共同生活在这片土地上，文献中很少出现王权干涉或立法处理异端事务的情况。当然，基督教教务会议仍经常出现谴责这种或那种思想苗头，甚至将之斥为异端的声音，不过这些判定往往是由教会法庭作出，处罚也仅在教会内部执行，世俗力量较少参与其中，因此并没有造成大的社会影响。

然而，1000 年以后，情况发生了明显变化。随着罗马教会在欧洲掌控力和影响力的不断增强，教廷和各地教会在对待异议者时也一改从前的"温和"态度，开始频繁借助世俗力量打击异端。圣奥古斯丁在异端问题上的克制主张没有得到重视，他认为异端必须受到惩罚的主张却成为后世基督教内部处理异见分子的重要依据。1022 年，虔诚者罗贝尔（Robert le Pieux，约972—1031 年）下令在奥尔良活活烧死了十几个被认为有异端嫌疑的人，这是几个世纪以来世俗权力第一次对宗教异议者施以如此严厉的刑罚。同一时期，欧洲各地纷纷竖起了绞架和火刑架。1051 年、1052 年，一些异端在萨克森的戈斯拉尔（Goslar）被处以绞刑，神圣罗马帝国皇帝亨利三世（Henri Ⅲ，1046—1056 年在位）也到场见证。1076 年或 1077 年，一名异端被康布雷（Cambrai）的神职人员施以火刑。1114 年，关押在苏瓦松（Soissons）监狱的异端被狂热的民众从监狱里拖出，焚烧致死。[1]12 世纪 30 年代，在法国南部地区宣扬婴儿洗礼无效、反对圣餐礼并不断抨击僧侣特权的皮埃尔·德·布吕在图卢兹附近被处以火刑，其追随者来自洛桑的亨利也因异端罪名被逮捕监禁。[2]这些刑罚背后，是罗马教会各层级神职人员在处理宗教异议者问题上愈发明确的共识，无论是否言明，大多数神父对于压制甚至消灭异端持赞同或至少是默许的态度。一直认为说服异端比击败他们更有力的圣贝尔纳对此也并不讳言："论证分析根本无法说服这些人，因为他们不理解这些道理；权力无法让他们回头，因为他们不承认权威；劝服的话语也无法打动他们，因为他们已然堕落。事实证明，他们宁愿死也不愿转换信念。'他们最

---

[1] Julien Havet, « L'hérésie et le bras séculier au Moyen Âge jusqu'au treizième siècle » (premier article), *Bibliothèque de l'école des chartes* 41 (1880)：488–517.

[2] 关于这两人的遭遇，参见 Huguette Traviani-Carozzi, « La mort et l'hérésie : des hérétiques de l'an Mil à Pierre de Bruis et à Henri, dit de Lausanne »，*Cahiers de Fanjeaux* 33 (1998)：121–158。在近代的著作中，这两人及其门徒经常被不加区分地视为纯洁派。

终只会沉沦'；他们的结局就是等待他们的火焰。"[1]

当然，圣奥古斯丁与早期教父们留下的较为宽容的理念也并未完全断绝。比如，列日主教瓦桑（Wazon, 约980—1048年）在回复他的同侪沙隆主教罗歇（Roger Ⅱ de Châlon, 1042—1066年任主教）关于应该如何惩罚异端的问题时，曾明确表示不赞成当时已经普遍使用的死刑。在他看来，基督教会内部能够施行的最重的惩罚便是将犯错者逐出教门，出于信仰原因夺去人的性命是背离上帝和教父教诲的做法。[2] 但这样的理念显然很难在普遍仇视异端的时代发挥作用，它们大多被淹没在众口一词的打杀声中。在这种情况下，纯洁派的出现及其引发的一系列事端似乎成了一个契机，各方利益、各种理念在处理纯洁派的问题上纠缠拉扯，为基督教会形成一套稳定而成体系的反异端程序奠定了实践基础。

实际上，在最初面对异端时，神父和僧侣们的态度是含糊但谨慎的，他们的确对反异端斗争充满热情，但较少选择暴力手段。逐出教门和交由世俗机关予以适当惩戒仍是罗马教会针对不驯服者的惯常措施。1163年，图尔教务会议要求亲王、领主将领地内的异端分子投入监狱，没收他们的资产。此后各类教务会议，包括1179年的第三次拉特兰公会议，制定的反异端政策几乎都在不断重复图尔会议的决定。对于当时大多数教会智识阶层而言，反对异端的真正胜利仍然体现在犯错者能够改过自新，重归罗马教会，因此，他

---

[1] Bernard de Clairvaux, *Sermons sur le Cantique*, Ⅳ (sermons 51–68) (Paris : Cerf, 2003), Sermon 66, pp.361–363.

[2] 关于瓦桑的理念，参见 Julien Havet, « L'hérésie et le bras séculier au Moyen Age jusqu'au treizième siècle » , pp.503–506; Jules Closon, « Wazon, évêque de Liège (1042–1048) » , *Chronique Archéologique du Pays de Liège* (1937) : 56–70; Joseph Lecler, *Histoire de la tolérance au siècle de la Réforme* (Paris : Albin Michel, 1994), p.107。

们更注重劝阻和说服误入迷途之人，而极少鼓吹强力镇压。不过，神职人员对异端的"宽容"程度也不宜高估。这些"上帝的侍从"的确极少超越职权处罚犯人，也不赞同使用暴力手段加以惩戒，但他们的警告常常饱含威胁，劝诫也往往夹杂傲慢和歧视，冷酷淡漠的态度显而易见。所以，暴力的使用虽不普遍，却也并不少见，而纯洁派的出现无疑加速了这个过程。

12 世纪末期，法国南部纯洁派异端的盛行让教廷极为不安，博学善辩的教皇特使和宣教士（以西多会修士为主）接连不断被派往南方。然而他们与异端分子的对峙辩论不仅没有达到预期效果，反而常常引发当地贵族、民众甚至是神职人员的不满，令教廷大失所望。教皇特使卡斯泰尔诺的皮埃尔被"刺杀"成为阿尔比战争的导火索，英诺森三世最终决定用武力来解决这个棘手的问题。1209—1229 年，一场场血腥冲突席卷了法国南方各城镇。罗马教会的赦罪允诺，以及附加的各种利益吸引了大批北方领主、骑士参与到这场并不需要远征东方的十字军征伐当中。而在他们的对立面，大多数奋起抗击的南方贵族其实并不是异端信徒，很多在战争中无辜丧命的普通民众也与异端并无关联。由此可见，当战火来临，身为异端的纯洁派信徒自不必说，就连无辜者也逃不开惨遭屠戮的命运，因为他们（如同许多宗教裁判所的"判定"那样）可能以任何方式与异端有所牵连。沾染"异端之毒"的危险可见一斑。

无论教会发起阿尔比十字军的决定是蓄谋已久 [①] 还是意气用

---

① 不少学者认为发起十字军是在教皇特使被刺杀之前就已确定的，如克里斯蒂安·舍尼（Christian Chenu）便指出，1207 年教皇在写给法国国王和其他大领主的信中已经表露发起十字军的想法。参见 Christian Chenu, "Innocent Ⅲ and the Case for War in Southern France in 1207", *Journal of Religious History* 35/4 (2011): 507–515。

事，阿尔比战争都开启了一个全新的时代。在基督教内部发起
十字军战争史无前例，从此"十字军"的内涵从对远方异教徒
的斗争扩展到与所有教会宣布的敌人和不服教会管教者——异
端——战斗。于是，除了劝导、训诫，这种新的也是最为严厉
的方式也被罗马教会纳入打击异议者的方式，与其他措施一起，
在此后的反异端斗争中发挥着重要的震慑作用。因而，当 16 世
纪的宗教改革家与他们的追随者向罗马教会提出异议并试图与之
争辩时，需要面对的首要危险便是可能强加于他们身上的"异
端"标签。

2 作为新异端的改革派信徒

至 16 世纪，罗马教会针对信仰异议者早已形成了系统的应
对方法，而异端判定是其中最关键的一环。《九十五条论纲》发
表后，教会便开启了对路德思想的异端调查。1519 年 8 月，科
隆神学院率先声讨路德的错误思想；同年，鲁汶神学院作出
相同判定，谴责路德的 26 条主张是"错误的、丑恶的、异教
性质的"，是"异端邪说"。[1]1520 年 6 月 15 日，教皇利奥十
世（Léon X，1513—1521 年在任）第一次正式发出针对路德
的训令（ *Exsurge Domine* ），谴责他与之前被教会禁止、由世俗
力量剪除的异端教派——如胡斯派、威克里夫（John Wyclif,
1328/1330—1384）以及布拉格的杰罗姆（Jérôme de Prague,
1365/1379—1416）的信徒——"同恶相济"，宣布路德抱有的

---

① Marc Lienhard, *Martin Luther : un temps, une vie, un message* (Genève :
Labor et Fides, 1991), p.70.

是"异端思想，是罪恶之源，是在陷入歧途，为虔诚信徒做了坏的榜样，哄骗了淳朴之人，与基督教义完全相悖"。[1]路德被勒令在六十日内弃绝这些错误思想，否则将受到绝罚，然而，这一威胁并未成功。1521 年 4 月 24 日，巴黎神学院查禁路德著作，以阻止其思想蔓延。《查禁决定》（Determinatio theologicae Facultatis Parisiensis super doctrina Lutherana）首先列数了过去出现的异端邪说，以警告民众异端的危害，然后特别指出路德的错误观念，并宣称"在新的异端中，那个名叫马丁·路德的是最臭名昭著的"。[2]

加尔文的遭遇与路德大致相同。这位法国宗教改革家与罗马神学家在教义解释方面从一开始就存在差异甚至对抗，这种思想上的交锋到 1541 年法语版《基督教要义》（Institution de la religion chrétienne）出版的时候达到了顶峰（至少在法国）。随着他的改革思想在日内瓦和法国不断传播，加尔文也成为罗马教廷领导的基督教世界中"无可救药的"异类和叛逆者。在天主教神学家眼中，"从没有哪种异端思想像加尔文的信徒信奉的那样臭不可闻、危险万分，俨然是要颠覆所有美好的国家"。[3]

在反对异端的过程中，判定和识别异端往往是同时进行

---

[1] Marc Lienhard, *Martin Luther : un temps, une vie, un message*, p.71.

[2] Léon Cristiani, « Luther et la Faculté de théologie de Paris » , *Revue d'histoire de l'Église de France*120, (1946) : 53-83.

[3] *Les actes de la conference tenue a Paris es moys de juillet et aoust 1566 entre deux docteurs de Sorbonne et deux ministres de Calvin* (Paris : P. L'Huillier, 1568), 179ro. 转引自 Yves Tatarenko, « Les « Sorbonnistes » face à Genève. La perception de Calvin et de la Réforme genevoise par les théologiens catholiques parisiens (1536–1564) » , dans Olivier Millet éd., *Calvin et ses contemporains*, actes du colloque de Paris 1995 (Genève : Droz, 1998), pp.135–148。

的。从中世纪开始，教会内部便普遍认为异端是一种反复性较强，极难根除的思想现象。因此在面对异议分子时，教会学者常常回溯过去，将之关联到更古老的异端，以此识别他们的性质和目标。比如纯洁派甫一出现便被判定为摩尼教或阿里乌斯派后裔，这一认知在很长一段时间里都未曾改变，宗教改革时期同样如此。在 1519 年 6 月的莱比锡辩论中，天主教神学家约翰·埃克（Johann Eck, 1486—1543）坚称路德所犯错误之一，便是重复了约翰·胡斯（John Hus, 1369/1370/1372—1415）的悖谬之论。[①]1522 年，索邦神学院院长诺埃尔·贝德（Noël Béda，约 1471—1537）发表《巴黎宣言》（*Détermination de Paris*），将路德与摩尼教、胡斯派、威克里夫派、韦尔多派和阿尔比派相提并论，认为路德的改革思想传承了这些异端，但比他们更凶险恶毒。[②]1525 年，埃克撰写《驳路德信徒论辩书》（*Enchiridion locorum communium adversus Lutheranos*），罗列出更多被路德"复活"的异端教派，阿里乌斯派、韦尔多派、阿尔比派和威克里夫派均位列其中。[③]随着论辩的深入，这份异端名册越来越长。16 世纪下半叶，英国一位护教者尼古拉·桑德斯（Nicolas Sanders，约 1530—1581）宣称，受到路德和加尔

---

① 在这一时期的论辩中，约翰·胡斯不是唯一被天主教学者提及的异端分子。1521 年，路德曾经在给安布罗焦·卡塔里诺·波利蒂（Ambrogio Catarino Politi, 1484—1553）的信中写道，"我被神侍们谴责，被叫作瓦尔多和威克里夫的信徒"。参见 Giovanni Gonnet et Amedeo Molnár, *Les Vaudois au moyen âge* (Turin: Claudiana, 1974), p.289。

② Emily McCaffrey, "Memory and Collective Identity in Occitanie: the Cathars in History and Popular Culture", *History and Memory* 13/1 (2001): 114-138.

③ Johannes Eck, *Enchiridion locorum communium adversus Lutheranos*, 1536, p.5. 此书首次出版是在 1525 年，于科隆印制。

文蛊惑的人与诸多古代异端犯了相同的错误，这些古代异端包括行邪术的西蒙（Simon le magicien）[①]、摩尼教、诺瓦蒂安派（les Novatianistes）[②]、多纳图派（les Donatistes）[③]、阿里乌斯派、佩拉热派（les Pélagiens）[④]、若维尼安派（les Jovinianistes）[⑤]，等等。[⑥]

及至17世纪，法国护教者弗洛里蒙·德·雷蒙（Florimond de Raemond, 1540—1601）甚至将所有与新教"有关联"的异端汇集到一起，为新教撰写了一部独特的历史。德·雷蒙是波尔多高等法院顾问，与艾蒂安·帕斯基耶（Etienne Pasquier, 1529—1615）、蒙田、菲利普·德·莫奈（Philippe de Mornay, 1549—1623）等人交往密切，被视为当时最杰出的文人之一。他目睹法国因为信仰冲突而出现的动荡，曾一度为加尔文宗的观念吸引，却最终选择坚定地站在正统教会一边，对抗异议分子。他的三部主要作品——1588年发表的《女教皇让娜的错谬》（L'Erreur de la papesse Jeanne）、

[①]　见《使徒行传》8：9-25。

[②]　诺瓦蒂安（Novatian, 约200—258）是罗马的一位神父，因反对科尔乃略（Cornelius，251—253年在任）当选罗马教皇，不满其重新接纳因惧怕迫害而选择背教的信徒，选择另立门户。4世纪中叶，诺瓦蒂安派逐渐与多纳图派合流。

[③]　4—5世纪在罗马帝国阿非利加行省兴起的基督教派，因其主教多纳图斯（Donat le Grand, 约273—355）得名。由于坚决反对重新接纳在戴克里先迫害中的"叛教者"而受到排斥，313年在罗马教务会议上被判为"裂教者"，后被斥为异端。

[④]　佩拉热（Pelagius, 约350—420）是来自不列颠岛的修士，强调人的自由意志，轻视神恩。418年迦太基公会议上，佩拉热及其门徒被斥为异端。

[⑤]　若维尼安（Jovinian）是生活在4世纪的一名修士，因反对教会禁欲主义于390年在罗马主教会议上被斥为异端，圣杰罗姆曾撰文驳斥其思想。

[⑥]　Nicholas Sanders, *Argumentum libri septimi*, p.197. 转引自Pierre Petitmengin, « Les *Haeretici nostri temporis* confrontés aux hérésies de l'Antiquité », dans Irena Backus et al., éds., *L'argument hérésiologique, l'Église ancienne et les Réformes, XVIe-XVIIe siècles*(Paris: Beauchesne, 2012), pp.175–198。

1595 年的《敌基督》(*L'Anti-Christ*) 以及 1605 年出版的《本世纪异端的源起、发展和衰落》(*L'histoire de la naissance, progrez et decadence de l'heresie de ce siecle*)[①]——为其赢得了教会论辩家和历史学家的声望，这些作品的不断再版重印[②]更是让德·雷蒙在 16、17 世纪盛名远扬。虽然后世常常因为他过度维护天主教会的立场而忽视其作品的价值，但也有学者曾试图为其正名。如吕西安·费弗尔就认为，德·雷蒙关于新教发展历程的撰述，文笔"生动、别具一格，虽然由于（作者的）激情而变形失真，却仍旧值得一读"。[③] 的确，如果不去关注作者明确的论战意图，这部在德·雷蒙去世之后由他的儿子弗朗索瓦·德·雷蒙（François de Raemond）主持出版——他还为此作了修订，增添了一些段落——的异端史，无疑是一部独特的新教历史。

在《本世纪异端的源起、发展和衰落》中，德·雷蒙虽然主要关注德、加尔文及其追随者的错误思想和行为，其预设立场与其他天主教护教者却是一致的，认为路德和加尔文异端思想的出现并不是孤立现象，也绝非偶然。因为上帝与撒旦之间的对抗斗争从未止歇：尽管上帝的信众不断"向上天献上他们的颂歌和赞美，以感谢他们得到的恩典"，撒旦的仆从却在不断"噬咬着

[①] Florimond de Raemond, *L'histoire de la naissance, progrez et decadence de l'heresie de ce siècle* (Paris: Charles Chastellain, 1605). 此版出版年份被误印为 MCDV（1405 年），实际应是 1605 年。

[②] 尤其是《本世纪异端的源起、发展和衰落》，据统计，此书从 1605 年首次出版至 1682 年间，共计出现过 32 个版本。参见 Barbara Sher Tinsley, *History and Polemic in the French Reformation: Florimond de Raemond, Defender of the Church* (Cranbury: NJ, 1992), Preface, p.12。

[③] Lucien Febvre, *Au cœur religieux du XVIe siècle* (Paris : S.E.V.P.E.N, 1957), p.298.

大地"，试图将之占据，尤其是"亨利派（les Henriciens）[①]、韦尔多派、布吕派[②]、阿诺德派（les Arnoldistes）[③]、阿尔比派、威克里夫派、皮克撒尔派（les Pikarts）[④]、胡斯派及其他异端派别，他们竟敢在长达四百年的时间里一直对抗罗马教会"。[⑤]德·雷蒙并没有细数所有过去异端的历史，如此列举的目的也不过是要用这些罪人的失败衬托教会的荣耀和正义。然而如此一来，读者透过历史看到的，却是新教"异端"注定走向失败的"改革事业"，由此，新教改革所带来的种种冲击和威胁对于罗马教会而言就成为另一场重要的试炼，毕竟这是"自阿里乌斯派的背叛和阴谋以后"罗马教会遭遇到的"最残酷激烈的斗争"。[⑥]

不仅如此，德·雷蒙在该书第二卷中还进一步发挥了这一观点，认为异端的存在是正常的，在某种程度上甚至可以说是有积极作用的。正如作者所说，这些异议分子"就像参孙捉到的那些狐狸一般尾尾相连着接连出现，像经过的鸟儿一样随着季节改变来来去去"，"日复一日，在大自然的怀抱中死去、重生"。[⑦]但他们不断遭遇毁灭恰恰说明正义终将战胜邪恶，而上帝的战士也

---

① 即洛桑的亨利的追随者。

② 即皮埃尔·德·布吕的追随者。

③ 很可能是阿尔比派的一个分支。

④ 根据弗洛里蒙·德·雷蒙的说法，这一群体也出现在波西米亚地区，信奉改革理念（如只相信和依从圣经指导），得名于受中世纪韦尔多派影响的一个叫作皮卡尔（Picart François，或法国人皮卡尔，Picart Français）的人。

⑤ Florimond de Raemond, *L'histoire de la naissance, progrez et decadence de l'heresie de ce siecle*, livre 1, p.1.

⑥ Florimond de Raemond, *L'histoire de la naissance, progrez et decadence de l'heresie de ce siecle*, livre 1, p.1.

⑦ Florimond de Raemond, *L'histoire de la naissance, progrez et decadence de l'heresie de ce siecle*, livre 1, p.213.

可以此功绩荣耀神明，更何况，这些异端不仅在教义仪式上不尊正统，在社会层面也从来都是极具危害性的"毒瘤"。比如，过去的"阿尔比派为了战胜卡斯蒂尔的基督教国王，选择跟摩洛哥的穆斯林国王结盟，这些邪恶可恶的异端！他们甚至肆无忌惮地向当时的教皇英诺森放言，他们很快就会踏入罗马的圣殿"。[1] 新教徒，尤其是路德派分子，也不遑多让，在德·雷蒙笔下，他们跟阿尔比派一样更愿意亲近伊斯兰教信徒，因此也同样"邪恶可恶"。从这个意义上来说，战胜这些异端无疑是在维护基督教世界的安全和稳定。尽管德·雷蒙的许多评述并不理智客观，[2] 但其作品显然非常符合法国天主教护教者们的论辩策略。在为作者博取声望的同时，这些文本也在不断向读者传达着对"异端"的偏见和敌意。

教会的异端判定与学者和教堂神父们对异端危害的宣传，无疑加重了时人在信仰问题上的不安和忧虑。虽然路德等人的改革观点得到了不少赞同，但对大多数虔诚希望救赎的普通基督徒而言，异端思想就像教会不断强调的那样，是一种容易污染和危害基督教社群的病害，一种会招致不幸的对神明的亵渎。于是，伴随着宗教改革思想的传播，各种流言也相继出现。某些地方据说发生了奇怪的事情，天空中出现了好几个太阳，可怕的怪兽诞生，一个被异端玷污的妇人生下了怪物般的孩子。如此种种像是警示人们，由于人的不虔诚，上帝很快将要降下灾祸。一些异象也同样被认为是上帝用以警告世人的征兆，比如 1538 年秋

① Florimond de Raemond, *L'histoire de la naissance, progrez et decadence de l'heresie de ce siecle*, livre 1, p.327.

② Barbara Sher Tinsley, *History and Polemic in the French Reformation: Florimond de Raemond, Defender of the Church*, Preface, p.12.

普佐勒（Pouzzoles）的火山爆发，1555 年普罗万（Provins）几乎持续了一整年的大雨，以及 1556 年彗星的出现。一切似乎正像普罗旺斯占星家米歇尔·诺查丹玛斯（Michel Nostradamus, 1503—1566）预言的那样发生，"基督教世界会发生许多事情，尤其是法兰西和德意志，会备受蹂躏"。[①] 各种传言在人群中不胫而走，不仅加剧了人们对末日到来的恐惧，也激发了他们对将要来临的灾难的始作俑者——生活在他们周围的改革派"异端"——的普遍仇视。

　　而在社会层面，在如何对待异端的问题上，王室和高等法院所发挥的主导作用也是十分明显的。从宗教改革初期开始，无论是出于信仰原因，还是基于政治考量，君主都对改革派表现出了明显的敌意。1535 年，弗朗索瓦一世（François I, 1515—1547 年在位）曾在一个主教的晚宴上明言，"我希望将这些错谬驱逐出我的王国，没有人可以得到原宥；如果我的一只手沾染上了这种粉末，我会砍掉这只手，如果我的孩子受其污染，我甚至可以牺牲他们，如此一来，您如愿以偿，我也能自证清白"。[②] 君主坚决的态度对下属官员和臣民使用强硬手段

---

① Denis Crouzet, *Les guerriers de Dieu : la violence au temps des troubles de Religion (vers 1525-vers 1610)*, tome 1 (Syssel : Champ Vallon, 1990), pp.165–166 ; Claude Haton, *Mémoire de Claude Haton, contenant le récit des événements accomplis de 1553 à 1582*, dans Félix Bourquelot éd., *Collection de documents inédits sur l'histoire de France*, tome 1 (Paris : Imprimerie Impériale, 1857), pp.24–26.

② Guillaume Budé, *De transitu Hellenismi ad Christinismum* (1535), dans M.-M. de la Garanderie et D.F. Penham éds., *Le passage de l'hellénisme au christianisme* (Paris: Belles-Lettres, 1993), p.7 ; David El Kenz, *Les bûchers du roi : la culture protestante des martyrs (1523-1572)* (Seyssel : Champ Vallon, 1997), p.31.

对待异端无疑是一种鼓励。事实上，从 1523 年起，巴黎高等法院就为改革派及其追随者准备了火刑柱，一位名叫让·瓦利埃（Jean Vallière）的隐修士被活活烧死，因为他曾表示耶稣基督"就像其他人类一样，是约瑟夫和圣母所生"。[①] 如果说处决异端分子的现象最初还只是零星出现，那么在招贴事件[②]后，这种情况显然急转直下。据威廉·蒙特（William Monter）研究统计，从 1534 年 11 月至 1535 年 5 月，巴黎高等法院以异端罪处决了 20 多人；仅 1535 年 1 月 25 日一天，高等法院就在被告缺席的状况下判决 73 名异端死刑。法国残酷镇压异端的行为甚至让教皇保罗三世心生怜悯，致信法王，希望他停止以如此残忍的方式对待"路德派信徒"。[③]

教皇的建议显然并未被采纳，亨利二世（Henri Ⅱ，1547—1559 年在位）在异端问题上表现得要比他的父亲更为主动坚决。即位不久，他就专门设立了"火刑法庭"（la Chambre ardente）审判和处置异端，在大约三年的时间里（1547—1550），这个特别法庭就作出了 500 多项关于新教徒的判决，近 60 人被处

[①] Ludovic Lalanne éd., *Journal d'un bourgeois de Paris sous le règne de François premier (1515–1536)* (Paris : Jules Renouard et C, 1854), pp.145-146 ; William Monter, « Les exécutés pour hérésie par arrêt du Parlement de Paris (1523–1560) » , *Bulletin de la Société d'histoire du protestantisme français (BSHPF*, 1996) : 191-224.

[②] 1534 年 10 月，一些反对天主教圣事仪规的传单一夕之间出现在巴黎和外省一些城市的招贴栏中，据说连昂布瓦斯城堡的国王门前也出现了这类标语。此举被视为对国王的挑衅，自此，弗朗索瓦一世对新教徒的容忍不再，法国开始了对新教徒的大规模迫害。因为这一事件引发了严重后果，后世将之称为"招贴事件"（l'affaire des placards）。

[③] Ludovic Lalanne éd., *Journal d'un bourgeois de Paris sous le règne de François premier (1515–1536)*, p.458.

死。[①]1552 年，国王还在巴黎高等法院辖区之外设立了 30 多个最高法庭（les cours présidiales），"允准它们给予异端死刑判决，不得上诉"。[②] 对于法国新教徒而言，这一诏令带来的后果是灾难性的：这些法庭受命与各省高等法院共同协助巴黎高等法院[③]处理新教异端事务，在全国范围内展开了对新教徒的抓捕和迫害。其中，图卢兹高等法院的"成绩"最为显著。据雷蒙德·门泽尔（Raymond Mentzer）估算，1541—1550 年间，图卢兹高等法院共提出了 257 项异端指控，在随后的十年间增到 684 项。[④] 加之其他地区——如波尔多、鲁昂（Rouen）、格勒诺布尔（Grenoble）、第戎（Dijon）等——高等法院在镇压异端方面同样表现积极，近 40 年（1523—1560）的"努力"使"法兰西王国约有 500 人因异端罪名被处死，5000 到 8000 人受到指控"。[⑤]

① Nathanaël Weiss, *La chambre ardente: étude sur la liberté de conscience en France sous François Ier et Henri II (1540-1550)* (Paris: Fischbacher, 1889), p.CXL. 维斯坦言，他很可能低估了当时被处置的异端的数量，尤其在被处死的犯人人数上，他并没有将死于酷刑或受到长期甚至是永久监禁的犯人计算在内。

② William Monter, « Les exécutés pour hérésie par arrêt du Parlement de Paris (1523-1560) », p.204.

③ 亨利二世设立最高法庭的主要目的便是减轻巴黎高等法院在异端事务上的压力（由于一直主导异端抓捕，巴黎高等法院监狱已经无法继续容纳犯人），同时在全国范围内展开更广泛的镇压异端的行动。当然，其中还夹杂了国王与巴黎高等法院以及外省高等法院之间的微妙关系的影响，详情参见 William Monter, « Les exécutés pour hérésie par arrêt du Parlement de Paris (1523-1560) », pp.191-224。

④ Raymond A. Mentzer, *Heresy Proceedings in Languedoc, 1500-1560* (Philadelphia: American philosophical Society, 1984), p.163.

⑤ Didier Boisson et Hugues Daussy, *Les protestants dans la France moderne* (Paris : Belin, 2006), p.65.

如果说制度框架内对新教的打击是明确的、带有震慑性的，那么隐藏在民众心中对新教异端的仇视则是无声的、隐晦的，也是更危险的，这种单纯因信仰而产生的敌意一旦迸发，往往更难遏止。16 世纪下半叶，随着新教的发展及其与天主教之间关系日益紧张，两者互不相容的态势越发明显。1562年 3 月 1 日，吉斯公爵（François de Guise, 1519—1563）率领的军队进入瓦西镇，屠杀了在谷仓里做礼拜的新教徒。这一举动打破了王室一直设法维持的天主教徒与新教徒之间的微妙和平，将法国推入了战争的旋涡。1562—1598 年，天主教阵营与新教阵营兵戎相见，各地也不时有冲突骚乱发生，整个法国陷入一片混乱。此时的纷争，无论是国家还是地方层面，都往往掺杂了政治和宗教利益的纠葛，但信仰在很多事态中的意义也绝非无足轻重。尤其在天主教方面，如果说参与战斗的士兵更多是遵照命令行事的话，普通民众肃清异端的行动则带有明显的自发性。

整个 16 世纪，特别是宗教战争期间，这种民众无须教会和世俗力量指引鼓励便自觉行动惩罚异端的行为屡见不鲜。当被判刑的异端在火刑柱或断头台上受刑时，被处刑场景感染的观众常常主动参与，不仅在行刑时围观、叫嚷、谩骂、欢呼，还会在处刑结束后继续毁坏尸体。[1]1562 年 9 月 2 日，在塞纳河畔巴尔（Bar-sur-Seine），一个叫作皮埃尔·克雷蒙（Pierre Clément）的新教徒被处绞刑后，尸体还遭围观民众损毁，民众挖出他的眼

---

[1] Natalie Zemon Davis, "The rites of violence: religious riot in sixteenth-century France", *Past & Present* 59/1 (1973): 51–91; Barbara Diefendorf, "Prologue to a massacre: popular unrest in Paris, 1557–1572", *The American Historical Review* 90/5 (1985): 1067–1091.

睛，割掉他的鼻子，把尸体拖到教堂前，还把剩余尸骨扔进了水里。[1] 除去这种集体行为，天主教徒自发行动攻击新教徒的情况更是时有发生。1562 年，巴黎两名据说在家里接受新教宣道、洗礼的军士被绞死，人们拿着他们的头颅玩闹，拖拽他们的尸体，最后还将之付之一炬。[2] 同年 4 月，蒙彼利埃地区马西亚格（Marsillargues）市政当局根据一月敕令[3] 释放了一名新教徒，引发当地天主教徒不满，他们再次逮捕了他，"直接在街头将他杀死，并烧毁了尸体"。[4]

在基督教世界中，异端几乎从来都是不受欢迎的，这一标签不仅会将他们置于被孤立排斥的状态，还会给他们带来灭顶之灾。宗教改革时期，被视为异端的法国新教徒面对的便是这样的危险局面。而天主教徒感受到的则是新教思想传播和新教实力增强带来的可怕威胁，于是，为了让正统信仰不被"玷污"，为了使"渎神的存在"不致干扰救赎，天主教徒必须清除这些"不信教者"，就如"福音的历史"中早已显明的那样。

---

[1] Denis Crouzet, *Les guerriers de Dieu : la violence au temps des troubles de Religion (vers 1525-vers 1610)*, tome 1, p.279.

[2] Jean Crespin, *Histoire des martyrs persecutez et mis a mort pour la verité de l'Evangile* (Genève : P.Aubert, 1619), rééd. par Daniel Benoît et accompagnée de notes par Matthieu Lelièvre, tome 3 (Toulouse : Société des livres religieux, 1885–1888), livre VIII, p.267.

[3] 在王太后凯瑟琳·德·美第奇（Catherine de Médicis,1519—1589）与掌玺大臣米歇尔·德·洛皮塔尔（Michel de L'Hospital，约 1505—1573）主导下，王室于 1562 年 1 月 17 日颁布的法令。法令虽然承认新教徒的信仰自由，但前提是不损害天主教信仰和利益，因此对新教徒的礼拜等行为做了诸多限制。

[4] Jean Crespin, *Histoire des martyrs persecutez et mis a mort pour la verité de l'Evangile*, tome 3, 1885–1888, livre VIII, p.213.

3 应对异端：阿尔比派的范例作用

尽管"异端"罪名加身的新教徒从改革开始就不得不面对来自教会内部和世俗力量的压制和责罚，他们却并没有停止发展。在法国，随着新教势力的急速扩张，哪怕王室也不时需要在冷酷镇压和宽容接受之间做出抉择。在这种情况下，如何正确有效地应对新教"异端"，成为教俗文人共同关心的话题，而阿尔比异端的历史也正是在这样的政治和社会背景下进入人们视野的。

1546 年或 1547 年，为了以通俗易懂的语言与新教徒论辩，巴黎圣维克多修道院（Abbaye de Saint-Victor）的尼古拉·格勒尼耶（Nicolas Grenier, 1505—1570）用法文撰写了一本名为《信仰之盾》（Le Bouclier de la Foy）的小册子。[①] 他选择将这本书题献给国王亨利二世，并在献词中对法国历代国王的荣光和功绩大加称颂，其目的是提示国王，这些君主之所以能够获得如此成功，最重要的原因就在于他们对基督教信仰足够虔诚，将保护罗马教会免受敌人侵害作为他们的应有职责，并甘愿为之付出。卡佩先王们出兵镇压阿尔比异端是格勒尼耶特意挑选的事例，他怀着崇敬的心情写道："彼时，圣路易的父亲路易七

---

① 这本书在 16 世纪再版和重印了大约 15 次。参见 R.E.Hallmark, "Defenders of the faith : the case of Nicole Grenier", *Renaissance Studies* 11/2 (1997): 123–140; Victor Baroni, *La Contre-Réforme devant la Bible : la question biblique* (Lausanne; La Concorde, 1943), p.162; Luc Racaut, *Hatred in Print : Aspects of Anti-Protestant polemic in the French Wars of Religion* (Ph.D. diss., University of St. Andrews, 1999), p.83; Denis Crouzet, *Les guerriers de Dieu : la violence au temps des troubles de Religion (vers 1525-vers 1610)*, tome 1, p.201。

世①发起了一场对抗阿尔比异端，使之回归基督教会的大战。其子圣路易及后继国王们也都在继续维护上帝的信仰，追随其荣耀，拥护矫正教会流弊的改革。"②1558年，索邦神学院教授安托万·德·穆希（Antoine de Mouchy, 1494—1574）③同样在一本论辩小册子中用中世纪教俗势力联合绞杀阿尔比派来佐证镇压异端的正当性。这本小册子是为回应一本新教徒自辩书而作，据说此书将新教徒视为真正的基督徒，而将天主教徒看作是基督的敌人，如此"颠倒黑白"让德·穆希大为光火。于是，这位神学家征引大量经典著作和历史范例，力图证明惩罚异端是上帝的启示，"如果有人不听从教会的训导，就只能被视为异教徒或税吏"而受到惩戒，必要的时候，武力也是摧毁邪恶的工具，而阿尔比异端事件则是先例。④

在新教异端"扰乱"法国和基督教世界秩序的关头，尼古拉·格勒尼耶和安托万·德·穆希显然不是仅有的联想到阿尔比异端的两人。1559年6月，巴黎高等法院召开周三大会（la

---

① 此处作者有误，圣路易的父亲应为路易八世，1223—1226年为法国国王。

② Nicolas Grenier, *Le bouclier de la foy, en forme de dialogue, extraict de la saincte escriture, & des sainctz peres & plus anciens docteurs de l'Eglise : dedié au Roy de France treschrestien. Revue & augmenté par l'Autheur outre les precedentes impressions* (Paris : Jehan Ruelle, 1568), Dédicace. 此书至少从1548年第二版开始就不断提及阿尔比十字军，尤其是在作者本人亲自修订的1568年版本中。

③ 伏尔泰曾评论此人为红衣主教查理·德·吉斯（Charles de Lorraine, 1524—1574）的暗探，是他迫害新教徒的帮凶。参见伏尔泰《巴黎高等法院史》，吴模信译，商务印书馆，2015，第84页。

④ Antoine de Mouchy, *Response a quelque apologie que les heretiques ces jours passés ont mis en avant sous ce titre : Apologie ou deffense des bons Chretiens contre les ennemis de l'Eglise catholique* (Paris : Claude Fremy, 1558), p.25.

mercuriale），亨利二世希望借由此次集会传达君主坚决镇压新教徒的态度，因此会议主旨在于加强对国家宗教事务的管理，强化对造成社会混乱的新教徒的责罚和惩处。然而高等法院内部并未就这一问题达成一致，不少法官甚至直接表示反对严厉镇压新教徒，认为应该耐心对待这些人，让他们有机会重新选择。据《孔代亲王回忆录》记载，在僵持不下之时，明了国王意图的两位庭长吉尔·勒梅特（Gilles Le Maître）和米纳尔（Minard）开始大声鼓噪，煽动与会者的情绪。他们不断列举"严厉处决（异端）的例子"，还特别追忆了腓力·奥古斯都国王的例子，宣称他曾"在一天之内烧死了600多异端和里昂的韦尔多信徒，哪怕他们躲在屋子里、采石场或其他地方，也没能逃脱"。[①]这种做法虽然意在取悦国王，却同时激起了这位君主对胆敢提出异议的官员们的怒气。国王下令逮捕了一些试图为新教徒辩解、提倡宽容对待这些"异端"的官员，甚至将不甘服从其诏令的法官安纳·杜布尔（Anne du Bourg）送上了火刑架。亨利二世的强势与决绝无疑让新教徒惊惧不已，"幸运的是"，这位国王不久之后就意外身亡，未能继续实施他的整肃计划。

　　然而镇压新教徒的行动并未就此停止，而此后弗朗索瓦二世（François Ⅱ，1559—1560年在位）的短暂统治、查理九世（Charles Ⅸ，1559—1574年在位）的仓促即位和1560年新教徒发动昂布瓦斯叛乱等一系列事件，也持续唤起人们关于阿尔比异端和阿尔比十字军的记忆。起初，大家更为关注的是亨利二世之后几位国王未成年即位的状况，以及由此导致的王太后或吉斯公

---

① *Mémoires de Condé, servant d'éclaircissement et de Preuves à l'Histoire de M. de Thou*, tome 1〔Londres et Paris：Rollin (fils), 1743〕，p.222.

爵的摄政问题。当时的王室档案管理员、巴黎高等法院书记官让·杜·蒂耶（Jean du Tillet, ?—1570）[1]曾就国王亲政年龄的问题撰写了两篇专论，与新教徒一方——尤其是弗朗索瓦·奥特芒（François Hotman, 1524—1590）——论辩，力证王太后摄政的益处。[2]他认为，王室彼时的情况完全可以参考路易九世统治时期的情况，因为这位国王和查理九世一样也是幼年登基，由其母亲、王太后布朗歇（Blanche de Castille, 1188—1252）摄政，而他所取得的非凡成就有目共睹，其中就包括清除了阿尔比异端。大概就是从这个时候开始，阿尔比异端事件得到了这位王室近臣的特别关注。

1590 年，让·杜·蒂耶的遗著《阿尔比异端战争简史》（*Sommaire de l'histoire de la guerre faicte contre les hérétiques albigeois*）出版。根据此书出版人、他的儿子埃利耶·杜·蒂耶（Helyes du Tillet）的说法，让·杜·蒂耶曾于 1562 年向王太后凯瑟琳·德·美第奇献上过一本阿尔比异端史的摘要，极有可能就是《阿尔比异端战争简史》的原稿。在题献中，让·杜·蒂耶自述，他是从王室档案库中发现关于阿尔比异端事件的记载，并决定将其呈献给王太后的。但这些记载出自谁

---

[1] 关于让·杜·蒂耶对法国档案文献以及历史学方面的贡献，参见 Donald R. Kelley, "Jean du Tillet, Archivist and Antiquary", *The Journal of Modern History* 38/4 (1966) : 337–354; Donald R. Kelley, *Foundations of Modern Historical Scholarship: Language, Law, and History in the French Renaissance* (New York and London : Columbia University Press, 1970), pp.215–238。

[2] Jean du Tillet, *Pour la majorité du Roy tres chretien, contre les escrits de rebelles* (Paris : Guillaume Morel, 1560); Jean du Tillet, *Pour l'entiere majorité du Roy tres chretien, contre le legitime conseil malicieusement inventé par les rebelles* (Paris : Guillaume Morel, 1560).

之手，或源自哪些书籍，均未可知，我们只能从行文片段中推测，它们很有可能出自皮埃尔修士的《阿尔比教派史》或皮伊洛朗的纪尧姆的《编年史，1203—1275》，或两者兼有，可能还有其他文献。无论如何，作者在 16 世纪 60 年代选择这个主题加以发挥，并将之呈递给王室的举动，就表明了以他为代表的天主教官员——以及文人群体——在新教问题上的态度：他们希望王太后采取与圣路易及其母后布朗歇相同的策略来对付宗教异端，即对新教徒宣战。不过，在当时的法国，这个话题极易引发争议，因此让·杜·蒂耶特地以较为谨慎的态度回应了有可能出现的"误解"。他自述，写作此书的意图"不是促使人们拿起武器或采取同样严苛的手段，只是希望通过这段过去告知所有人两个关键的问题。其一，以前曾经出现过（与新教徒）犯下相似错误的所谓'博学之人'，他们让那些寻求救赎之人轻率地相信耶稣基督的福音已经降临。其二，真正的信仰在这个国家根深蒂固，毁掉它就意味着国家的异变，而寄望于此的人会选择放弃信仰，只依靠人的力量"。这些历史上的情况与当时法国的状况如此相似，以至于作者坚信，这个国家的统治者们可以"通过了解过去的事情，（找到应对方法）更好地治理国家"。虽然让·杜·蒂耶自始至终并未直言鼓励战争，却时时都在以过去影射他所处的当下，尤其在献词结束时，他终于以一种含蓄却又直接的方式表明了自己的"期待"："虽然披着信仰的外衣，但这是对年幼国王的轻视，是一场叛乱，反叛者企图改变（人们的）信仰，（面对这样的情况）您可以从这本书中找到明智的解决方法。您还有可能拯救这个国家，就像一个好的舵手能够预知危险、避免沉船一样，所以不要等到最后一刻。"①

让·杜·蒂耶题献中的现实倾向和政治意涵是十分明显的，在他讲述阿尔比异端史的过程中，这种倾向也一直存在。与教会人士习惯把阿尔比派叫作"异端"不同，让·杜·蒂耶常常称呼他们为"强盗"、"小偷"、"破坏者"（ruptaires），视他们为扰乱国家和平的人。②在他的叙述中，这些人之所以会被镇压，是由于教廷认为他们一直在某些地区"散布毒素"，而这些毒素不仅污染信仰，还破坏国家秩序，因此教皇和法国君主——腓力·奥古斯都和圣路易——才共同发起了十字军，以捍卫教会正统，维护国家和平。阿尔比十字军无疑取得了胜利，因为基督教总是会战胜异端思想，而这也让作者坚信，在16世纪的反对异端之战中，获胜者必定还是罗马教会和法国君主。这一想法在他时不时将阿尔比派和新教徒加以类比的举动中表现得尤为明显。比如在开篇介绍阿尔比异端的源流时，让·杜·蒂耶讲到，"阿尔比异端源自过去被教皇卢修斯三世判罪的两个教派，其中一个，也是最可鄙的那个教派取了个毫不起眼的名字（即阿尔比派），另一个教派叫作里昂穷人派，因为他们拒绝拥有财产，又因为他们的首领是里昂的瓦尔多，所以也被称为韦尔多派"，但随即他便指出，"阿尔比派所犯的其他错误与我们这个时代的某些人是一样的，他们都反对罗马教会保有的大部分事物，将之视

---

① Jean du Tillet, *Sommaire de l'histoire de la guerre faicte contre les hérétiques albigeois, extraite du Tresor des Chartres du Roy par feu Jehan du Tillet* (Paris : Robert Nivelle, 1590), Epître à la Reine.

② Jean du Tillet, *Sommaire de l'histoire de la guerre faicte contre les hérétiques albigeois, extraite du Tresor des Chartres du Roy par feu Jehan du Tillet*, pp.2-3.

为冥府地狱，而将教皇看作启示录里的怪物猛兽"。[1] 至于为何存在这样的相似性，作者给出的解释是，阿尔比十字军虽然胜利遏止了异端的蔓延，却并未让他们全然灭绝，异端的"种子被带往英国，在那里蛰伏许久，之后随着威克里夫的书籍传入波希米亚……这一异端在 45 年前重新出现在欧洲许多国家，并融合了其他异端的错误观点，自 16 个月前开始，它的发展甚至比以往任何时候都更为迅速"。[2] 45 年前正是路德掀起宗教改革争端的 1517 年，而 16 个月前的 12 月，未成年的查理九世即位成为国王，法国宗教局势愈发紧张。由此，作者指涉时事的意图昭然若揭，而到了 1568 年，让·杜·蒂耶甚至已经不再试图遮掩这一动机。在《告法国贵族书》（Advertissement a la Noblesse）中，他提醒说，"读一读阿尔比派的历史，他们的错误曾肆意蔓延，他们跟今天的谋反者使用的是同样的遮掩手段，不过彼时的贵族们参与了十字军，在蒙福尔伯爵的领导下与他们作战直至击败并消灭了他们"。[3] 因为史有前例，法国的天主教贵族理应承接他们的使命，毫不留情地诛灭异端，这便是让·杜·蒂耶不断提及阿尔比异端历史的关键所在。

让·杜·蒂耶不是法国宗教动荡时期唯一谈及阿尔比派异端往事的作者。事实上，图卢兹高等法院检察官让·盖伊（Jean

---

[1] Jean du Tillet, *Sommaire de l'histoire de la guerre faicte contre les hérétiques albigeois, extraite du Tresor des Chartres du Roy par feu Jehan du Tillet*, pp.1-2.

[2] Jean du Tillet, *Sommaire de l'histoire de la guerre faicte contre les hérétiques albigeois, extraite du Tresor des Chartres du Roy par feu Jehan du Tillet*, p.88.

[3] Jean du Tillet, *Advertissement a la Noblesse, tant du party du Roy, que des Rebelles & Conjurez* (Lyon : Michel Jove, 1568 ; Paris : Jean Poupy, 1574).

Gay/Jehan Gay, 生卒不详）在他之前已经于 1561 年出版了一本关于阿尔比派历史的著作，此书全名为《与今日相似的教会分裂与阿尔比异端史，从中可知那些强大的亲王领主曾因偏信异端而堕入可怕的毁灭境地》（L'histoire des schismes et heresies des albigeois, conforme à celle du present）。[①] 这一题目已清楚显露了作者写作的意图：异端从来都是撒旦的同谋者，必然要接受惩罚，阿尔比派的毁灭便是例证，而同为异端的新教徒也应受到与阿尔比派同样的严惩。作者坦言，之所以撰写阿尔比派的历史，是因为那段过去与彼时法国的境况惊人相似，尤其是两个时代的贵族或有教养群体似乎都对异端思想毫无抵抗力，因此他认为有必要为他们敲响警钟，提醒他们不要重蹈 13 世纪南方贵族的覆辙。[②] 基于这样的想法，这位图卢兹律师也会与让·杜·蒂耶一样，在讲述阿尔比派的情况时有意无意地将之与新教徒联系到一起。譬如在提及阿尔比派的发展时，他讲到"阿尔比派在图卢兹伯爵雷蒙及其外甥贝济耶子爵，还有他们的盟友富瓦伯爵的领地上受到欢迎，得以传播"，同时也指出，"他们跟今天的异端一样

---

① Jean Gay, L'histoire des schismes et heresies des albigeois, conforme à celle du present; par laquelle appert que plusieurs grands Princes, & Seigneurs sont tombez en extreme desolation & ruynes, pour auoir fauorisé aux Heretiques (Paris : Gaultier, 1561). 马里-安贝尔·维凯尔（Marie-Humbert Vicaire）认为这本小书实际上是皮埃尔《阿尔比教派史》的摘录。参见 Marie-Humbert Vicaire, « Les albigeois ancêtres des protestants : assimilations catholiques », Cahiers de Fanjeaux 14 (1979) : 23–46 ; Denis Crouzet, Les guerriers de Dieu : la violence au temps des troubles de Religion (vers 1525-vers 1610), tome 1, p.381。

② 他对与他同时代的法国贵族的建议与让·杜·蒂耶过于相似，以至于吕克·拉科认为他们之间或许曾经有过交流。参见 Luc Racaut, "The polemical use of the Albigensian Crusade during the French wars of religion", French History 13/3 (1999): 265。

自称是传福音的人"。①有时，让·盖伊也会将"路德派及其支持者"称为阿尔比派的"后裔"，②但他不像让·杜·蒂耶一样相信阿尔比派与新教徒具有亲缘关系，而只是认为两者之间存在可比性。在他看来，阿尔比派和新教徒之所以能够相提并论，主要在于三个方面的相似：首先，他们的错误均是由于对福音书的误解；其次，他们都致力于揭露罗马教会神职人员的恶劣行径；最后，他们的制胜手段都是引诱贵族加入，以增强自身力量并寻求扩张。从让·盖伊总结的这三点相似性便可看出，相对于阿尔比派本身，他对其历史可能给法国彼时的政治和宗教形势带来的启示更感兴趣。

同样在这一时期被阿尔比派历史吸引的还有来自蒙托邦的让·福尼耶（Jean Fornier, 1530 ?—1584 ?）。③1562 年，他将手中的一本拉丁文著作④翻译成法文，并以《法国战争史（1200—

① Jean Gay, L'histoire des schismes et heresies des albigeois, conforme à celle du present; par laquelle appert que plusieurs grands Princes, & Seigneurs sont tombez en extreme desolation & ruynes, pour auoir fauorisé aux Heretiques, p. 1.

② Jean Gay, L'histoire des schismes et heresies des albigeois, p. 22.

③ Jacques Lelong et al., Bibliothèque historique de la France, tome 1 (Paris : Imprimerie de Jean-Thomas Hérissant, 1768), p. 377.

④ 此书没有标明作者和出版信息，福尼耶推测它应该是尼古拉·贝特朗（Nicolas Bertrand, ?—1527）在《图卢兹人纪事》（Gesta tholosanorum）中经常引用的皮伊洛朗的纪尧姆的《编年史，1203—1275》。19 世纪基佐主持古代文献编译工作时沿用了这个说法。不过，后世学者并不全然同意这一推测。《图卢兹伯爵史》的作者纪尧姆·卡代尔认为其作者很可能是生活在 14 世纪的洛代夫主教皮埃尔（Pierre V de Lodève），他还指出这本书与阿尔比异端时期曾任朗格多克地区宗教裁判官的贝尔纳·居伊的作品存在相似之处，因此怀疑居伊也有可能是这本书的著者，或者居伊曾参考甚至抄录过本书。18 世纪以后，贝尔纳·居伊为此书作者的看法得到了更多认同，只引起过卡代尔注意的洛代夫主教皮埃尔则被普遍忽视。参见 Guillaume Catel, Histoire des comtes de Toulouse（转下页注）

1311 年）》（*Histoire des Guerres faites en plusieurs lieux de la France*）为名出版。从时间断限便可看出，阿尔比十字军战争是这本书的叙述重点，作者也的确花费了近一半篇幅来讲述发生在吉耶讷（Guyenne）和朗格多克的反异端之战。对于为什么会对这本著作感兴趣并将它翻译成通俗文字，福尼耶给出了一个十分学术的答案。他认为，作者讲述的阿尔比异端历史与其他作者不同，而"越是少见的书，其中的信息就越应该深入挖掘"，鉴于此书拉丁文版本中有太多错误，福尼耶认为他有责任对其进行修正并将之翻译成法文。[①] 的确，这位译者所做的不仅是翻译，他还参考引用了不少前辈学者——尤其是罗贝尔·盖甘（Robert Gaguin，1433 或 1434—1501）和保罗·埃米略（Paolo Emilio，1455—1529）[②]——的著述以补充相关信息。然而问题依然存在，福尼耶此时翻译一本主要讲述阿尔比异端历史的著作究竟是机缘巧合还是有意为之呢？福尼耶简短的题献为此提供了一些可用的线索。这本译著被献给让·德·夸尼亚尔（Jean de Coignard），他

（接上页注④）(Toulouse: Pierre Bosc Marchand Libraire, 1623), Au lecteur ; Hauréau Jean-Barthélémy, « De quelques auteurs imaginaires » , *Comptes rendus des séances de l'Académie des inscriptions et Belles-Lettres* 15 (1871): 262–275。

① Jean Fornier, *Histoire des Guerres faites en plusieurs lieux de la France, tant en Guyenne & Languedoc contre les hérétiques, qu'ailleurs contre certains ennemis de la Couronne; & de la conquête de la Terre-Sainte, & tout ce qui est advenu en France digne de mémoire, depuis l'an 1200 jusqu'en 1311, au quel tous les Templiers furent destruitz* (Toulouse : Jacques Colomies, 1562), Au lecteur.

② 福尼耶应该还参考了一些宗教裁判所的记录，因为其中罕见地述及了与阿尔比派信仰相关却极少在近代被提及的信息，比如宣称这些异端"可悲且错误地宣扬抹大拉（的玛利亚）是耶稣基督的情妇"。Jean Fornier, *Histoire des Guerres faites en plusieurs lieux de la France*, Au lecteur。

是福尼耶的舅舅，同时也是图卢兹高等法院公证人、顾问。福尼耶自言，希望通过这本书"减轻您（让·德·夸尼亚尔）的担忧"。[①]而这份担忧应该源于1562年前后图卢兹紧张的宗教形势，尤其是1562年4月到5月间，天主教和新教阵营不断发生冲突，城市里骚乱不断，许多民众惨遭屠杀。福尼耶可能已经预感或目睹了图卢兹的混乱，因而因应情势译出《法国战争史（1200—1311年）》。他在书中明确肯定了阿尔比十字军的正义，因为异端本就应被清除，"没有任何反抗真正真理和纯正圣言的教派、信仰或是教会能够有如此的权威和力量得以长存，它必会被刀剑或上帝的旨意摧毁"。[②]这无疑是在为解决当时图卢兹甚至整个法国面临的紧张状况给出建议。

　　1559—1562年是法国宗教、政治局势极为微妙的时期。一方面，亨利二世突然逝世，其强势镇压新教的计划未及实施，而后续以王太后凯瑟琳·德·美第奇和吉斯公爵为核心的统治集团在如何应对天主教与新教冲突问题上争执不断，迟迟无法达成一致。另一方面，新教——尤其是加尔文派——在法国迅速发展，各地教会和信徒人数在这一阶段不断增长，已经明显威胁到了天主教在政治和社会层面的主导地位。因此，这个时期的天主教阵营和新教阵营均处于高度紧张状态，稍有风吹草动便会引发对抗、骚乱甚至是武力冲突。1560年的昂布瓦斯阴谋和1562年图卢兹的暴乱，都挑动了人们敏感的神经和紧张的情绪，寻求应对这一政治和宗教纷争的措施和方法自然成为这一时期文人群体

[①] Jean Fornier, *Histoire des Guerres faites en plusieurs lieux de la France*, Dédicace.

[②] Jean Fornier, *Histoire des Guerres faites en plusieurs lieux de la France*, Dédicace.

的关注所在。尤其对于站在天主教立场的文人而言，毫不留情
地诛灭异端一直都是天主教国家和臣民的使命，因此让·盖伊、
让·杜·蒂耶和让·福尼耶才会分别在 1561 年和 1562 年编撰
阿尔比异端史，呈献给君王权贵，以期为决策者的行动提供参
考。以让·杜·蒂耶的声望和地位 ① 而言，他的著述极有可能在
王室权贵中流传，充当绝不宽容异端理念的燃料，而让·盖伊和
让·福尼耶的著作究竟产生了何种影响则较难判断，但前者的著
作曾因引发英法之间的外交龃龉而被禁止印刷，可见其传播范围
之广。② 然而由于彼时王室尚未做出最终决断，因此上述三位作者
在借用阿尔比派历史鼓动统治者武力镇压新教异端的时候，言辞
均委婉谨慎。不过，这种审慎在 1562 年宗教战争彻底爆发后已不
复存在，这一点从阿尔诺·索尔班神父出版的著作中便可看出。

---

① 作为王室档案和藏书管理者，让·杜·蒂耶不仅十分接近权力中心，而且
是当时最为重要的历史书写者，甚至可以被视为王室史官。他的《法兰西
诸王汇编》(Recueil des roys de France) 等作品因大量使用原始文献资料，
一直受到后世历史著述者的重视。

② 在一封 1562 年写给英王伊丽莎白一世的信件中，外交官斯洛克莫顿
(Nicholas Throckmorton, 1515 或 1516—1571) 讲述了自己因让·盖伊书
中将图卢兹伯爵雷蒙六世与英国国王亨利八世相提并论而向法国政府提出
抗议，并请法国政府对这本书发出禁令一事。不过，德国学者约尔格·福
伊希特 (Jörg Feuchter) 则认为，这本书之所以被禁更多是因为其中充满
好战言论，可能会威胁到当时脆弱的"和平"局面。参见 Joseph Stevenson
ed., *Calendar of State Papers. Foreign series, of the reign of Elizabeth, 1561–
1562*, vol.4 (London, 1866), p.503, http://www.british-history.ac.uk/cal-state-
papers/foreign/vol4, 最后访问日期：2024 年 3 月 24 日；Luc Racaut, *Hatred
in Print : Aspects of Anti-Protestant polemic in the French Wars of Religion*,
pp.84–85; Jörg Feuchter, "Albigenser und Hugenotten", in Günter Frank
and Friedrich Niewöhner eds., *Reformer als Ketzer. Heterodoxe Bewegungen
von Vorreformatoren* (Stuttgart et Bad-Cannstatt: Frommann-Holzboog,
2004), pp.321–353。

阿尔诺·索尔班出生于法国南部蒙泰什（Montech），在图卢兹大学完成学业后，逐渐以热情洋溢的布道博得了名声。1567年，索尔班得到宫廷任命，成为查理九世和亨利三世（Henri Ⅲ，1574—1589 年在位）的布道神父。1568—1569 年，他先后出版了两本关于阿尔比派历史的著作：一本是沃德塞尔奈修道院皮埃尔修士《阿尔比教派史》的译本；另一本是教会谴责阿尔比异端的法令汇编。对于此时编纂出版阿尔比派相关的历史文献，这位神父毫不讳言是为了鼓动天主教徒与新教徒斗争直至消灭他们。事实上，在被任命为宫廷布道神父后，索尔班尤其热衷于"传达上帝的旨意"，展示能够治愈异端顽疾的最佳方法。他将翻译的《阿尔比教派史与高贵的西蒙·德·蒙福尔的功绩》（*Histoire des albigeois et gestes de noble Simon de Montfort*）献给国王的兄弟、未来的法王亨利三世，鼓励他以阿尔比十字军英勇的领导者西蒙·德·蒙福尔为榜样摧毁新教异端。① 而教会关于阿尔比异端的资料汇编则被他献给了国王查理九世，在献词中，他直言，阿尔比异端"与（我们）在朗格多克和吉耶讷地区相同的

---

① Arnaud Sorbin, *Histoire des albigeois, et gestes de noble Simon de Montfort* (Toulouse: Arnaud & Jacques Colomies Freres, 1568), Épître. 索尔班应该是特意选择将《阿尔比教派史》献给安茹公爵亨利而非国王本人的。究其原因，也许是比之查理九世，索尔班更倾向于认为亨利才是那个会像蒙福尔一样坚决消灭异端的人（这是吕克·拉科的看法），也许只是后者在镇压新教徒方面态度更为明确，表现得也更积极。不过，索尔班的确毫不掩饰对安茹公爵亨利的赞赏和偏爱，如他在题献中曾言，"大人，请您想一想，我们每个人是多么希望上帝能给予您一些适当的方式来让这个国家恢复安宁，（毕竟）您（与路易八世）同样虔诚，有着与生俱来的慷慨宽容和高贵精神，再加上这些困难岁月日复一日留给您的丰富阅历，更不用说您的坚定决心"。相关讨论参见 Luc Racaut, "The polemical use of the Albigensian Crusade during the French wars of religion", p.265, pp.261–279.

城市注意到的异端没什么两样，甚至那些出自日内瓦的诡计、阴谋、背叛、亵渎、谋杀以及其他类似的所谓善行也曾经出现"，所以，"现在的异端与（过去的）阿尔比派没有区别"，"法兰西王国堕入的也是（与过去）同样的境地"。既然情况如此相似，且有先例可循，当下的困局当然也可以采取同样的方式解决，因此索尔班直接鼓励查理九世追随他的先祖，以阿尔比战争为榜样治愈新教带来的异端"病症"。

4 "以史为鉴"：1568 年图卢兹的新十字军

让·杜·蒂耶和阿尔诺·索尔班等人的鼓吹虽然并不一定立即能对当时的局势产生影响，但毕竟"以史为鉴"自来便是传统，而且从不缺乏践行者。事实上，16 世纪 60 年代，法国的宗教和社会形势的确正朝着这些作者们期待的方向演进。在许多地方，排斥新教徒的天主教徒都在以更为积极的态度动员起来抵御并试图消灭异端的污染，这种情况在南部地区尤为突出。

16 世纪上半叶，法国各地其实已出现不少反对新教的宗教团体，不过最初这些团体大多是防御性质的，其目标主要是保护或控制城市，以保护天主教在当地的利益。但从 60 年代起，一些更为激进的天主教群体在南部地区出现并迅速发展起来。这里和法国其他地区一样，尽管王室不断出台敕令试图调和天主教徒和新教徒之间的矛盾，但各种对立冲突从未断绝。昂布瓦斯

---

① Arnaud Sorbin, *Conciles de Tholose, Besiers et Narbonne, ensemble les ordonnances du Comte Raimond, fils de Raimond, contre les Albigeois...* (Paris : Guillaume Chaudiere, 1569), Au Roy.

叛乱对许多天主教徒而言都是一个极不寻常的讯号，他们的不
安全感急剧上升，迫切希望天主教徒动员起来维护自己的安全
和利益。于是，阿让 ①、波尔多 ②、图卢兹和马赛等城市开始出现
组织性更强也更具攻击性的天主教社团，而几乎每个社团的出
现都伴随着一些骚乱和冲突。特奥多尔·德·贝扎（Théodore
de Bèze, 1519—1605）曾在《法国改革教会史》（*Histoire
ecclesiastique des eglises reformees au royaume de France*）③
中谈及 1561 年兄弟会的各种情况，认为这些人的行为有时甚至

① 1560 年，阿让地区的高等法院和市政厅决定逮捕两名改革教会的牧
师，这一决定令当地的社会矛盾更加尖锐，甚至引发了局部动乱。1560
年底，阿让的市政官向国王请愿，希望建立类似民兵组织的团体来对
抗他们的新教徒敌人，这一请求被国王拒绝。参见 Théodore de Bèze,
Histoire ecclesiastique des eglises reformees au royaume de France, tome 1
(Anvers : Jean Remy, 1580),, pp.320–324; Serge Brunet, Serge Brunet, « *De
l'Espagnol dedans le ventre !* » *Les catholiques du sud-Ouest de la France
face à la Réforme (vers 1540–1589)* (Paris : Honoré Champion, 2007),
p.180。

② 1561 年，在经历天主教徒和新教徒之间的一系列纷争混乱后，波尔多出
现了一个被贝扎称为"市民联合会"（syndicat）的组织。尽管众多波尔
多行政官员予以支持，但这个团体并没有得到国王的批准和承认。参见
Théodore de Bèze, *Histoire ecclesiastique des eglises reformees au royaume
de France*, pp.785–789; Serge Brunet, « *De l'Espagnol dedans le ventre !* »
*Les catholiques du sud-Ouest de la France face à la Réforme (vers 1540-
1589)*, pp.183–184。

③ 在一些学者看来，贝扎是否是这部法国新教史著作的作者仍是一个值得讨
论的问题。毕竟贝扎交游广泛且留存的信件文字记录颇多，但在与其他学
者的交流中，他几乎从未提及此书，这无疑是个令人费解的现象。不过，
他的同时代人阿尔诺·索尔班神父倒是曾经谈到，贝扎不仅是一本阿尔
比派历史著作的作者，还写过一本"胡格诺异端史"，这本胡格诺异端史
很可能就是指《法国改革教会史》。参见 Paul-F. Geisendorf, *Théodore de
Bèze* (Genève : Labor et Fides, 1949), pp. 340–345; Arnaud Sorbin, *Histoire
des albigeois et gestes de noble Simon de Montfort* (Paris : Guillaume
Chaudiere, 1569), p.189。

亵渎神明，将之视为"上帝教会的迫害者"也不为过。同样在
1561 年，马赛新教徒因为无法忍受城市中苦修团体的行为，曾
派代表前往巴黎向王太后和科利尼元帅（Gaspard de Coligny,
1519—1572）请愿，希望两位能够遏止这些团体的发展，因为
他们中的大多数"只是由于觊觎新教徒的财产，企图谋害他们
才聚集在一起"。[1]天主教团体的过激行为不仅频频引发新教徒
的愤慨，也时常招致政府的不满和批评，王室就曾数次谴责天
主教徒对新教徒毫无缘由的残害，但这显然并没有遏止此类团
体的继续发展。

　　而在其中，图卢兹的情况无疑是最有代表性的。1562 年 5
月，就在瓦西镇的新教徒刚刚经历屠杀之后，图卢兹人也遭遇
了一场争夺城市控制权的混战。将近一周的对抗结束后，获胜
的天主教徒虽然宣布可以放战败者离开，但新教徒依然惨遭屠
杀。根据《图卢兹城市年鉴》（*Annales de la ville de Toulouse*）
记载，在此之后，这个城市的天主教徒就"以维护天主教信仰和
王室为名，成立了一个联盟团体，成员包括阿马尼亚克枢机主
教[2]、阿尔比主教和国王任命的阿尔比地区事务官斯特罗齐枢机主

---

[1]　关于这些团体的相关情况，参见 Théodore de Bèze, *Histoire ecclesiastique
des eglises reformees au royaume de France*, tome 1 p.763; Antoine de
Ruffi, *Histoire de la ville de Marseille* (seconde édition), tome 2 (Marseille :
Henri Matel, 1696), p.89; Agrippa d'Aubigné et Alphonse de Ruble éds.,
Histoire universelle, tome 2 (Paris : Librairie Renouard, 1887), p.221; Serge
Brunet, « *De l'Espagnol dedans le ventre !* » *Les catholiques du sud-Ouest
de la France face à la Réforme (vers 1540–1589)*, p.203。

[2]　乔治·德·阿马尼亚克（Georges d'Armagnac, 1501—1585），出身阿马尼
亚克家族，1544 年成为枢机主教，1562 年至 1584 年任图卢兹大主教区总
主教。

教①、将军茹瓦耶斯（Joyeuse）②、蒙吕克（Monluc）③、百人队指挥官特里德（Terride）、内格勒珀利斯（Nègrepelisse）和富尔克沃（Fourquevaux）的领主、纳博讷总督。联盟还得到了上朗格多克大多数城市和诸多领主的认可和赞同"。④许多学者认为，这就是未来天主教神圣同盟（la Sainte Ligue）的雏形。的确，在当地两个重要人物——阿马尼亚克枢机主教和蒙吕克——的支持下，这个联盟不仅很快得到图卢兹高等法院的批准，甚至还逐渐扩展到了整个阿让司法辖区。

　　不过，在很长一段时间里，王室和地方政府其实并不乐于允准这种类军事集团的存在，至少不愿给予长期许可。对于这种鱼龙混杂的群体，王室的警惕尤其明显。1565年，国王授命布迪隆元帅（Imbert de La Platière de Bourdillon, 1516—1567）阻止"康达尔（Candale）伯爵、特朗（Tran）侯爵、蒙吕克、艾尔（Aire）主教、科蒙（Caumont）、洛赞（Lauzun）、笛卡尔（Descartes）和梅维尔（Merville）在卡迪

---

① 洛朗·斯特罗齐（Laurent Strozzi, 1513—1571），意大利人，1555年成为枢机主教，1561年被派往阿尔比主教区，同时受国王委托处理阿尔比地区改革教派相关事宜。

② 纪尧姆·德·茹瓦耶斯（Guillaume de Joyeuse, 1520—1592），出身茹瓦耶斯家族，1562年左右被查理九世任命为朗格多克将军（lieutenant-général），在任期间积极打压新教徒，1582年受封法兰西元帅（maréchal de France）。

③ 布莱斯·德·蒙吕克（Blaise de Monluc, 约1500—1577），曾参与意大利战争，军功卓著。1562年他受命绞杀吉耶纳地区的新教徒叛乱者，1574年受封法兰西元帅。

④ Germain de La Faille, *Annales de la ville de Toulouse* (Toulouse: G. L. Colomyés, 1701), p.254. 在拉法叶的记载中，这个社团在1562年出现，但拿到贵族们的联名已到了次年初，得到批准的时间更晚。

亚克（Cadillac）[①]形成的同盟"。然而布迪隆元帅似乎无心干涉地方天主教势力的活动，对这些团体的杀人行为也常常无动于衷。[②]于是，如图卢兹天主教联盟一般的社团得以继续生存，并且越发蓬勃发展。

与此前兄弟会之类的团体相比，16世纪下半叶的图卢兹天主教社群明显更具攻击性，在争斗日益激烈的时代，其成员甚至准备直接发起一场惩罚异端的"新十字军"。据《朗格多克简史》（Histoire générale de Languedoc）记载，1568年9月，"一位在俗神父在图卢兹公开鼓吹发起十字军，应他的请求，图卢兹天主教徒得到高等法院同意，以十字军的名义创建了一个同盟社团。这个组织于9月12日成立，次日（即周一），所有想加入这个群体的人齐聚到圣艾蒂安大教堂，在宣誓后，他们庄严许诺愿意为天主教信仰献出生命和资产……'前进，为耶稣基督而死'（Eamus nos, moriamur cum Christo）是他们的口号。允准同盟成立的高等法院要求所有图卢兹的天主教徒在衣服上佩戴白色十字，以区别于新教徒，而教皇也在1568年3月15日发布谕令，对此次十字军予以许可，[③]这表明此计划在几个月前已经开

---

① 法国西南部城市，位于现新阿基坦大区吉伦特省。

② Agrippa d'Aubigné et Alphonse de Ruble éds., *Histoire universelle*, tome 2, pp.213–214.

③ 迄今公布的教会档案中并无这一教皇谕旨，《朗格多克简史》的作者也没有就这一谕令作出解释。不过，就此判定这一谕令并不存在似乎也过于武断。其原因在于，一方面，当时的教皇庇护五世（Pie V, 1566—1572年在任）曾是宗教裁判官，任教皇期间一直致力于清除异端，因而很有可能批准这类请求。另一方面，据庇护五世的传记作者尼古拉·勒梅特（Nicolas Lemaître）推断，庇护五世的一些诏书至今仍未发布，其中很可能包含1568年这道授权十字军的谕令。参见 Nicolas Lemaître, *Saint Pie V* (Paris: Fayard, 1994), pp.275–276。

始酝酿"。[1]

同一时间，图卢兹著名文人、律师让·德·卡多纳（Jean de Cardonne, 于 1575—1576 年、1586—1587 年任图卢兹市政官员）似乎还特意撰写了《告天主教徒书》，敦促图卢兹的天主教徒拿起武器，发起一场反对新教徒的"十字军"运动。[2] 很快，誓言保卫信仰的天主教徒就采取了行动。一位目击者描述了当时的情景："可以肯定的是，我们这一带在骚乱开始的时候就有四五百人丧生，实在是太不幸了；白天他们在街头厮杀，夜晚（许多尸体）被投入加龙河，这场混乱杀戮持续了整整三天，三四十个主使者就足以作出这些事。如果不是茹瓦耶斯大人来到，我怀疑图卢兹的大人物们是否能为了正义和民众采取行动，毕竟已经有不少高等法院的成员被囚禁在家中或被严密看管，就连庭长杜福尔夫妇（Du Faur）[3] 也没

---

[1] Clande de Vic et Joseph Vaissète, *Histoire générale de Languedoc*, tome 5 (Paris : Jacques Vincent, 1745), p.290.

[2] Jean de Cardonne, *Remonstrance aux catholiques de prendre les armes en l'armée de la croisade instituée en la ville de Toulouse contre les calvinistes huguenots, traîtres et rebelles* (Toulouse : Jacques Colomies, 1568). 目前这一文本无任何版本存世，只在少数后世著作中被提及，因此皮埃尔 - 让·苏里雅克（Pierre-Jean Souriac）认为此书是否真实存在仍值得商榷。关于让·德·卡多纳及这本小册子的讨论，参见 Christian Anatole, « Un ligueur : Jean de Cardonne, du collège de Rhétorique au Capitole », dans *Arnaud de Salette et son temps : le Béarn sous Jeanne d'Albret*. Actes du colloque international d'Orthez, février 1983 (Orthez : Pernoste, 1984), pp.359–369 ; Pierre-Jean Souriac, « Les enjeux mémoriels de la croisade albigeoise au temps des guerres de Religion », dans *Le temps de la bataille de Muret. 12 septembre 1213* (Comminges : Société des Etudes de Comminges, 2014), pp.533–549。

[3] 皮埃尔·杜福尔（Pierre Du Faur de Saint-Jory, 1540—1600），出身杜福尔家族，曾任图卢兹高等法院顾问、审理庭庭长，也是葡萄牙公主玛丽的事务总管。

能幸免。"①

　　十字军的幽灵似乎在 3 个世纪后又回到了图卢兹，重新激活了南方人——尤其是自视为新十字军的天主教徒——心中的记忆，也释放出了历史的能量，而那些在各地发表演说的天主教神父显然在其中扮演了至关重要的角色。正是他们不断宣扬"虔诚的基督徒必须毫不留情地惩罚异端，容忍异端无异于背叛教会"的观念，才会使许多天主教徒在面对改革派信徒时态度日益强硬。在他们中间，有着图卢兹地区印记的神职人员无疑是最具直接影响力的，比如与图卢兹渊源颇深的多明我会神父埃斯普里·罗捷（Esprit Rotier, 149 ?—1563 ?）。这位神父从 1547 年②开始担任图卢兹地区宗教裁判官，在任期间，他不仅不遗余力地"打击异端"，还不断撰文敦促天主教徒共同对敌。③在他看来，与持异端邪说者作斗争不单是如他一样侍奉上帝者的职责，同样也是基督教国家和君主的责任。因为这些异端"不仅妨害人们的

---

① 这一描述出自高等法院庭长安托万·德·马尔拉斯（Antoine de Malras）之妻让娜·德·罗吉耶（Jeanne de Rogier）写给兄弟朗索瓦·德·罗吉耶（François de Rogier）的信件，后者是洛拉盖地区（Lauragais）司法总管，国王和王后的宫廷管事以及国王派驻弗兰德尔的使节。这封信写于 1568 年 11 月 7 日，收藏于图卢兹市政档案中（Archives municipales de Toulouse, AA20, no 103）。详情参见 Serge Brunet, « De l'Espagnol dedans le ventre !» Les catholiques du sud-Ouest de la France face à la Réforme (vers 1540–1589), p.213。

② 同一时期，同样出自多明我会的教皇庇护五世也在意大利任宗教裁判官。宗教裁判所出现后的几个世纪中，多明我会一直是追捕异端（无论是阿尔比派还是改革派信徒）的主要力量。因此，无论是庇护五世还是埃斯普里·罗捷，对阿尔比派以及阿尔比十字军的历史应该都不陌生。

③ Louis Moréri et al., Le grand dictionnaire historique, ou le mélange curieux de l'Histoire sacrée et profane, tome 9 (Paris : Les librairie associés, 1759), p.381.

灵魂得到救赎，而且破坏政治稳定"，换言之，异端之罪不但在于它亵渎了神圣的上帝，还在于它同样冒犯了君主的威严，因此，君主和贵族也应全力打击这些罪人。[1] 正是基于这样的看法，罗捷神父促请查理九世效仿犹大王约西亚（Josias），"虽然他开始统治国家时年仅八岁，但很早便展现出对上帝及其荣耀的忠诚和热情，他在整个王国清除所有邪恶的事物，处死假先知、伪牧师，对于那些已经入土的（罪人），也要将其尸体挖出当众焚毁，（以此）为他的人民带来真正的信仰、和平和伟大的繁荣"。[2] 如果说约西亚国王的统治时代太过遥远，腓力·奥古斯都、圣路易和查理八世这些榜样则近在眼前。尽管作者没有着力描述法兰西先王们做了什么，甚至没有言及发生在腓力·奥古斯都和圣路易统治时期的阿尔比战争，但一个在图卢兹地区长期生活的多明我会神父不可能对阿尔比派一无所知，更何况，图卢兹检察官让·盖伊和宫廷近臣让·杜·蒂耶[3]都刚刚就这段历史大作过文章。当然，无论这位作者是否了解阿尔比派及其历史，都不妨碍他把自己对新教异端的看法及如何处置他们的态度传达给图卢兹民众，为他们拿起武器对抗"信仰的背叛者"和"有害于国家的罪人"提供思想武器。

---

[1] Esprit Rotier, *Antidotz, et regimes contre la peste d'heresie, & erreurs contraires à la Foy catholique* (Paris : Nicolas Chesneau, 1558), p.31. 此著作首次出版于 1557 年。

[2] Esprit Rotier, *Responce aux blasphemateurs de la saincte Messe* (Paris : Jacques Kerver, 1563), Préface. 这本书首次发表应该是在 1562 年，不过《历史大辞典》(*Le grand dictionnaire historique*) 的作者认为，它的出现时间或许更早。

[3] 让·杜·蒂耶还是罗捷《对圣祭亵渎者的回应》一书的审查官。参见 Esprit Rotier, *Responce aux blasphemateurs de la saincte Messe*, Extrait du privilège。

在当时的境况下，罗捷神父显然并不缺少同路人。1568 年 1 月，里昂神父加布里埃尔·德·萨科奈（Gabriel de Saconay, 1527—1580）发表《虔诚的法兰西国王的天命》（ De la Providence de Dieu sur les Roys de France treschrestiens ），表达了与罗捷如出一辙的看法。面对法国当时的混乱，他以激愤挑衅的语气写道，新教徒应该立即被剥夺所有权利，因为这些异端"本就将得到报应，受到神罚"，而国王则需"依据上帝给他的启示对他们施加肉体上的惩罚"。[①] 在德·萨科奈神父看来，国王有义务摧毁侵犯罗马教会的敌人，只有这样，他才能保有"上帝的馈赠与赐福"以确保王国永续，这是"上帝的给予，也是（国王）在加冕礼上对上帝作出的庄严承诺"。[②] 而且从历史上看，克洛维和其他国王，如腓力·奥古斯都和圣路易，都不负期望履行了他们的职责，尤其是后两位，更是依照上帝的旨意消灭了阿尔比异端。德·萨科奈因此指出，查理九世也应以这些先辈为榜样，学习"他们对神圣教会的忠诚坚定"，"将麦田里的稗草拔除"，他甚至建议，所有基督教君主和基督徒都团结起来，结成同盟，以实现这一目标。[③] 虽然难以判断这一倡议的具体影响，但有同样想法的天主教神职人员应不在少数。譬如在 1568 年夏天，耶稣会神父埃蒙·奥热（Emond Auger, 1530—1591）就以相同的口吻向

[①] Gabriel de Saconay, *De la Providence de Dieu sur les Roys de France treschrestiens, par laquelle sa sainte religion Catholique ne defaudra en leur Royaume, et comme les Gotz Arriens, & les Albigeois, en ont esté par icelle dechassés* (Lyon : Michel Jove, 1568), Dédicace au roi.

[②] Gabriel de Saconay, *De la Providence de Dieu sur les Roys de France treschrestiens*, p.152.

[③] Gabriel de Saconay, *De la Providence de Dieu sur les Roys de France treschrestiens*, Dédicace, p.177.

国王提议发动一场"正确的战争"，以对抗和战胜这个国家与教会的共同敌人。[①]

事实上，类似鼓吹与新教徒战斗的言辞或文章在当时的法国几乎俯拾皆是，正是它们不断滋养了16世纪下半叶天主教信徒的激动和好战情绪，而其中最具代表性和影响力的，恐怕要数宫廷布道神父阿尔诺·索尔班。在获封宫廷职位之前，这位神父就因不断宣扬惩治和消灭新教异端而名声大噪。1567年，他在圣雅克德拉布舍里教堂（l'église Saint-Jacques-de-la-Boucherie）布道讲述十诫时，不仅极力鼓动天主教徒与新教徒对抗，还明确提出，改革派所犯之罪不单在于信仰，他们同时也是法国社会和政治动荡的根源所在，本质上应被视作叛乱者。三年后，索尔班将这篇布道词献给王太后凯瑟琳·德·美第奇，并恳请她履行统治者的职责，保护、庇佑她的臣民，"将之从法国有史以来最严重的异端之祸中解救出来"，论及方式，他认为，王太后完全可以如圣保罗所言，与敌人兵戎相见，将赐予君主的刀"用于惩戒报复恶人，维护照顾好人"。[②]此时，这位宫廷红人已经帮有心于此的天主教徒寻找到了完美的历史镜鉴，且出版了《阿尔比教派史与高贵的西蒙·德·蒙福尔的功绩》。很难界定这部译作与1568年9月图卢兹天主教徒喊出十字军口号是否有关联，但不可否认的是，如此明显唤醒十字军记忆的举动势必会影响那些急

---

① Emond Auger, *Le Pédagogue d'armes, pour instruire un prince chrétien à bien entreprendre et heureusement achever une bonne guerre, pour estre victorieux de tous les ennemis de son Estat et de l'Église catholique, dédié au Roy par M. Emond Auger, de la Compagnie de Jésus* (Paris : Sébastien Nivelle, 1568).

② Arnaud Sorbin, *Homélies sur l'interprétation des dix commandements de la loy* (Paris : Guillaume Chaudiere, 1570), Dédicace.

于为信仰冲突寻找解决方案的人，也会为不愿与新教徒共存的天主教极端派提供思想支撑。用索尔班自己的话来说，他以此"给出了值得借鉴的前例"，以供处于相似甚至更为紧迫情况下的人们参考，毕竟从历史上看，人们对如何清除非同寻常的邪恶悖谬思想一直是有绝佳有效方法的。[1]

其实，无论在布道时还是在翻译编辑的文献里，索尔班都没有公开谈论或呼吁一场针对新教徒的十字军，但其文本的字里行间充斥着以武力消灭异议和不从者的兴奋与热情。以索尔班的身份和名望，这些想法无疑能够在宫廷和贵族群体中迅速传播，激起天主教虔信者的共鸣。及至 1585 年，当这本关于阿尔比派的翻译文献再次出版时，作者索性将之直接更名为《380 年前的神圣联盟的历史》(*Histoire de la ligue sainte, faite il y a 380 ans*)。索尔班的意图不言自明，而以武力镇压改革教派、与之正面对抗的观念在此时显然也已经深入人心，阿尔比十字军这段过去则俨然成了彼时天主教极端分子的行动指引。

事实也的确如此。16 世纪下半叶，天主教阵营中的精英文人和被动员起来的贵族骑士，就像在重演一场十字军战争，他们效仿的对象便是 13 世纪的那场阿尔比之战。[2] 彼时，旨在清除阿尔比异端的十字军虽然早已结束，却远未被人们遗忘，只是在时间的流逝中逐渐消隐成了一种地区或族群的深刻记忆，一旦被现实触发，便会爆发惊人的能量。对于 16 世纪那些高举武器的天主教徒而言，阿尔比十字军的"辉煌战绩"是令人印象深刻的过

---

[1] Arnaud Sorbin, *Histoire des albigeois, et gestes de noble Simon de Montfort*, Épître.

[2] Denis Crouzet, *Les guerriers de Dieu : la violence au temps des troubles de Religion (vers 1525-vers 1610)*, tome 1, p.384.

去，同时也是不容争辩的启示。它让这些"上帝的战士"相信，他们完全可以在与新的异端的对抗中再次取胜，就如德·萨科奈神父所说，上帝定然希望他的信徒涤清"这个王国受到疫病侵染的那个部分"，就像他们在阿尔比战争中所做的那样。[①]

---

① Gabriel de Saconay, *De la Providence de Dieu sur les Roys de France treschrestiens*, p.160.

第四章　破茧重生: 新教与纯洁派的"新生"

1　对异端身份的反驳

宗教改革者们并非不知异端之罪的危险性。面对罗马教廷的异端指控,路德几乎立即就进行了反驳。他不仅指责教廷的指控傲慢武断且毫无根据,而且在被当成是胡斯派和威克里夫派分子时,也迅速驳斥说,这些人实质上并没有损害上帝的权威,所谓的罪行只是因为他们"想要了解圣经,要求教皇洁身自爱,宣讲上帝的教诲(圣经)"。[①]尽管言辞激烈,甚至不惜回护胡斯派和威克里夫派等"异端分子",但路德早期的目标更多是阐明改革者不同于教会的思想行为,并试图寻找消弭冲突的方法。然而罗马教会长久以来不容置疑和挑战的权威终究未给妥协与和解留下空间。1520 年,路德还是走上了与罗马教会决裂的道路,为了回应利奥十世的谴责,他发表《驳敌基督的可憎谕旨》(*Contre l'exécrable Bulle de l'Antéchrist*),

---

① Jean Henri Merle d'Aubigné, *Histoire de la Réformation du seizième siècle*, tome 2 (Paris: Firmin Didot Frères, 1842), p.285; Abraham Friesen, "Medieval heretics or forerunners of the Reformation: the protestant rewriting of the history of medieval heresy", in Alberto Ferreiro ed., *The Devil, Heresy and Witchcraft in the Middle Ages, Essays in Honor of Jeffrey B. Russell* (Leiden: Brill, 1998), pp.165-189.

直指教皇为"敌基督"，并控诉其在教会中以基督的名义，利用手中的权柄，迫害真正的基督徒。在如此论断的基础上，路德进一步指出，事实上，受到敌基督迫害的才是坚持真正信仰的基督徒。1521年，在题献给曼斯费尔德伯爵阿尔布雷希特（Albrecht VII von Mansfeld, 1480—1560）的布道中，路德明确表示，事实并不像想象中那样显明，从福音书中可以看到，"智者也许是愚人，而愚人才是智者"，同样的，被认为是异端者可能是真的基督徒，而自称基督徒的反而或许是信仰有异之人。[1]

由于天主教护教者——尤其是埃克——始终视路德为胡斯的继承者，路德便不得不时常谈及胡斯。虽然其早期的论辩文章对胡斯有显而易见的同情，但这位宗教改革家在讨论胡斯及他在波西米亚掀起的运动时却始终较为谨慎，几乎很少给出鲜明的态度。[2]但随着与教廷关系日益恶化，路德似乎也不再避讳正面回应这个问题。[3]莱比锡论辩后，他公开表示赞同这些波西米亚"异端"的理念和行动，甚至视他们为反抗错谬的真基督徒。1520年，在给萨克森选帝侯的宫廷神父、他的密友斯巴拉丁（Georg Spalatin, 1484—1545）的信中，路德更是直言，"我们都是胡斯派分子（却不自知）……甚至圣保罗和圣奥古斯丁

---

[1] Bernard Cottret, *Histoire de la réforme protestante, XVIe-XVIIIe siècle* (Paris : Perrin, 2001), p.48.

[2] Jaroslav Pelikan, Jr., "Luther's attitude toward John Hus", *Concordia theological monthly* 19 (1948): 747–763.

[3] Scott II. Hendrix, " 'We Are All Hussites'? Hus and Luther Revisited", *Archiv für Reformationsgeschichte* 65 (1974) : 134–161, Yves Krumenacker et Wenjing Wang, « Cathares, Vaudois, Hussites, ancêtres de la Réforme? », *Chrétiens et sociétés* 23 (2016) : 133–162.

也是"。[①] 他指出,胡斯遵循传播的才是上帝真正的教诲,而这显然引发了罗马教廷的不满和畏惧,后者害怕暴露自己敌基督的真面目,甚至不惜动用武力,终于"成功"阻止了真理的继续传播。提及罗马教会为此而施行的种种暴力,路德哀叹,"多么可怕的神裁! ……福音真理早已于一个多世纪前就展现在人们面前,却惨遭谴责、焚烧和扼杀",但世事本不应如此,烧死别人的人才是真正应该受到审判的。[②] 至此,路德为改革思想辩护的重点其实已经不再是论证异议分子是否为可憎的异端,而是罗马教会拥有的权柄是否正当,换句话说,需要探讨的问题已然变成了"谁才是真正背离信仰的人"。

加尔文在这个问题上采取的大致也是同样的策略。他曾表示,罗马教会"指责我们是异端,是分裂教会的人,因为我们传布的是与他们不同的教义,不服从他们的律法,而且我们的集会——无论是公开祷告,还是施行圣事——都与他们不同。这的确是非常严重的指控,却不值得长久为之争辩"。[③] 究其原因,加尔文认为,最重要的问题是区分真正的基督教会和伪教会,这是对基督教信仰领域出现的所有思想、观念进行审查的必要条件和前提。而罗马教会,在加尔文看来,本质上很明显就是伪教会,因为它"并非圣经的代言,只是一个谎言遍地的腐败机构,

---

① 关于这些信件,参见 Martin Luther, A.Muntz, « Lettres diverses de Martin Luther », *BSHPF* (1858) : 95-119.

② Martin Luther, A.Muntz, « Lettres diverses de Martin Luther ».

③ Jean Calvin, *Institution de la religion chrétienne*, tome 2 (Paris : C. Meyrueis, 1859), p.321;〔法〕加尔文:《基督教要义》(下册),钱曜诚等译,生活·读书·新知三联书店,2010,第1063—1064页。此书虽有中文译本,但考虑到中译本的译文风格与本书的需求有所不同,因此本书在引用一些文本时也会进行重新翻译。

（只会）摧毁扼杀教义的纯净明晰；（那里）没有我主神圣的牺牲奉献，只有可怕的亵渎。在那里，各种各样的迷信代替了侍奉上帝（的信念），基督教会赖以存在的信仰被湮没舍弃，公共集会成了偶像崇拜和亵渎信仰的地方"。[1] 这样一来，罗马教会自然失去了裁决异端的权力，而新教徒需要应对的异端指控也就无从谈起。

不仅如此，当加尔文把罗马教会界定为伪教会，而将改革教会放置在它的对立面时，情况就已发生了倒转。从此，在基督教世界里，真正拥有权柄、能够界定对错的，不再是长久以来高高在上的罗马教会，而是"保有真理信仰"的改革教会。更有甚者，如果将改革教会的时空界限延长（这是许多新教论辩者的做法），则此前受到罗马教会责难的异议分子都有可能是无辜的受迫害者。不过，这显然不是加尔文的意图所在。事实是，在异端问题上，他的态度反而与罗马教会较为相似，这一点集中体现在他与塞尔维特（Michel Servet, 1511—1553）的冲突中。加尔文本人的确表示并不赞成对出现信仰偏差的人施以酷刑，他控诉过罗马教会对新教徒的迫害，认为"神圣的主们不能通过处罚、监禁或其他世俗惩戒方式行使他们的权力；他们应该使用的，是属于他们的独一无二的上帝的话语"，"教会最为严重的惩罚就是在迫不得已的情况下革除教籍"。[2] 然而在面对塞尔维特时，加尔文似乎完全无法克制他的痛恨，甚至直接对日内瓦地方官员施压，促使其决定处决这个西

---

[1] Jean Calvin, *Institution de la religion chrétienne*, tome 2, p.318；〔法〕加尔文：《基督教要义》（下册），第 1059 页。

[2] Jean Calvin, *Institution de la religion chrétienne*, tome 2, p.422；〔法〕加尔文：《基督教要义》（下册），第 1245—1246 页。

班牙医生。[①]在他看来，塞尔维特这个"怪物"应该是接受了古代异端——如摩尼教、阿里乌斯派、聂斯托利（Nestorius, 约381—451）或欧迪奇（Eutychès, 约378—454）——的错误思想，才敢质疑三位一体及其他基督教教义，而正是如此亵渎神灵的行为让他"无论在哪里都应该被处以火刑"。[②]

从以上路德和加尔文的做法不难看出，他们在驳斥天主教会对新教的异端指控时，基本把重心放在了质疑罗马教会权柄的正当性上，而在述及过去曾经出现过的异议分子时则有颇多含混之处，或者应该说，极为谨慎。然而，当被问及新教教会的延续性和传承问题时，这种含混不清无法令人满意。事实上，在贝扎发表《法国改革教会史》之前，很少有新教作者试图处理改革教会的历史的存续问题。在16世纪的大部分时间里，即便是被视为异端的新教徒，在直接面对异端指控或者与任何曾经被贴上异端标签的人或群体有所牵连时，都会异常小心、顾虑重重。如此，我们也就可以理解新教牧师让·德·埃诺（Jean de Hainaut）对待异端的态度为什么会前后不一了。

---

① 在加尔文心中，这一行为并不表明他在异端问题上自相矛盾，因为他的主张一直是，异端需要受到惩罚，为此，世俗官员和牧师应各司其职，"官员们必须惩罚坏人，而神职人员则应该站在官员一边予以协助，如此就不会有那么多作恶者出现"。参见 Jean Calvin, *Institution de la religion chrétienne*, tome 2, p.421。

② 这句话出自加尔文的友人、来自里昂名为特里（Trie）的人写给他的表兄弟、天主教徒安托万·阿尔内（Antoine Arneys）的一封信。这封信被提交给宗教裁判官马修·奥里（Mathieu Ory），从而开启了罗马教会对塞尔维特的调查和追捕。研究者多认为这是加尔文本人所写，或至少由他口述而成。相关信息参见 Amédée Roget, *Histoire du peuple de Genève depuis la Réforme jusqu'à l'Escalade*, tome 4 (Genève: John Jullien, 1877), p.21; Auguste Hollard, « Michel Servet et Jean Calvin » , *Bibliothèque d'Humanisme et Renaissance*6 (1945): 171-209。

让·德·埃诺曾先后在日内瓦附近的费内（Ferney）和大萨科内（Saconnex-le-Grand）担任牧师。[1]1556 年，他的作品《基督教会及从使徒时代至今的论述》（*l'Estat de l'esglise avec le discours des temps depuis les apostres jusques au present*）由日内瓦著名出版商、印刷商让·克里斯潘（Jean Crespin, 1520—1572）出版。[2]这部著作其实更像是一本资料汇编，德·埃诺摘录汇集了过去诸多年鉴、编年史和一些作者的历史记述，将之融合在一起，形成了一部内容丰富的基督教史。这本书一经出版便大受欢迎，此后 30 年里更是多次再版。然而对比不同版本，很容易发现德·埃诺在异端问题，尤其是在对阿尔比派的看法上，曾经出现过明显的转变。在较早的版本（分别出版于 1556、1557、1558年）中，这位牧师谈及阿尔比派时更多承袭的是传统观点及其叙事："阿尔比派弃绝婚姻，禁止食肉，耽于男性的可耻快感；教皇呼吁发起十字军与之斗争，并承诺宽恕和赦免十字军战士的罪行。蒙福尔伯爵西蒙（率领十字军）前往与之交战，在图卢兹附近击败了他们（阿尔比派）。纳博讷教区以火刑处死了 140 人，图卢兹教区处死了 400 人。最终，西蒙与 8000 名天主教战士消灭了 10万异端"。[3]虽然没有对阿尔比派大加挞伐，但作者的褒贬判断是

---

[1] Guy Bedouelle, « Les albigeois, témoins du véritable évangile : l'historiographie protestante du XVIe et du début du XVIIe siècle », *Cahiers de Fanjeaux*14 (1979) : 47–70 ; Jean-François Gilmont, *Jean Crespin, un éditeur réformé du XVIe siècle* (Genève : Droz, 1981), pp.151–152.

[2] 这本著作首次出版时是不具名的，直到 1557 年再次印刷才出现了作者和编辑者的名字。相关信息参见 Jean-François Gilmont, *Bibliographie des éditions de Jean Crespin, 1550–1572*, tome 1 (Verviers: Librairie P.M.Gason, 1981), pp.70–71。

[3] Jean de Hainaut, *l'Estat de l'esglise avec le discours des temps depuis les apostres jusques au present* (Genève : Jean Crespin, 1556), p.309.

十分鲜明的。然而,在 1562 年及之后的数个版本中,阿尔比派却变成了"接受真理之光、反对变相的偶像崇拜的群体",其信众"居住在图卢兹和阿尔比地区。(而)那个自称传道者的群体的创始者,来自西班牙的圣多米尼克以话语和行为追逼着这些人(阿尔比派)"。[①]短短几年时间,阿尔比派在这位牧师笔下从可憎的异端变成因真理遭受迫害的无辜者。尽管德·埃诺并未对此转变做出解释,但这与 1560 年前后法国宗教形势的变化以及改革教会应对形势的策略转变显然是脱不开关系的。

2 抉择: 真假教会之辩

宗教改革初期,改革思想家和他们的拥护者之所以就异端问题反复讨论,主要原因在于改革的初始目标并不是要在既有信仰体系内造成分裂,与罗马教会分道扬镳。新教与罗马教会决裂的过程其实存在许多不确定性,这一点在路德与教廷的冲突中表现得尤为明显。

路德的《九十五条论纲》的确在教会甚至整个基督教世界引发了震动,但对于这位神学博士以及其他拥护宗教改革的学者而言,《论纲》的发表绝非为了挑衅教廷,与罗马教会为敌。路德批判教会时虽然语词尖锐,但其目的更多是揭示传统教会的错误,激起基督教内部的神学或伦理讨论,从而使改革教会流弊成为可能。在这一时期,建立一个与罗马分庭抗礼的新的教会显然

---

① Jean de Hainaut, *l'Estat de l'esglise dez le temps des apostres, jusques à l'an present, augmenté & reveu tellement en cette edition, que ce qui concerne le siege Romain, & autres Royaumes depuis l'Eglise primitive jusques à ceux qui regnent aujourd'hui* (Genève : Jean Crespin, 1562), p.368.

还不在路德的计划之内。[①] 这也是为什么在面对天主教神学家甚至教皇本人最初的指控时，路德明确表示，"教皇并不想接受评判，而我也不想指摘教皇。他是正文，而我只是注疏"。[②] 不过很快，他便意识到情况与设想不符，罗马方面的反应要比预想的更为激烈。路德本希望这场讨论能够局限在神学或教会学领域，但它最终成为一场规模宏大且事关生死的全面论战。在这种情况下，路德的想法会发生变化并不奇怪。1519 年 3 月，他向密友斯巴拉丁倾诉了自己与教皇争执中的困惑，"因为那些争论，我翻阅了教皇手谕，发现其中的耶稣形象被如此扭曲、受到折磨，真不知道（我只能悄悄说）教皇究竟是否是敌基督本人

---

① 对于路德思想转变的时间节点，许多学者曾给出分析。比如，德尼·克鲁泽引用海科·奥伯曼（Heiko A. Oberman）的观点，认为 1513—1515 年后，路德与罗马教会决裂的态势已经非常明显，强烈的末世论忧虑让这位年轻的神学家在 1517 年以前已做好了与传统教会决裂的准备。海因茨·席林（Heinz Schilling）的看法则有所不同。他承认，路德思想彻底转变出现在何时始终是一个难以明确回答的问题，但他认为大致应该在 1518 年。伊夫·克鲁姆纳盖尔（Yves Krumenacker）明确区分了路德思想转变和他与罗马教会决裂的时间。他指出，路德是在 1513—1514 年"发现"与传统教会教导有所不同的神义（la justice de Dieu）的，在经历了思想斗争后，他最终决定接受自己的看法。自此，路德与罗马教会的决裂已不可避免。不过在事实上，他与罗马教会的关系应是在 1517 年以后，随着论争的深入激烈而逐步走向彻底破裂。参见 Heiko A. Oberman, *The Reformation, Roots and Ramifications* (Grand Rapids-Edimbourg:Eerdmans Pub Co., 1994), p.30; Denis Crouzet, *La genèse de la Réforme française, 1520–1562* (Paris: SEDES, 1996), pp.17–18; Yves Krumenacker, *Luther* (Paris: Ellipses, 2017), pp.108–116; Heinz Schilling, *Martin Luther, rebel in an age of upheaval*, translated by Rona Johnston (New York: Oxford University Press, 2017), pp.147–152。

② Martin Luther et Jules Michelet, *Mémoires de Luther écrits par lui-même*, tome 1 (Paris : Hachette, 1837), p.45.

或敌基督的门徒"。① 在 1520 年 2 月 24 日的信中，路德表示，他毫不怀疑教皇就是敌基督。6 月，路德撰写《论罗马教皇》(*De la papauté de Rome*)，公开质疑教皇权力，利奥十世随后发布圣谕，明确判定路德为异端。教皇直接定罪的行为令这位改革者义愤填膺，路德开始径直称呼教皇为"敌基督"，不仅将回复教皇的文章定名《驳敌基督的可憎谕旨》，在给斯巴拉丁的信中也不再掩饰他对教廷的敌意，直言罗马就是"撒旦的巢穴"。②

路德对待教皇态度的转变虽与当时的论辩形势密切相关，实质却是建立在他对基督教会及其本质的思考基础上的。路德认为，如果以圣经为依据，那么"教皇的职权本应与其他主教没有区别；他只是因为拥有才能和圣洁（的品行），才得以超越其他主教，（因此应该）弃绝敌基督的傲慢，就像他的先辈在几个世纪以前所做的那样"。③ 然而，长久以来，教皇的拥趸将教皇视为圣彼得的继承者、上帝在人间的代表，这位所谓的上帝代理人也常常声称他有着高于世俗力量和主教会议的权力，有时甚至宣称自己拥有高于天使甚或耶稣的权威，因而绝不会犯错。这些主张，在路德看来，完全是对教皇职责的扭曲。在这种领导者的引领下，教会，这个本应是"世界各地所有基督徒的集合和全部，是耶稣唯一的同伴，是以耶稣为唯一领袖的精神体"，势必很难继续保持

---

① Martin Luther et Jules Michelet, *Mémoires de Luther écrits par lui-même*, tome 1, p.45.

② Preserved Smith ed., *Luther's correspondence and other contemporary letters*, Vol. 1 (1507–1521) (Philadelphia: Lutheran Publication Society, 1913), pp.291, 305; Martin Luther, *Œuvres*, tome 2 (Genève: Labor et Fides, 1966).

③ Martin Luther, *Œuvres*, tome 2, À la noblesse chrétienne de la nation allemande, p.95.

它的圣洁。[①]事实也的确如此，因为罗马早已变成"放荡不羁的骗子的巢穴，一个比其他任何地方都腐化堕落的地方，它受制于罪恶、死亡和地狱，即便敌基督本人到来，也想象不出还能如何加深它的罪孽"。[②]面对这样的教会，路德认为自己别无选择，只能怀着"真正的基督徒"的使命站出来，反抗"撒旦扶持的邪恶组织"。如他所说，"我知道我对教友们负有责任，我必须看护他们，这样迷路的人会少一些，或至少，我可以遏制这场罗马瘟疫"。[③]

与路德一样，苏黎世神父乌尔里希·茨温利（Ulrich Zwingli，1484—1531）在对待教会的态度上也经历了相似的思想转变。1518 年，这位神父就成功阻止了试图在苏黎世售卖赎罪券的方济各会修士伯纳丁·桑松（Bernardin Samson）进城。不过他的行为完全基于维护教会及基督教信仰的考虑，因为在他看来，贩卖赎罪券与基督的教导背道而驰，是"愚蠢大胆、毫无道理的轻率之举"，那些将赦免罪过当作生意的人必定是"行邪术的西蒙的同伴，是巴兰（Balaam）的支持者，受撒旦派遣而来"。[④]此时的茨温利同样并不打算与罗马为敌，只不过在赎罪券和教会改革的问题上，他一直是与路德站在一起的，即使后来他与路德在对圣餐的看法上分歧严重，这一点也从未改变。改革意图明显的茨温利很快也受到教会关注，因为他传布的福音与其他神父差别很大，

---

① Daniel Olivier, *La foi de Luther, la cause de l'Évangile dans l'Église* (Paris : Beauchesne, 1978), p.202.

② Martin Luther, *Œuvres*, tome 2, Lettre de Luther à Léon X, p.269.

③ Martin Luther, *Œuvres*, tome 2, p.268.

④ Georges-Frédéric Goguel, *La vie d'Ulric Zwingli, réformateur* (Paris: Librairie de Marc Aurel frères, 1841), p.26; William Maxwell Blackburn, *Ulrich Zwingli, the Patriotic Reformer: A history* (Philadelphia: Presbyterian board of publication, 1868), pp.68–69.

尤其是他虽然赞美圣经上上帝之言的圣洁，却不承认教会法规和教皇谕旨的效力价值。茨温利坚持圣经才是最高的权威，除此之外，一切皆有可能出错，包括教皇、主教会议，甚至教会本身。基于这样的看法，罗马教会将由人制定的条规与圣经的教导置于同等重要的位置，在茨温利看来，就是一种不正常的状态，这促使他重新思考罗马教会是否是真正由圣灵引导的教会。在茨温利的观念中，真正的基督教会应该"由所有真正的基督徒组成，他们被信念和爱德联系在一起；只有教会神圣的缔造者才能将之辨识出来，也只有这位缔造者才能认出他的信徒。（因而）这个教会不在浮华俗世中，不会像世俗君王那样发号施令，既不参与世俗统治，也不施行控制和压迫。实现上帝的意旨是它唯一的职责"。[①] 总之，真正的福音教会绝不是罗马这样人人必须服从教皇命令的教会。

如果说，最初的改革者如路德和茨温利等人选择疏远罗马教会更多源于他们对教皇至上主义的厌恶，那么到了加尔文的时代，改革教会已经明确站在了与罗马教会对立的位置。1536年，加尔文首次发表《基督教要义》(*Institutio Christianae Religionis*)，表明他的改革观点。此后二十多年间，加尔文本人对这部著作进行了多次修订和增补。[②] 直到 1560 年，《基督教要

---

① Georges-Frédéric Goguel, *La vie d'Ulric Zwingli, réformateur*, p.68.

② 加尔文亲自编校过五个拉丁文版本的《基督教要义》，分别是 1536 年版、1539 年版、1543 年版、1550 年版和 1559 年版。他还亲自将之翻译成法文，于 1541 年首次出版。加尔文去世后，大部分再版的《基督教要义》多对照 1559 年的拉丁文版本或 1560 年的法文版本，彼时的篇幅比之早期版本已有极大扩充，不过，加尔文的核心思想并没有太大变化。本书使用 1859 年法文版的《基督教要义》，它根据 1560 年法文版修订而成，中文版则参考生活·读书·新知三联书店 2010 年的译本（有时为了行文需要也会由笔者自行翻译）。《基督教要义》1541 年法文版的当代修订本也已出版，参见 Olivier Millet éd., *Institution de la religion chrétienne (1541)*, 2 tomes (Genève: Droz, 2008)。

义》的最终版本形成，被认为是"加尔文思想最成熟的形态和最完备的表达"。[①]在书中，加尔文表达了信奉"纯洁教义"的基督徒因不断受到宗教和政治迫害而满腹愤懑的心情，同时也表明了新教教友捍卫真正的信仰与教会的信念和决心。他坚信，哪怕是直面一直以来在欧洲精神领域占统治地位的罗马教会，真正的基督徒也绝不会退缩："我们的教义必定胜过这世上一切的荣耀和势力，因为这教义不是出于我们，乃是出于永生神以及父神所加冕的基督。"[②]对于改革派与罗马教会之间的紧张对抗，加尔文直言不讳地表示，改革教会的目标是"救敬虔的读者们脱离撒旦借着罗马天主教所用来污染神指定使我们蒙救恩的一切败坏"。[③]罗马教会的腐败显然已经无可救药，甚至"根本不值得被称为教会"，那么"拒绝与犯这样大甚至是致命之罪的人交通，（便）不算是离弃基督的真教会"。[④]基于这样的观点，加尔文在谈及教皇及其权力制度时也毫不掩饰他的敌意，直斥"耶稣基督最大的敌人便是教皇及其追随者"，并指出真正的上帝的教会绝不会"建立在人的立场和祭司的职分上，而是建立在使徒和先知的教导上"。[⑤]由此，是否教导上帝话语便构成了区分真假教会的主要标

① François Wendel, *Calvin, sources et évolution de sa pensée religieuse* (Paris : PUF, 1950), p.79.

② Jean Calvin, *Institution de la religion chrétienne*, tome 1 (Paris : C. Meyrueis, 1859), Au roi de France；〔法〕加尔文：《基督教要义》（上册），第 85 页。

③ Jean Calvin, *Institution de la religion chrétienne*, tome 2, livre Ⅳ, Paris, C. Meyrueis, 1859, p.299；〔法〕加尔文：《基督教要义》（下册），第 1028 页。

④ Jean Calvin, *Institution de la religion chrétienne*, tome 2, p.318；〔法〕加尔文：《基督教要义》（下册），第 1059 页。

⑤ Jean Calvin, *Institution de la religion chrétienne*, tome 2, p.320；〔法〕加尔文：《基督教要义》（下册），第 1063 页。

准和分辨耶路撒冷与巴比伦的"唯一准则"。[①] 很明显，相对于早期的改革者，加尔文对新教教义的真理性是坚信不疑的，在他看来，新教才是由上帝赋予合法性的真教会，而罗马教会的存在则完全是"魔鬼的阴谋"。

至此，改革者们做出了抉择，在改革教会与罗马教会的信仰之间划出了明确的界限。于他们而言，这是上帝教导与撒旦信仰之间的界限，标示着真正的基督教会与伪基督教会的区别。从这个时候开始，"邪恶堕落的"罗马教会和"圣洁纯净的"新教教会形象不断出现在新教学者笔下，跟随着他们的叙述，新教徒们越发坚定地站在了路德等宗教改革家的身旁，相信他们正在找回真正的基督教信仰。正如皮埃尔·维雷（Pierre Viret, 1511—1571）在回击天主教护教者的指控时所说，"由于他们（天主教徒）不代表真正的天主教会，……我们就既不是异端分子，也不是裂教者；我们从未反对真正的天主教会，只是在保护真正的教会免受另一个压迫它、试图荒谬地替代它的教会的侵害"。[②]

3 异端与虔信者：身份的倒置

与罗马教会相比，新教从一开始便有先天不足，因为它的存在不是不言自明的，所以新教徒便不得不在面对"异端"指控

---

① Jean Calvin, *Institution de la religion chrétienne*, tome 2, p.321；〔法〕加尔文：《基督教要义》（下册），第 1063 页。

② Pierre Viret, *De l'estat, de la conférence, de l'authorité, puissance, prescription et succession, tant de la vraye que de la fausse Église, depuis le commencement du monde et des ministres d'icelles et de leurs vocations et degrez* (Lyon : Claude Senneton, 1565), pp.279–280.

的同时，竭力为自己寻找正当合理的身份。新教知识精英一直与天主教护教者争执辩论的核心也在此。不过最初，新教一方并没有在如何应对天主教问题上形成系统有效的方法，其回应大多还停留在简单反驳的层面，缺乏严谨论证。但随着与罗马教会论辩的深入，路德等改革领袖开始质疑教皇权力、教会规程，以及教父教诲的正确性等，不仅形成了对教会的重新认识，也为改革事业提供了另一种辩白的路径。后来的新教论辩者正是循着这一路径，将无辜者和罪人的角色位置彻底颠倒，重述基督教的历史，并奠定了新教应对天主教攻击的主要策略。

实际上，经过路德等人的不懈努力，改革教会的身份问题到16世纪中叶已经基本得到解决，然而紧随其后需阐明的是，这个教会在如此漫长的岁月中是如何存在的，换句话说，当罗马教会——伪教会——在基督教世界享受权威和超然地位的时候，真正的福音教会又在哪里呢？这个问题在宗教改革之初就已出现，随着改革事业的持续发展，它也变得越发重要，不仅天主教徒不断以此讥讽质疑新教，新教信徒同样需要一个确切的答案。然而，要回应这个问题绝不是重写历史这样简单，改革思想家们还需为真正的基督教会为何在如此长的时间里隐而不彰给出合理的解释，对教会双重性的思考正是在这样的情况下发展起来的。

改革之初，路德在回击罗马、谴责教皇制度时指出，罗马教会是人的组织，因此"常常受制于来自地狱的恶徒"，为了将这样的教会与真理教会区别开来，他提出了"双重教会"的概念。①根据他的说法，基督教存在两个教会，一个是不可见的，"自然的、根本的、本质性的、真正的教会，我们称之为属灵的、内在

---

① Martin Luther, *Œuvres*, tome 2, De la papauté de Rome, p.47.

的基督教"，另一个是可见的教会，是"外在的、被制造出来的，我们称其为物质的、表象的教会"。这两个教会并不是截然分离的实体，如同"谈论一个人时，我会因他的灵魂而称他为一个属灵的人，会因他的肉体而视之为一个有实体的人，就如使徒习惯于谈论人的内在和外在一样"。① 虽然如此，在路德看来两者还是存在明显区别的，比如，不可见的、无形的教会是更本质的，是不会改变的；而可见的、有形的教会则更多是表象的，它会腐化，会消亡。事实上，路德认为，有形的基督教会在历史上"曾多次堕落"，如此才导致真正的基督教会和基督徒长久没有显现出来。②

茨温利和加尔文等人的观点与路德基本相同。在教会问题上，茨温利声言，"我们相信有一个神圣的大公的（catholique），亦即普世的（universelle）教会，它是可见的，也是不可见的"。不可见，是由于"它不会在那些信徒眼中显明，因为信徒只为上帝和他们自己所知"，而可见，不是从"罗马主教或其他任何少数头戴主教冠冕的人"那里得以展现，而是要依赖"所有那些将自己献给耶稣基督的人"。③ 不过，教皇及其追随者显然不在此列。与路德一样，茨温利也认为，一些声称自己是基督徒，"心中（却）毫无信念"的人其实只是伪信徒，他们所做的一切都是在诱使教会堕落。④ 大约同一时期，加尔文在著作中也谈及两种教会的存在。他指出，"圣经在两种意义上用'教会'（Église）

---

① Martin Luther, *Œuvres*, tome 2, p.26.
② Martin Luther, *Œuvres*, tome 2, p.51.
③ Ulrich Zwingli, *Brieve et Claire exposition de la foy chrestinne* (Genève: Jean Michel, 1539), pp.63–64.
④ Ulrich Zwingli, *Brieve et Claire exposition de la foy chrestinne*, p.64.

这一词。有时'教会'指的是在神面前的一群人，且这群人唯独是指神出于自己恩典所收养的儿女，也就是那些借着圣灵成圣的事工成为基督躯体的人。这不但包括在世上仍活着的圣徒，也包括一切神在创立世界之前所拣选的人。另一方面，'教会'经常指的是在全世界中宣称自己敬拜独一之神和基督的人"。[①]加尔文的看法与路德和茨温利在本质上差别不大，不过值得注意的是，这位日内瓦新教领袖似乎更强调两个教会之间相互补充、相互成就的关系。如他所说，"就如我们必须相信无形的教会虽然是我们看不见的，却是神所知道的，同样地，神也吩咐我们尊敬被人称为'教会'的有形教会，并与之保持交通"。[②]由此可见，在加尔文眼中，无论有形无形，教会都是建立在上帝恩典的基础上的，如果说无形的、不可见的教会是最终结果的话，那么有形的、可见的教会便是有助于实现这一结果的工具。两者都是在完成上帝的旨意，只不过前者展现的是理想状态，因此不会犯错，而后者却几乎总是处在趋向完美理想之境的过程中，因此会走错方向、犯下错误。也正是这样的情况，才会使一些"除了头衔和表象"，与基督教徒再无相像之处的"伪君子"混入教会内部，搅乱教会的秩序。[③]

　　虽然表述各异，但以上述改革者为代表的新教学者都抱持着一个共同的信念，即认为真正的福音教会的传承不可能也从未

---

① Jean Calvin, *Institution de la religion chrétienne*, tome 2, livre Ⅳ, p.305；〔法〕加尔文：《基督教要义》（下册），第1037页。

② Jean Calvin, *Institution de la religion chrétienne*, tome 2, livre Ⅳ, p.305；〔法〕加尔文：《基督教要义》（下册），第1038页。

③ Jean Calvin, *Institution de la religion chrétienne*, tome 2, livre Ⅳ, p.305；〔法〕加尔文：《基督教要义》（下册），第1038页。

中断。换言之，他们相信基督教会——无论有形还是无形——是恒常存在的，相信信奉上帝的真正的基督徒群体是存在的，只不过某些时候，它人数众多，显于人前；而某些时候，它也会呈现人数骤减、几不可见的状态。对于后一种情况，加尔文在《基督教要义》中曾给出解释，"魔鬼不择手段且神其他的仇敌也企图以暴力破坏基督所赐给我们的恩典，但它无法得逞，因为基督的宝血必不白流、必有功效"，事实上，有"少数、被世人藐视之人混在群众中"，就如"几粒麦子被一大堆糠秕掩盖"，他们是只有上帝才能辨认出的真正的基督徒，正是他们在晦暗不明时守护着真理的教会。[1] 关于这种情况，瑞士宗教改革家海因里希·布林格（Heinrich Bullinger, 1504—1575）和德国神学家菲利普·梅兰希通（Philippe Mélanchthon, 1497—1560）也曾述及。布林格认为，"上帝在这黑暗的时间留下的他的真正的崇拜者不在少数，他们多达七千，甚至还要更多"；[2] 而梅兰希通则指出，"总会有真正的教会保留着信仰的规条，尽管有时不那么明晰清楚，被一些不恰当的错误的观念遮蔽掩盖"，[3] 但那些真正的信徒和圣者依然可以领会上帝的意图。

　　凭借对有形和无形教会的解释，以及对"黑暗时代"的强调，宗教改革先驱们实际上发展出了一种新的教会学、一种完全出自另一个视角的教会研究，也使改写或重写基督教会的历史成为可能。

---

[1] Jean Calvin, *Institution de la religion chrétienne*, tome 2, livre Ⅳ, p.300；〔法〕加尔文：《基督教要义》（下册），第 1029—1030 页。

[2] Heinrich Bullinger, *Confession et simple exposition de la vraye foy & articles catholiques de la pure religion chrestienne* (Genève : François Perrin pour Jean Durand, 1566), p.130.

[3] Philippe Mélanchthon, *De la puissance et authorité de la saincte Eglise chrestienne, et comment elle peut estre congneuë par la Parolle de Dieu, translaté de latin en françois* (Genève : Jean Girard, 1543), p.7.

16 世纪下半叶，天主教和新教之间全面对抗的态势业已形成，两个阵营学者间的论争已不只是对错、真假之辩，其主题也不再局限于某些教义或礼仪。对新教学者而言，这不仅是一个重要的发展契机，也是极大的挑战，他们必须在短时间内，像天主教学者一样，将自己的教会从头到脚武装起来。正是在这种情况下，一些新教学者开启了从改革教会的视角，重新书写基督教历史的进程。

梅兰希通应算是其中最为重要的一位。经他改写的《编年史与世界历史》（*Chronique et histoire universelle*）极大扩展了新教视角下基督教世界史的传播。《编年史与世界历史》最初由德国占星家约翰·卡里昂（Johann Carion, 1499—1537）撰写，1532 年以德文发表，讲述的是从世界之初直到 16 世纪的欧洲历史。或许得益于卡里昂预言家的名声，这本书很快便被翻译为拉丁语、意大利语、法语等，吸引了大量读者，其中就包括梅兰希通。1558 年，梅兰希通开始修订拉丁文版本并对之进行改写，将《编年史与世界历史》打造成了一部饱含新教思想的历史著作。① 与当时其他神学家一样，梅兰希通对历史的兴趣也建基于将历史视为神意表现的理念之上。在他眼中，"过去所有时代的历史都在讲述渎神、背誓、暴虐、叛乱、放浪形骸、强取豪夺等行为引发灾难、受到惩罚的例子。这些惩罚足以说明上帝的意旨和公正，以及戒律的存在。妄称神名之人，耶和华必不以他为无罪。凡用剑攻击者，必死于剑下。无论是谁犯下荒淫之罪，都

---

① 让－弗朗索瓦·吉尔蒙（Jean-François Gilmont）认为，梅兰希通从卡里昂卅始撰写编年时就已经参与其中。相关论述参见 Jean-François Gilmont, « La naissance de l'historiographie protestante », dans Andrew Pettegree ed., *The Sixteenth-Century French Religious Book* (Aldershot: Ashgate, 2001), pp.110-126。

将面对消亡"。① 但《编年史与世界历史》对新教的主要影响，却在于它较为罕见地采用《但以理书》（*Daniel*）中预言的四个帝国——巴比伦、波斯、希腊和罗马——来设置叙事框架。② 对于梅兰希通而言，尼布甲尼撒梦中出现的巨像——头部纯金，胸部和手臂为银质，腹部和腰是铜的，腿是铁的，而脚是半铁半泥的——具有明确的历史意涵，所以它的粉碎也意义非凡，因为这象征着敌基督和土耳其人正在构建的最后一个王国的毁灭。这种重新阐释圣经并将之嵌入历史进程的做法影响了当时许多新教学者，以但以理预言的"四个帝国"作为叙事框架体系在一段时间里也成为新教历史书写颇为普遍的做法。

新教史家约翰·斯莱登（Johann Sleidan, 1506—1556）便是其中最知名也最为成功的一位。③ 与同时代人一样，斯莱登也相信，人类的发展演变是在上帝的引导下进行的，所有过程都由圣经记录下来。因而他于 16 世纪 50 年代出版的两部著作——1555 年的《论查理五世治下的教会与国家》（*De statu religionis et reipublicae Carolo Quinto Caesare Commentarii*）④ 和 1556 年的

---

① Johann Carion, Philippe Mélanchthon et Kaspar Peucer, *Chronique et histoire universelle*, tome 1 (Genève : Jean Berjon, 1580), Préface de Philippe Mélanchthon.

② 关于梅兰希通"四个帝国"框架体系的讨论，参见 Jean Schillinger, « Les quatre Monarchies dans le Chronicon Carionis de Philipp Melanchthon », *Revista de Historiografía* 14 (2011) : 144-154。

③ 对约翰·斯莱登及其历史作品的讨论，参见 Donald R. Kelley, "Johann Sleidan and the Origins of History as a Profession", *Journal of Modern History* 4 (1980) : 572-598; Alexandra Kess, *Johann Sleidan and the Protestant vision of history* (Aldershot : Ashgate, 2008)。

④ 这部著作是应施马尔卡尔登联盟（la ligue de Smalkalde）的要求所写，约翰·斯莱登当时担任该联盟的史官。

《论四个帝国》（*De quatuor summis imperiis*）——都是他以圣经，尤其是《但以理书》为核心进行历史反思所得的。[①] 在撰写《论查理五世治下的教会与国家》时，斯莱登特别强调了但以理的预言，以此向读者解释世界上四个主要帝国的"延续和传承"，以及这个过程中"宗教和信仰的演变与斗争"。[②] 而他的另一本著作《论四个帝国》，同样是以将全部过去划分为四个帝国的方式来讲述整个世界的历史。[③] 很难说约翰·斯莱登对但以理预言的重视是受到梅兰希通的影响，因为两位虽同是新教学者，且共处一个时代，却奇怪地在书信及作品中均很少提及对方。当然，这并不代表他们之间毫无交流，1555 年斯莱登《论查理五世治下的教会与国家》出版后，梅兰希通曾公开表示不欣赏这部作品。所以，无论是否存在直接的借鉴启发，这种历史阐释路径的相似都说明"四个帝国"的叙史方式在 16 世纪中叶的欧洲——尤其是德意志地区——已经十分普遍。

不过，"四个帝国"的框架体系并非彼时著史者的唯一选择，[④] 马提亚斯·弗拉西乌斯·伊利里库斯（Matthieu Flacius

---

① Alexandra Kess, *Johann Sleidan and the Protestant vision of history*, pp.47–48.

② Jean Sleidan, *Histoire de l'estat de la religion, et republique, sous l'Empereur Charles V* (Genève : Jean Crespin et Nicolas Barbier, 1557), Épître au prince Auguste, électeur et duc de Saxe.

③ Jean Sleidan, *Commentaires touchant les quatres principaux empires du monde*, dans *Les histoires de I. Sleidan* (Genève : Jean de Tournes, 1599), Épître au prince Eberard, duc de Wirtemberg et de Tecke, comte de Mont-Beliard.

④ 事实上，16 世纪下半叶就有学者对此提出疑问，其中最知名的便是让·博丹（Jean Bodin, 1529 或 1530—1596）在《易于认识历史的方法》中单辟一章对四帝国和黄金时代说法的驳斥。

Illyricus, 1520—1575）便选择了另一种方式来展现涵盖了改革教会的基督教历史进程。据说，早在 1552 年，信奉路德思想的弗拉西乌斯·伊利库斯就产生了撰写一部资料丰富的教会史的想法。[①] 他认为，"按照时间的更迭接续编写一部教会史，以有序的方式展示真正的教会和它的信仰是如何一步步从最初的纯洁简朴走向堕落的过程，是极为有益的"。[②] 于是，自 1554 年起，弗拉西乌斯就与当时诸多新教学者沟通交流，征求合作者及写作建议。[③] 最终成果《马德格堡世纪史》(Centuries de Magdebourg)，终于从 1559 年开始印刷出版，并很快在欧洲知识界获得广泛赞誉。这部著作使用的是传统的编年方式，从耶稣时代开始讲述基督教的教义和整个教会的发展与演变。颇为独特的是，弗拉西乌斯与他的同伴采用"世纪"作为分期单元，书的每一部分都包含近一个世纪的宗教状况，内容大致涉及 16 个主题，主要包括教会在某段时期的一般情况，如当时教义的发展和变化、异端及其错误，以及一些特殊的主题，如宗教会议、杰出宗教人物、殉道者等，甚至偶尔还会述及教会之外的信仰情况。这无疑是一项复杂而艰巨的工作，弗拉西乌斯邀请了多位学者参与，不仅包含五名主要编纂人、七名负责文献搜集的助手、两名负责形成框架

---

① 学界对弗拉西乌斯·伊利库斯的生平所知不多。根据亚历山德拉·凯斯（Alexandra Kess）的研究，弗拉西乌斯·伊利库斯撰写新教会史的想法早在 1552 年之前已经出现，他在 1552 年写给《马德格堡世纪史》的主要支持者卡斯帕·冯·尼德布鲁克（Caspar von Niedbruck）的信件表明，后者早已知晓这样一个写作计划。参见 Alexandra Kess, *Johann Sleidan and the Protestant vision of history*, p.132。

② 转引自 Anna Minerbi Belgrado, *L'avènement du passé: la Réforme et l'histoire* (Paris: Honoré Champion, 2004), p.24。

③ Pontien Polman, « Flacius Illyricus, historien de l'Église », *Revue d'histoire ecclésiastique* 27 (1931) : 27–73.

草稿的文书人员，以及一些负责评价检验书稿的审稿者，许多著名学者，如德国政治人物卡斯帕·冯·尼德布鲁克和法国法律学者弗朗索瓦·博杜安（François Baudouin, 1520—1573）也被邀请为书稿提出意见和建议。[1] 如此规模的编纂团体在当时的出版界是罕见的，无怪乎后世学者将弗拉西乌斯称为"新教历史和新教阐释学之父"，将《马德格堡世纪史》看作新教历史建构过程中的一个重要创举。[2] 尽管如此，在弗拉西乌斯心目中，《马德格堡世纪史》仍是一部论辩性的著作。这位编者曾明言，他最关心的是如何有效展现真正的基督教信仰与其敌对力量——撒旦、敌基督及其崇拜者——之间曾经的斗争和冲突。所以，这部著作看似是在讲述历史，其核心却是在向读者说明，撒旦的追随者——侍奉魔鬼并为之代言的罗马教会——是如何破坏上帝与其信徒之间的关系，以达到损害真正的基督教会的目的的。然而即便如此，《马德格堡世纪史》仍不失为新教教会的鸿篇巨制。众多新教学者为此奉献了他们的博学和才智，尽管时常被诟病大量堆砌史实和古代作家的文献著作，但对后世学者而言，它无疑是一个丰富的历史语料库，新教论辩者尽可以从中汲取各种重要资源以应对从未停歇的教派论战。[3]

---

[1] Gregory B. Lyon, "Baudouin, Flacius, and the Plan for the Magdeburg Centuries", *Journal of the History of Ideas* 64/2 (2003): 253-272.

[2] 参见 Alexandra Kess, *Johann Sleidan and the Protestant vision of history*, p.132; Gregory B. Lyon, "Baudouin, Flacius, and the Plan for the Magdeburg Centuries", pp. 253-272。

[3] 参见 Pontien Polman, « Flacius Illyricus, historien de l'Église », pp.27-73; Jacques Solé, *Le débat entre protestants et catholiques français de 1598 à 1685*, tome 2 (Paris: Aux amateurs de livres, 1985), p.534。

蓬蒂安·波尔曼（Pontien Polman）曾在研究后指出，《马德格堡世纪史》在德意志以外地区的接受度要远远低于在德意志地区。[①] 或许的确如此，但这并不代表法国和日内瓦的加尔文宗学者不重视新教历史的编纂，在这个问题上新教学者让·克里斯潘的出版和著述或可提供一个参照。让·克里斯潘是流亡日内瓦的法国学者、出版商和印刷商，也是加尔文和贝扎的朋友。他不仅出版了加尔文、贝扎及加尔文宗许多其他学者的小册子和论辩文章，也是路德和梅兰希通等新教学者思想的主要传播者，对新教各种思潮的发展以及舆论的转变极为敏感。约翰·斯莱登《论查理五世治下的教会与国家》和《论四个帝国》出版不久，市场上就出现了让·克里斯潘翻译的法文版本。这位出版人显然对斯莱登的写史方法以及他对"真理"的求索极为敬佩，他盛赞《论四个帝国》是"天才之作"，认为这位德国历史学家表现出的追求真相的特质，即便与修昔底德相比也毫不逊色。[②] 得益于克里斯潘的推介，整个 16 世纪 60 年代，约翰·斯莱登在日内瓦知识界备受推崇，他的著作几乎每年都会被重新印刷，有时甚至会出

---

① 蓬蒂安·波尔曼虽然承认《马德格堡世纪史》作为文献汇编的价值，却并不认为这部著作对加尔文宗产生了重要影响。在他看来，这部著作似乎并不受法国加尔文宗学者的青睐，因为自 1559 年后，只有弗朗索瓦·布尔古安（François Bourgoing）将书中前四个世纪的内容翻译成了法文，分成两卷分别在 1560 年和 1562 年出版。他认为，这是该书在此后一个世纪几乎寂寂无闻的主要原因。参见 Pontien Polman, « Flacius Illyricus, historien de l'Église », pp.27–73。

② Jean Sleidan, *Histoire de l'estat de la religion, et republique, sous l'Empereur Charles V* (Genève : Jean Crespin et Nicolas Barbier, 1557), Jean Crespin aux lecteurs; Jean Sleidan, *Les Oeuvres de J. Sleidan, qui concernent les histoires qu'il a escrites* (Genève : Jean Crespin, 1566), Jean Crespin à tous vrays amateurs de verite historiale.

现重新编辑的版本。[①]同一时期，让·克里斯潘还主持出版了加尔文宗作者让·德·埃诺的《基督教会及从使徒时代至今的论述》。在这部有类于基督教世界史的著作中，作者用传统的编年方式讲述了基督教会出现、发展和衰落的过程，希望展现"所有教会都应效仿遵行的使徒时代的早期大公教会是什么样的"，"随着时间推移，它又堕落成了何等畸形的样子，就如我们现在看到的充斥着暴虐压迫，满是异端邪说，浸染着人类虚伪和无数口传教义的样子"。[②]在德·埃诺看来，正是因为有这样的堕落以及扭曲教义的情况，才更凸显出改革教会及其信徒存在的必然性和正当性。这与梅兰希通、斯莱登等学者提出的教会堕落论，以及弗拉西乌斯编纂《马德格堡世纪史》的宗旨何其一致。由此可见，16世纪中叶，无论是在德意志，还是在法国或其他地区，无论属于改革教会的哪个支派，阐明改革教会的过去、回应"路德之前，改革教会在哪里"这个棘手的问题，都已成为新教学者思考和研究的重心。而印刷革命以后，大量书籍和文章的印行与流通更为学者们的探索提供了极大助益，使他们能够突破空间的制约，借鉴参考他人作品以补充和丰富自己的认知。当然，这样的情况也导致了某些文类会在某段时期内集中出现，比如16世纪中叶以后新教世界出现的撰写殉道史的趋势。

突出殉道问题同样是新教在回击天主教会对自身合法性质

---

① Paul Chaix et al., *Les livres imprimés à Genève de 1550 à 1600* (Genève : Droz, 1966).

② Jean de Hainaut, *L'estat de l'esglise avec les discours des temps, depuis les Apostres, sous Neron, jusques à présent, sous Charles V* (Genève : Jean Crespin, 1557), Épître.

疑时的重要方法和策略。根据改革思想家们提出并不断丰富的真
理教会的理论，在敌基督窃取掌控基督教会权力的时代，仍有真
正的基督徒走在正确的道路上，他们就像是"存在于黑暗中的
光"，照亮着通向救赎的道路。那么，"他们究竟是谁，有过怎样
的遭遇"自然就成了新教徒和他们的敌人天主教徒共同感兴趣的
话题。由此，长久以来一直存在的"殉道者"①的故事和传说便
进入了试图为新教历史合法性提供证据的学者的视野。仅 16 世
纪 50 年代就有数本关于殉道者的作品出版，如德国牧师路德维
希·拉布斯（Ludwig Rabus, 1523—1592）1552 年开始出版的
《圣徒史》（*Historien der Heyligen*），约翰·福克斯（John Foxe,
1516—1587）1554 年发表的《教会史》（*Commentarii rerum in
Ecclesia gestarum*），让·克里斯潘同年出版的《殉道者名录》
（*Livre des martyrs*），以及阿德里安·范·哈姆斯泰德（Adriaen
Cornelis van Haemstede，约 1525—1562）以荷兰语撰写并于
1559 年发表的《虔敬殉道者史》（*De gheschiedenisse ende den
doodt der vromer Martelaren*）。其中尤以让·克里斯潘和约
翰·福克斯的著作最为知名。

　　1554 年，让·克里斯潘撰写的《殉道者名录》出版。这部
作品很快在新教世界大获成功，不断再版、重印，甚至作者过世
后仍是如此。让·克里斯潘对历史一直很感兴趣，也正是这样的

<hr>

① 关于宗教改革时代的殉道问题，参见 Jean-François Gilmont, « Un instrument
de propagande religieuse: les martyrologes du XVIe siècle » , dans
*Sources de l'histoire religieuse de la Belgique: Moyen âge et temps
modernes,* Actes du colloque de Bruxelles 30 novembre-2 décembre 1976
(Louvain : Publications universitaires de Louvain, 1968), pp.376-388;
Frank Lestringant, *Lumière des martyrs。Essai sur le martyre au siècle des
Réformes* (Paris : Honoré Champion, 2004)。

兴趣，以及当时法国新教和天主教阵营的残酷斗争，使"那些始终都在维护耶稣基督的教义，甚至为此不断牺牲的人"的事迹深深触动了这位流亡学者的心灵。[①] 于他而言，在"长久处在黑暗势力控制下"的基督教世界，"持续受到迫害"才是真正的基督教会最为鲜明的标志之一。因此，《殉道者名录》不仅是在讲述过去的殉道者遭受的迫害，更是在向新教徒展现真正的基督徒的牺牲和坚持。对于当时正在经历挣扎和遭受折磨的人而言，这样的历史无疑能够给他们带来安慰和勇气，同时也给予他们一种光明的希望，使他们相信自己一定能够与先辈一样赢得最终的胜利。

不过，或许是因为资料有限，作者一开始似乎并不准备将《殉道者名录》的时间范围扩至太过久远的过去。1554 年的第一版罗列的更多是晚近受到迫害的信仰者，被路德称为"不公正的受害者"[②] 和"真正的基督徒"[③] 的约翰·胡斯是《名录》讲述的第一位殉道者。但之后，随着参阅更多文献，克里斯潘探讨的殉道者群体也不断扩充。在 1555 年的版本中，他不仅将时间断限追溯到了威克里夫[④] 的时代，而且增添了很多新的"殉道者"。将

[①] Jean Crespin, *Le livre des martyrs* (Genève : Jean Crespin, 1554), Préface.

[②] Martin Luther,*Œuvres*, tome 2, À la noblesse chrétienne de la nation allemande, p.139.

[③] Émile de Bonnechose, *Lettres de Jean Hus écrites durant son exil et dans sa prison avec une préface de Martin Luther* (Paris : L.R. Delay, 1846), 参见 Yves Krumenacker, « La généalogie imaginaire de la Réforme protestante » , *Revue historique* 638/2 (2006) : 259–289。

[④] 事实上，将威克里夫放入殉道者名录是值得商榷的，因为严格说来，这位英国神父并未殉道。但随着克里斯潘笔下的殉道者规模越发庞大，类别也越来越多，将威克里夫纳入其中所造成的不协调也就在无形中被消解了。相关论述参见 Jean-François Gilmont, *Jean Crespin, un éditeur réformé du XVIe siècle*, pp.171–172。

威克里夫纳入自己的殉道者名录，极有可能是因为作者阅读了英国教友约翰·福克斯的著作，[1]但这样做，也让作者意识到他的殉道者史不应该囿于特定的时代或某个具体的国家，毕竟"世界各地有着如此多的殉道者，他们都曾为捍卫真理、反对暴政流血牺牲"。[2]于是，更多受到罗马教会迫害的群体在克里斯潘笔下出现，甚至阿尔比派也开始被提及，并被视为受迫害者，"如果回到几个世纪之前，我们会发现，1182 年，法兰西的土地上曾有好多人被烧死，其中有些被称为波普利安派，另一些被叫作卡塔里派（les Cathariens），还有一些人是巴塔利亚派（les Pateriniens）或其他人们用于谴责他们的名字"，而"在英王约翰统治时期，阿尔比派也被真理的敌人火刑处死"。[3]将阿尔比派放置在英国历史背景下的做法无疑是令人惊讶的，很容易让人联想到曾经有同样命运的罗拉德派（les Lollards，即威克里夫派）并猜测两者之间的关系。[4]但克里斯潘没有直接做此联想，甚至

---

[1] John Foxe, *Commentarii rerum in Ecclesia gestarum, maximarumque per totam Europam persecutionum a Vviclevi temporibus ad hanc iusque aetatem description* (Argentorati: Vuendelinus Rihelius, 1554). 关于让·克里斯潘的交际网络以及当时新教知识界的思想交流情况，参见 Jean-François Gilmont, *Jean Crespin, un éditeur réformé du XVIe siècle*; Jean-François Gilmont, « La naissance de l'historiographie protestante », pp.110–126。

[2] Jean Crespin, *Recueil de plusieurs personnes qui ont constamment enduré la mort pour le Nom de nostre Seigneur Jesus Christ, depuis Jean Wicleff & Jean Hus jusques à ceste année presente* (Genève : Jean Crespin, 1555), p. xxvi.

[3] Jean Crespin, *Recueil de plusieurs personnes qui ont constamment enduré la mort pour le Nom de nostre Seigneur Jesus Christ, depuis Jean Wicleff & Jean Hus jusques à ceste année presente*, p. xxviii.

[4] 之后的一些学者，尤其是让·杜·蒂耶和菲利普·德·莫奈，甚至是以相当确定的口吻谈及这个问题。

阿尔比派也只是在序言而非正文中被提及，可见至少在这个时期，阿尔比派尚未正式被克里斯潘记入新教殉道者的行列。事实上，直到1570年作者生前最后一版《殉道者名录》出版时，这部著作的整体框架和内容都没有大的变动，不过克里斯潘应该也在考虑进一步扩充殉道者名册。[1]他在1570年版的序言中明确表示，打算将基督教早期受难者也纳入其中以为佐证，因为"主给了他们（新近的殉道者）像古代教会殉道者那样的结局，难道不是为了给予他们与之前的殉道者一样的职责，让他们的事迹永传后世吗？"[2]基于这样的想法，克里斯潘甚至还列举了包括施洗者约翰、耶稣、诸位使徒以及圣艾蒂安（Saint Étienne）在内的多个人物作为"殉道者的榜样和原型"，不难想象，如果仍有时间的话，《殉道者名录》将有何种规模的扩充。

让·克里斯潘的设想并未落空，有人帮助他完成了这个计划，此人便是新教牧师、学者西蒙·古拉尔（Simon Goulart，1543—1628）。这位牧师显然与克里斯潘有着相同的看法和观点，因此十分热心于《殉道者名录》的增补修订。[3]在克里斯潘去世之后，古拉尔至少经手了四个版本的《殉道者名录》（1582，1597，1608，1619），使这部作品无论在结构编排，还是相关内

---

[1] Jean-François Gilmont, « La naissance de l'historiographie protestante » , pp.110-126.

[2] Jean Crespin, *Histoire des vrays Tesmoins de la verite de l'Evangile, qui de leur sang l'ont signée, depuis Jean Hus jusques au temps present*, Vol. 1(Genève : Jean Crespin, 1570), Préface.

[3] 弗兰克·莱斯特兰冈（Frank Lestringant）认为，鉴于西蒙·古拉尔在日内瓦的声望及其交际网络，他接手后的《殉道者名录》与同时期贝扎出版的《法国改革教会史》之间应该存在相互影响的关系。相关讨论参见 Frank Lestringant, *Lumière des martyrs*. *Essai sur le martyre au siècle des Réformes*, pp.120-121。

容方面都有了极大改变。不仅如此，从 1582 年版开始，古拉尔还将《殉道者名录》更名为《从使徒时期直到 1574 年福音教会受迫害致死的殉道者的历史》（ *Histoire des martyrs persecutez et mis a mort pour la verité de l'Evangile, depuis le temps des Apostres jusques à l'an 1574*)，如此一来，这部著作的时间范围和主题也就更为清晰。福音教会明显意指改革教会，所以经古拉尔之手改订的《殉道者名录》毋宁说是一部从源头开始讲述的新教视角的基督教会史。由此，不仅改革教会的身份被澄清，就连被纳入殉道者名录的个人和群体的形象也经历了逆转。比如，阿尔比派和韦尔多派 ① 不再只是偶尔被提及的被罗马教会压制的受迫害者，而是伪教会的反抗者。"在偶像崇拜的黑暗扑灭了几乎所有光明的时候，（他们）找到了就像从狭小缝隙中投射过来的福音教义中的真理和救赎之光"；但罗马教会憎恨他们，因为他们如新教徒一般，"厌恶教皇及其崇拜者"，于是，"见证者韦尔

---

① 韦尔多派早在 1554 年就已出现在《殉道者名录》第一版中。让·克里斯潘向读者讲述了生活在卡布里耶尔（Cabrières）和梅兰多勒（Mérindol）地区的韦尔多派在 1545 年遭到当地天主教徒屠杀的情节。此时克里斯潘所说的韦尔多派指的仅是在 1532 年主动归入新教的韦尔多派。但从 1564 年版开始，存在于遥远的中世纪的韦尔多派也被纳入殉道者的行列，而古拉尔 1582 年的版本则保留了克里斯潘的说法。值得注意的是，在古拉尔增补的叙事中，阿尔比派和韦尔多派常常被不作区分地同时提及（例如 1619 年版本中，古拉尔将两个教派视为《启示录》中圣约翰所说"油脂和光亮必普照四方"的"两棵橄榄树或两个灯台"），很可能是将这两个教派视为相同或者具有亲缘关系的群体。在谈及韦尔多派与新教之间的联合时，古拉尔的语气是衷欣悦的，或许在他看来，这也是改革教会与中世纪甚至早期教会之间传承和延续从未断绝的一种证明。参见 Jean Crespin et Simon Goulart, *Histoire des martyrs persecutez et mis a mort pour la verité de l'Evangile, depuis le temps des Apostres jusques à present* (Genève : Pierre Aubert, 1619), p.22。

多派和阿尔比派信徒"在各个地区，尤其是朗格多克，遭到残酷迫害，"导致成千上万人牺牲"。[①]这样的经历与当时正在遭受罗马教会迫害的新教徒何其相似！毕竟从 16 世纪初直到 1582 年，古拉尔及其教友见证了无数针对新教徒疯狂而野蛮的暴力和屠杀，1572 年圣巴托罗缪之夜更是让所有改革派信徒不寒而栗。但正如古拉尔试图表明的那样，新教教会及其信徒绝不会就此屈服，他们得到了中世纪殉道者的传承，也必将基督的精神承继下去，因为他们才是真正"得到上帝恩典"的人。

　　同一时期，尝试用殉道者的历史为改革教会的永续性提供说明以期扭转局面的远不止克里斯潘一人。1556 年，弗拉西乌斯·伊利里库斯在巴塞尔出版了一部新的殉道史，名为《曾经反抗教皇及其错误的真理见证者名录》(*Catalogus Testium Veritatis qui ante nostram Pontifici Romano ejusque erroribus reclamaverunt*，以下简称《真理见证者名录》)。按照作者的说法，这部书汇集了过去千百年间"一直在抵挡堕落教会的侵蚀和压迫却从未放弃践行正义的所有反抗者"。在西蒙·古拉尔[②]扩写《殉道者名录》之前，它应算是新教第一部试图证明其延续性的"相对完整且文献丰富的著作"，因此，这部殉道史与克里斯潘的《殉道者名录》一样，也受到了新教群体的广泛欢

[①] Jean Crespin et Simon Goulart, *Histoire des martyrs persecutez et mis a mort pour la verité de l'Evangile, depuis le temps des Apostres jusques à l'an 1574* (Genève : Eustache Vignon, 1582), p.25.

[②] 有意思的是，西蒙·古拉尔同样修订了《真理见证者名录》，并于 1597 年将其出版。关于这本书的修订再版，参见 Irena Backus, *Historical Method and confessional identity in the era of the Reformation (1378–1615)* (Leiden : Brill, 2003), pp.350–358。

迎，不断再版。① 数年后，英国神学家约翰·福克斯于1554年出版的《教会史》以英文面目出现在了世人面前，更名为《殉道者行迹》（*Actes and Monuments*）［即众所周知的《殉道史》（*Book of Martyrs*）］。② 与首版只讨论威克里夫及之后的异议者不同，福克斯在此后版本（1563，1570，1576，1583）中述及的受到罗马教会迫害的个人和群体更加广泛，时代也越发久远，最终版本甚至直接从使徒时代开始历数那些为坚守信仰不惜牺牲自己的人。

与让·克里斯潘一样，弗拉西乌斯和福克斯都试图借由基督教的殉道传统将16世纪出现的改革教会整合到完整的教会史体系当中，不过这样的做法显然是存在风险的。比如，中世纪被教会公开谴责的异端——如众所周知的阿尔比派和韦尔多派——是否也应被赋予殉道者的称谓，就成为这些作者不得不慎重思考的问题。当然，接受韦尔多派进入殉道者行列对于新教学者而言相对简单。毕竟1532年那些自称"韦尔多派"的山民选择与新教联合，1545年他们因信仰问题遭到天主教徒残酷屠杀，这些都是不争的事实。再加上这个群体的"异端"身份、他们从中世纪开始的传承、他们一直在遭受的暴力和苦难，所有这些因素无不契合殉道史家们对"殉道者"的认知，俨然是在为他们的论证提供天然的证据。因此，在三部殉道史中，韦尔多派都占据了比较重要的位置，虽然作者们均不约而同避免在中世纪韦尔多派的

---

① Jean-François Gilmont, « La naissance de l'historiographie protestante », p.118.
② 这部著作的首版《教会史》与克里斯潘《殉道者名录》同年（1554）发表，以拉丁文撰写。此后福克斯一直在对其内容进行补充修订，因此1563年及之后英文版与首版已大不相同。

问题上着墨过多。当然，在不得不提及中世纪韦尔多派的异端身份时，他们的态度也是一致的，如福克斯就直接表明不赞同教会对韦尔多派的指控，确信这些人只是坚守了与威克里夫、胡斯和"现在教会坚持的那些教义"。[①]

　　与韦尔多派拥有的得天独厚的条件相比，阿尔比派的缺陷明显，以至于殉道史家们不得不更为谨慎地对待它。如前所述，克里斯潘在这个问题上的态度就十分含混，只对阿尔比派遭受伪教会压迫的历史给予了肯定。弗拉西乌斯论及阿尔比派时也像是在有意地保持疏离，仅用一句话就交代了这段历史："1213 年，阿尔比派的异端思想传播开来，开始污染整个地区。"[②]福克斯在 1563 年的英文首版中谈及教皇英诺森三世以及托钵修会的出现时，曾将话题转向阿尔比派，似乎有意为其辩白。[③]他表示，"从

---

① John Foxe, *Actes and Monuments* (London: John Daye, 1563), p.57.

② Matthias Flacius Illyricus, *Catalogus Testium Veritatis qui ante nostram Pontifici Romano ejusque erroribus reclamaverunt* (Basileae : Ioannem Oporinum, 1556), p.599.

③ 尽管福克斯在谈及所用文献时只提到了马修·帕里斯（Matthieu Paris）的名字，但吕克·拉科认为阿尔比派在福克斯的殉道史中出现主要归因于约翰·贝尔（John Bale, 1495—1563），因为这位英国神学家曾在他讨论启示录的著作《两个教会的模样》(*The image of both churches*, 1545 或 1548 年出版) 中申明阿尔比派和韦尔多派是无罪的。拉科的猜测并非毫无道理，但这并不妨碍学者们认为福克斯同样参考了克里斯潘、弗拉西乌斯，甚至其他人的相关撰述。况且，福克斯在 1559 年已经得知有日内瓦印刷商（很可能是克里斯潘）对他的作品感兴趣，希望将之译成法文在欧洲大陆出版，在这种情况下，他应该不会完全忽略大陆国家的殉道历史以及当时新教学者的重要作品。关于这个问题的相关讨论，参见 Gretchen Minton ed., *John Bale's "The image of Both Churches"* (Dordrecht: Springer, 2013), p.113; Luc Racaut, *Hatred in Print : Aspects of Anti-Protestant polemic in the French Wars of Religion*, p.104; Jean-François Gilmont, *Jean Crespin, un éditeur réformé du XVIe siècle*, p.177.

我找到的一些记载中可以看出，那些被称为阿尔比派的人信奉的理念是正确合理的，他们并没有坚持宣称其他什么，只是反对高级教士肆无忌惮聚敛的财富以及他们的傲慢和专横暴虐，否认教皇高于圣经的权威以及他们不能脱离仪式和传统（如罗马教会的偶像崇拜、赦罪、炼狱）的行为，（就如某些人所说）称他们为亵渎上帝之人，等等"。[①] 然而除此之外，福克斯并未再有多余评论。不过七年后，《教会史》再次出版时，福克斯却一改之前对阿尔比派和韦尔多派一笔带过的做法，不仅讲述了这两个教派的活动、罗马教会的迫害，还细述了阿尔比十字军的起始与结局。可见此时，福克斯已经完全将这两个曾经的异端教派纳入殉道者的行列，视他们为"上帝真理的见证者"和"真正的基督教会的信徒"。

殉道者名录的书写并不只是新教论辩者在回应天主教攻击时采取的策略，还是新教知识分子目睹各地新教徒遭遇后的因应之举。在他们眼中，被迫害者因坚守信仰而获得永生，他们的不幸也是他们的荣耀，过去如此，现在更是如此。由此，新教徒摆脱了罗马教会强加的异端身份，成为真正的基督教会的信徒，肩负着传播基督教真理的重任，而罗马教会及其信徒则变成了伪教会和走入歧途之人，阻碍着真理信仰的发展传承。借由身份的倒置和确立，改革教会寻找到了根本的立足点，为自身的继续发展开拓出了更广阔的空间，但新教合法性的稳固仍需更多的投入。于历史层面而言，为新教徒建立一种与过去的"确实"的关联也就成为现实需求，阿尔比派或韦尔多派便是在这样的语境下进入新教会历史谱系的。

---

① John Foxe, *Actes and Monuments*, p.128.

4 重述历史：新教徒与阿尔比派的"亲缘"

从 16 世纪新教与罗马教会决裂开始，历史叙事就势必会进入新教学者的视野，因为新教"迫切需要构建一种共同的身份，一种本质上需要与过去建立关联的身份，也就是说，它必须重写历史，以满足新教徒对其合法性和权威性的要求，并让信徒对其信仰充满归属感"。[1] 然而重新撰写基督教会史不仅需要阐明理由，更需要填充细节，于是，新教徒与诸多"前宗教改革者"的亲缘关系得以被"发现"并被纳入新教的历史叙事，其中便包括曾在法国历史上留下浓重一笔的阿尔比派。

如前所述，天主教学者从 16 世纪中期就已经发现阿尔比派异端的"价值"，并很快用以应对新教异端。相比之下，新教一方却直到 1572 年以后才厘清思路，开始认识到这段历史对自身的重要性。1572 年在尼姆（Nîmes）举行的新教全国教务会议上，蒙托邦的几位牧师受命翻译图卢兹人科莫拉尔（Comerard）手中的一部阿尔比派史并将之印刷传播。[2] 会议记录并未解释为何会有这一决议，此事的进展情况如何及最终是否完成也无从查考，但这无疑是一个明确的信号，它标志着新教徒开始正视阿尔比派的历史及其可能给自身带来的有利影响。

不过，真正为阿尔比派在新教历史中谋得合法位置的关键人物是新教神学家特奥多尔·德·贝扎。贝扎与加尔文一起主掌加尔文宗事务多年，在加尔文去世之后，接替他成为日内瓦和法

---

[1] Alexandra Kess, *Johann Sleidan and the Protestant vision of history*, p.1.

[2] Jean Aymon, *Tous les synodes nationaux des églises réformées de France*, tome 1 (La Haye : Charles Delo, 1710), p.123.

国新教会事实上的领导者。1580—1581 年，贝扎先后出版《法国改革教会史》和《名人传》（*Les vrais pourtraits des hommes illustres*），并在其中表明了他对阿尔比派的看法和态度。[①] 贝扎的讨论其实是从一个在今天看来完全错误的前提，即将阿尔比派与韦尔多派混同出发的。他认为，阿尔比派是韦尔多派的一个分支，它们在中世纪一同被罗马教会斥为异端，遭到社会的排斥和暴力的压制，其信徒长久以来背负恶名，不得不隐匿踪迹，直到 1532 年被新教会接纳才得到"申诉"的机会。若论及由来，阿尔比派和韦尔多派一样，都是"原始基督教会的遗存，（显然是）因着上帝的恩宠，这些人才能够在漫长的岁月中，在各种动摇罗马教会（西方一直不幸被其奴役）的风暴中存活下来，尽管遭受了可怕的迫害，却从未屈从于偶像崇拜、暴政和基督的仇敌"。[②] 虽然贝扎没有明确构建韦尔多派（当然也包括阿尔比派）与新教之间的亲缘关系，但这些在遥远的过去曾同样被斥为异端的群体及其遭遇显然很容易触动 16 世纪新教徒的心灵，贝扎的述说也无形中为将阿尔比派纳入新教谱系奠定了官方意义上的思想基础。自此之后，新教文人似乎不再心存顾虑，开始在写作中频繁提及阿尔比派。

1581 年，新教学者拉·波普利尼埃尔（Lancelot Voisin de La Popelinière,1545—1608）[③] 在拉罗歇尔（La Rochelle）出版了

[①] Théodore de Bèze, *Histoire ecclesiastique des eglises reformees au royaume de France* ; Théodore de Bèze, *Les vrais pourtraits des hommes illustres*, traduit du latin en français par Simon Goulart (Genève : Jean de Laon, 1581).

[②] Théodore de Bèze, *Les vrais pourtraits des hommes illustres*, p.185.

[③] 拉·波普利尼埃尔 1599 年发表的《历史著作史》（*Histoire des histoires, avec l'idée de l'Histoire accomplie. Plus le Dessein de l'histoire nouvelle des Français*）被后世学者视为近代法国第一本史学史和史学 （转下页注）

他撰写的完整版《法国史》(*Histoire de France*)。[1] 这位作者出身小贵族家庭，青年时期皈依新教的他曾在宗教战争爆发后，勇敢地拿起武器保卫信仰；他也曾在巴黎亲眼见证 1572 年的圣巴托罗缪之夜。经历过残酷斗争的拉·波普利尼埃尔逐渐形成了自己对宗教、政治和国家社会的理解，试图以较为宽容中立的理念述说法国的宗教冲突。因此，他的《法国史》在诸多同时代文本中就显得十分沉稳，甚至过于冷静理智，而这无疑是作者抉择的结果。他在向贝扎寻求帮助和建议时就明言，"我希望依据基督教会的传统来处理并让读者了解所有事情，如关于教会的知识，以及我们——无论是拿起武器还是维持和平——的正义行为。天主教徒的不义和偏见如此明显，对此，教友们已有颇多描述，而我则尝试在两个教派间保持中立、不偏不倚，以这种新的方式展现那些场景和人们的行为，这才是历史著述

（接上页注③）理论著作，其中呈现的史学思想也是近代早期法国出现的历史观念变化的集中展现。关于拉·波普利尼埃尔及其著作的探讨，参见 George Wylie Sypher, "La Popelinière's Histoire de France: A Case Study of Historical Objectivity and Religious Censorship", *Journal of the History of Ideas* 24/1 (1963)：41–54; Myriam Yardeni, « La conception de l'histoire dans l'œuvre de la Popelinière », *Revue d'histoire moderne et contemporaine* 11/2 (1964)：109–126; George Huppert, *The idea of Perfect History: Historical erudition and historical philosophy in Renaissance* (Chicago: University of Illinois Press, 1970), pp.135–150; Donald R. Kelley, *Foundations of Modern Historical Scholarship: Language, Law, and History in the French Renaissance* (New York and London: Columbia University Press, 1970)。

[1] Henri Lancelot Voisin de La Popelinière, *Histoire de France enrichie des plus notables occurances survenues es Provinces de l'Europe et pays voisins, soit en paix soit en guerre : tant pour le fait seculier qu'ecclesiastic : depuis l'an 1550 jusques a ces temps* (La Rochelle : Araham H., 1581).

者应该做的"。① 但这本以"新的方式"撰写的《法国史》显然
并没有得到贝扎的青睐，后者甚至对作者在其中表现的中立态度
以及不恰当的言辞和表述——例如使用"路德派"一词指称新
教徒，但这其实是"天主教徒对新教徒的蔑称"——极为不满，
认为在修正这些错误之前此书不宜出版。②

　　虽没有得到贝扎的认同，但拉·波普利尼埃尔坚持的不偏
不倚的著史态度的确难能可贵，当然这并不代表他在其他诸多问
题上也有着超越时代的眼光。事实上，拉·波普利尼埃尔对（无
疑跟韦尔多派相关联的）阿尔比派的认知便带有深刻的时代印
记。或许是参考了贝扎的观点，拉·波普利尼埃尔也认为阿尔比
派与韦尔多派虽然名称不同，但都存在于原始基督教会，即真正
的基督教会的源流之中。不仅如此，他们还是法国改革教会的先
驱，"韦尔多派及它的后继者——出现在吉耶纳和周边地区的阿
尔比派（因阿尔比地区中心的阿尔比城得名，这里是紧靠凯尔西
的朗格多克的飞地）——给予法国的冲击是前所未有的。他们
在 1100 年左右已经遍及所有基督教国家，其教义与现在法国和
欧洲其他地区的新教思想几近相同"。③ 拉·波普利尼埃尔几乎是
以一种笃定的口吻在过去的异端与新教之间建立起了精神上的联
系，而且这个精神链条不仅包含了韦尔多派和阿尔比派，还包括

① Théodore de Bèze, *Correspondance de Théodore de Bèze*, vol. 22 (Genève : Droz, 2000), p. 19, lettre à Théodre de Bèze par La Popelinière, le 15 janvier 1581.
② Théodore de Bèze, *Correspondance de Théodore de Bèze*, vol. 22, pp. 84–87, lettre de réponse à La Popelinière par Théodore de Bèze, le 29 mars 1581.
③ Henri Lancelot Voisin de La Popelinière, *Histoire de France*, p.7.

了威克里夫的追随者、罗拉德派、胡斯派和路德派。[①] 在作者看来，这些群体都是基督教会在存续过程中革除自身弊端必经的改革风潮的产物，也是真正的基督教会传承谱系中的一环。

实际上，无论是贝扎还是拉·波普利尼埃尔，都是在重构基督教历史的过程中"发现"阿尔比派的，于他们而言，阿尔比派和韦尔多派的身份虽然需要辨明，却也只是基督教整体历史中的一个片段，因而无须特别强调。不过，新教牧师让·沙萨尼翁（Jean Chassanion, 1531—1598）的态度明显不同，他对阿尔比派本身产生了浓厚的兴趣。1560 年，沙萨尼翁受命担任蒙彼利埃改革教会的牧师，在此开展他的宣教事业。可以想象，在这个经历过阿尔比十字军战火洗礼的南方城市及其周边地区，关于阿尔比派的传说故事应该从未断绝，记载这段历史的抄本文献也并不鲜见。于是，这位牧师并不意外地得到了一本"用朗格多克语写成"的阿尔比十字军史[②]和一本出自一位修士之手[③]述说同一主题的历史著作。令他颇为不满的是，这两部作品都轻率地将阿尔比派指斥为异端，对他们的言行更是全盘否定。在沙萨尼翁看来这显然极不公平，因为阿尔比派明显是遭到迫害的群体，而他们的对手——罗马教会——"以异端邪说为借口意图完全清除他们，甚至为此夺取了那些只是给予他们微薄支持和照顾

---

① Henri Lancelot Voisin de La Popelinière, *Histoire de France*, p.141.
② 根据让·沙萨尼翁的描述，这应该是图德拉的纪尧姆及其不知名的续写者以奥克语撰写的《阿尔比战争之歌》。
③ 让·沙萨尼翁并没有指出其姓名，但很有可能是《阿尔比教派史》的作者沃德塞尔奈修道院的皮埃尔修士，也有学者认为这里指的是皮伊洛朗的纪尧姆。

的领主的权力"。[①] 事实上，沙萨尼翁认为，这些人不仅并无过错，反而"触摸到了上帝之灵，得到了真理的启示，弃绝当时的迷惘盲信，坚持以纯洁的方式侍奉上帝"，所以应该被看作名副其实的殉道者。[②] 由此，1595 年，沙萨尼翁出版《阿尔比派历史》（*Histoire des Albigeois*）的首要目的就是为长期遭受误解的阿尔比派正名，重塑他们的正义形象，阿尔比派也因此进入了新教所在的真理教会的谱系。作为真理教会的一员，阿尔比派和他们守护的真理之火绝不会"被一场不义的战争灭绝"，所以"事实"就如同《出埃及记》描绘的那样，"这颗圣洁的种子曾在朗格多克及其附近地区生根发芽，又被迫离开故土，上帝的庇佑让它得以继续开花结果，近些年更是被广泛传播"。[③] 借由对阿尔比派的全新叙述，沙萨尼翁在为这个长久以来背负恶名的异端教派改头换面的同时，也论证和展现了改革教会的合法性，为教友争取更广阔和安全的生存空间。与此同时，他直接将阿尔比派和新教联系在一起的做法，还为后来的书写者重新述说两者关系、撰写新教历史提供了范例。[④] 此后，几乎所有出自新教作者之手的基督教史文本中，都会出现阿尔比派和韦尔多派的踪迹，他们或被纳入基督教改革教会的历史链条，或成为真理教会的见证

---

① Jean Chassanion, *Histoire des Albigeois, touchant leur doctrine & religion, contre les faux bruits qui ont eté semés d'eux*...(Genève : Pierre de Sainctandré, 1595), p. 9, Épitre.

② Jean Chassanion, *Histoire des Albigeois*, p. 11, Préface.

③ Jean Chassanion, *Histoire des Albigeois*, p. 250.

④ 2019 年，法国学者重新编订并出版了沙萨尼翁的《阿尔比派历史》。安娜·布勒农（Anne Brenon）在序言中指出，"在新教将中世纪异端运动——尤其是纯洁派——纳入自身历史编纂的过程中，这部作品具有重要的里程碑意义"。参见 Jean Chassanion, *Histoire des Albigeois* (Paris: Éditions Ampelos, 2019)。

者，为新教的改革事业提供"证言"。

1599年，菲利普·德·马尼克斯（Philippe de Marnix, 1538或1540—1598）的遗作《宗教纷争述论》（*Le tableau des differens de la Religion*）出版。[①]虽然来自荷兰的天主教家庭，这位作者却是新教思想的忠实拥趸，撰写了诸多旨在捍卫改革教会的著作，其中最著名的是1569年以荷兰语撰写的《罗马圣教的蜂窠》（*Biënkorf der H. Roomsche Kercke*）。这本小册子一经面世便引发了天主教学者的激烈驳斥，不过这反而推动了此书的流传。很快，德·马尼克斯开始翻译这本书并对其内容加以补充，1599年，这本书的法语译本以《宗教纷争述论》之名出版，清楚地表达了以作者为代表的大多数新教文人对基督教信仰和教会的看法。德·马尼克斯的论述是从一个论断开始的，即基督教世界只存在一个上帝、一种信仰和一部律法，当然也就只有一个真正的教会，但问题是，在当时的法国与欧洲，天主教与新教各执一词，整个基督教世界被撕裂开来，因此必须辨明真假，即识别出真正的基督教会。对此，作者的回答十分明确：罗马教会是"背弃了真正信仰的虚假教会"，真正的上帝的教会一直处于隐秘状态，直到改革教会出现才得以显明。为了更有力地说明这个问题，作者特意举出了一些实例以证实秘密教会的存在，韦尔多派和阿尔比派便是在这种情况下出现在其文本当中的。

据德·马尼克斯所言，12世纪法国曾出现过两次宗教运动，

[①]　法语版《宗教纷争述论》第一卷于1599年由让·帕茨印刷厂在莱顿印制，1600—1605年相继出版第二卷以及再版版本。本书使用与1599年版本相同（由同一印刷厂以同样规格印制）的1600年版。

它们被罗马教会视为异端不断遭到迫害，而事实上，它们是启示录中所说的"两棵橄榄树"和"两盏明灯"。^①皮埃尔·瓦尔多创立的韦尔多派^②是其中之一，这位里昂商人遵循圣经教导将所有财产都捐献给了穷人，向世人宣扬守贫的美德，还将圣经段落翻译成法语；他的行为吸引了大量追随者，也引来了罗马教会的仇视和迫害，这使他的信徒在很长一段时间里都不得不在欧洲各地辗转漂泊。不过，尽管分散流离，韦尔多派信徒却始终坚守他们的信念，直至 16 世纪，"路德派和加尔文派的信念占据了卡拉布里亚（Calabre）^③"，而那些隐藏在波西米亚的信徒"诵读的重要教义完全像是从加尔文或路德的书中摘录出来的一样"。^④与韦尔多派并立的"另一盏明灯"便是阿尔比派，按照德·马尼克斯的说法，"上帝在普罗旺斯和朗格多克地区唤起了另一个群体，其中的主事者^⑤有阿诺德（Arnould）、埃斯佩隆（Esperon）、

---

① Philippe de Marnix, *Le tableau des differens de la Religion : traictant de l'Eglise, du nom, definition, marques, Chefs, Proprietés, Conditions, Foy, & Doctrines d'icelle* (Leyden : Jean Paets, 1600), p.150.

② 与阿尔比派相比，德·马尼克斯在《宗教纷争述论》中显然更加偏重韦尔多派。一方面是由于对于 16 世纪的学者而言，被新教接纳的韦尔多派存在感更强，另一方面则是因为相比早已消失无踪的阿尔比派，坚守信仰至 16 世纪的韦尔多派无疑留下了更多的印记。不过，德·马尼克斯却并未如其他作者那样直接将这两个教派等同起来。在他看来，它们就如同一棵苹果树上的两个苹果，虽然源自同一根基，却是不可能完全相同的两个果子。

③ 意大利南部地区，一部分韦尔多派信徒藏身于此，1532 年归入新教教会。1560 年，此地新教徒遭到天主教极端分子屠杀。

④ Philippe de Marnix, *Le tableau des differens de la Religion*, pp.149,154.

⑤ 这应该是 16 世纪第一部提及阿尔比派核心人物的著作。德·马尼克斯并未标明他的史料来源，也没有给出实证，不过这种说法在之后让-保罗·佩兰（Jean-Paul Perrin）和德·图（Jacques-Auguste de Thou）的作品以及让·克里斯潘再版的著作中一再出现。

约瑟夫（Joseph），因此也被称为阿诺德派、约瑟夫派和埃斯佩隆派，由于这些人的信仰首先在阿尔比地区的阿尔比城被接纳，所以他们都被叫作阿尔比派"。[①]然而，无论"这两个基督的见证者"名称为何，无论它们被称作"阿尔比派、贝卡尔（Beguard）、罗拉德派、蒂吕潘派（Turclupins）"还是"韦尔多派、里昂穷人派、皮卡第人、波西米亚人"，在德·马尼克斯看来，其信仰都与"今天称自己为福音派或改革派的人"并无二致。[②]而且正是这些"可怜的幸存者"在英国推动约翰·威克里夫登上历史的舞台：1383 年，这位"曾经接受过韦尔多派和阿尔比派流亡者教导并（通过翻译）奠定了圣经信仰基础"的威克里夫，"忽然打乱了罗马教廷的步伐，公然传播与今天我们这些离经叛道者相同的看法，得到无数信徒的追随"。[③]而在波西米亚地区，约翰·胡斯和布拉格的杰罗姆同样传承着阿尔比派和韦尔多派的教义，"即便招致迫害也未断绝，直到路德时代的来临"。[④]

　　将"异端"归入改革教会先驱行列的做法极易引起争议，对此德·马尼克斯十分清楚。因此，除了直接回应罗马教会的异端指责[⑤]外，这位作者还对罗马教会一直以来排斥异己的行为提出

---

①　Philippe de Marnix, *Le tableau des differens de la Religion*, p.150.

②　Philippe de Marnix, *Le tableau des differens de la Religion*, pp.151–153.

③　Philippe de Marnix, *Le tableau des differens de la Religion*, p.158.

④　Philippe de Marnix, *Le tableau des differens de la Religion*, p.150.

⑤　德·马尼克斯试图援引 1229 年图卢兹主教会议的教令驳斥沃德塞尔余的皮埃尔在著作中对图卢兹地区异端的指责。他指出，教令禁止普通信徒拥有《圣经》（将圣经翻译成通俗语言更是绝对禁止的），但如果普通人手中只有赞美诗和祷文的话，他们又如何成为异端？因此，将图卢兹地区的阿尔比信徒斥为异端这一行为本身就是有问题的。

了控诉。他指出，长久以来，罗马教会都在使用卑鄙的手段诽谤、诋毁对手以达到目的，从遥远的古代"异端"一直到被查理五世（Charles Quint）及其继任者迫害的路德派信徒，许多无辜者曾遭到教廷恶意中伤。如此一来，不仅罗马教会与被它指斥的"异端"需重新定位，传统的基督教历史也必须修正甚至重建。

　　和德·马尼克斯抱持同样观点的，还有被认为是法国当时最杰出知识分子之一的历史学家尼古拉·维涅（Nicolas Vignier,1530—1596）。[①] 维涅出身法国东部香槟地区普通小贵族家庭，应该很早就接触到新教思想并选择皈依，但很快，他便因此被迫流亡德国。[②] 后来，维涅决定回归天主教并顺利返回法国，于1585 年被亨利三世任命为国王的医生和史官。[③] 在简单勾勒维涅生平的让－皮埃尔·菲诺的描述中，维涅是在流亡德国期间出于爱国之心才开始写作的，此后他选择返回法国也是源于对祖国的

[①]　Michel Simonin dir., *Dictionnaire des Lettres françaises : le XVIe siècle* (Paris : Fayard, 2001), p.1186 ; Tsuyoshi Shishimi, « La Bibliothèque historiale de Nicolas Vignier : une « Histoire universelle » au service des français » , *Seizième Siècle* 9 (2013) : 216–281.

[②]　让－皮埃尔·菲诺（Jean-Pierre Finot）认为如同当时许多被新教思想感染的青年一样，维涅被改革教会吸引的主要原因在于"新鲜事物的固有诱惑力"。参见 Jean-Pierre Finot, *Notice sur Nicolas Vignier, docteur-médecin de Bar-sur-Seine et historiographe du roi*, Bar-sur-Seine: s.n., 1865, p.4。

[③]　维涅为何与何时回归天主教信仰至今仍是难解之谜。阿格兄弟（les frères Haag）在《法国新教徒》中猜测，维涅很可能是在 1579 年重归天主教的，后世学者多援引这个时间；亨利·让奈（Henri Jeannet）则提出，维涅极有可能如其他流亡者一样，在 1577 年普瓦提埃敕令发布后选择回归天主教和法国。相关讨论参见 Eugène Haag et Émile Haag, *La France protestante, ou vies des protestants français qui se sont fait un nom dans l'histoire*, tome 9 (Paris: Joël Cherbuliez, 1859), p.493; Henri Jeannet, « Nicolas Vignier : médecin et historiographe du roi » , *Mémoire de la Société académique du département de l'Aube* CIX (1978): 97–112。

热爱。这种说法不无道理，在维涅撰写的十余部作品中，至少有一半都在捍卫法兰西王国和王室的利益，或许正是由于这个原因，他得到了亨利三世的长期信任。而对于为何会涉足历史书写，维涅曾在《法国历史概要》（*Sommaire de l'histoire des Francois*）中给出解释。他直言，此前的许多历史著作存在错漏，因此当代史家应该为读者扫除错误，去伪存真，给后世留下更为清晰可靠的历史。[①]这种史官（虽然维涅自己更喜欢"哲学家"的称号）的使命感几乎贯穿维涅的所有作品，为他赢得了极佳的声誉。

当然，维涅的声望主要还是通过其内容丰富、信息广博的作品获得的。[②]从 16 世纪 70 年代开始，维涅以法国史和基督教会史为研究对象，先后出版了《法国历史概要》、《历史文库》（*Bibliothèque historiale*）[③]和《教会史汇编》（*Recueil de l'histoire de l'Eglise*）等著作。可以想见，在这类文本中，作者不仅会谈及阿尔比派、[④]韦尔多派和改革教会，而且需要对它们作出解释。对于阿尔比派和韦尔多派，维涅的基本看法是，这两个教派虽然名称不同，本质却是一样的。与菲利普·德·马尼克斯一样，维

---

① Nicolas Vignier, *Sommaire de l'histoire des Francois, recuilly des plus certains aucteurs de l'ancienneté, & digeré selon le vray ordre des temps en quatre livres, avec un traité de l'origine, estat & demeure des François* (Paris : Sebastien Nivelle, 1579), Au lecteur.

② 关于尼古拉·维涅历史研究及其方法的讨论，参见 George Huppert, *The idea of Perfect History: Historical erudition and historical philosophy in Renaissance*, pp.118-134。

③ 《历史文库》于 1587 年首次出版，在内容方面与《法国历史概要》差异不大，但前者的篇幅规模要远大于后者，作者也曾明确表示《法国历史概要》是《历史文库》的节录。

④ 在《法国历史概要》中，"阿尔比派"和"纯洁派"两个名称均有出现，但并非同义。作者显然认为，虽然两者之间有关联，却不是同一教派。

涅也借鉴了雅各布·德·雷比利亚（Jacobus de Rebiria）[1] 的看法，认为阿尔比派的教义与韦尔多派十分相像，是因为它们起源相同，其信仰者都是皮埃尔·德·布吕及其弟子亨利的门徒。[2] 在《教会史汇编》中，这一谱系甚至继续向过去回溯，据维涅说，在 11 世纪之前，这些思想就已经从保加利亚向外传播开来，后来才以"阿尔比派"之名在"朗格多克、图卢兹和加斯科尼地区"蔓延。[3] 不仅如此，维涅还几乎把当时法国出现的所有与罗马教会存在思想分歧的群体都归入了同一类别，认为他们源出一脉。因而，无论是图尔的贝朗热（Bérenger de Tours）、安特卫普的图什兰（Touchelin d'Anvers），抑或皮埃尔·德·布吕及其门徒亨利传播的，都是很早之前就在"加斯科尼和图卢兹附近"流传着的那些思想观念。[4] 虽然维涅承认有些只是他自己的推测，但围绕阿尔比派和韦尔多派形成的谱系显然是作者深以为然且认为需要向读者展现的重要内容。从这个角度而言，维涅与大多数天主教文人对这两个中世纪异端教派的看法是基本一致的。

　　然而，曾经身为新教"异端"的经历终究对维涅产生了影响，令他无法毫无保留地接受各个时代宗教异议者背负的"异

---

① 根据德·马尼克斯和维涅的说法，雅各布·德·雷比利亚曾是国王秘书，也是《图卢兹集注》（*Collectanea Tholose*）的作者。除了以上信息，后世对此人几乎一无所知，因此有学者认为这是一个虚构的人物。参见 Yves Krumenacker, « Des vaudois aux huguenots : une histoire de la Réformation », dans Philip Benedict et al. dir., *L'identité huguenote。Faire mémoire et écrire l'histoire (XVIe-XXe siècle)* (Genève : Droz, 2014), p.135。

② Nicolas Vignier, *Sommaire de l'histoire des Francois*, p.274.

③ Nicolas Vignier, *Recueil de l'histoire de l'Eglise, depuis le Baptesme de nostre Seigneur Jesus Christ, jusques à ce temps* (Leyden : Christoffle de Raphelengien, 1601), p.268.

④ Nicolas Vignier, *Recueil de l'histoire de l'Eglise*, p.278.

端"罪名及文献中对他们众口一词的指责。在他看来，人们掌握的文献几乎全部出自教会人士之手，不难想象其中存在大量偏见，而这对"无声"的"异端"而言无疑有失公平。何况，罗马教会长久以来致力于妖魔化"异端"，以教育和震慑信徒，因而其历史书写往往带有强烈的道德审判色彩，极有可能造成真相的丧失。由于抱有这样的认知，维涅在述及所谓的异端分子时特别注意保持公正的态度。例如，在转述圣贝尔纳关于皮埃尔·德·布吕及其弟子亨利的证言后，维涅马上补充说，即使这位圣者也承认，"人们指控这些人的许多罪行对他们而言都是无妄之灾，在他们当中，许多人欣然赴死，并不想聆听任何让他们悔罪的警告劝诫，当然也不可能用地狱或酷刑逼迫他们承认其他的指控"。[①] 同样，在谈及阿尔比派和韦尔多派时，维涅也试图表明，这些人的信仰及其行为存在被误解的可能。他指出，《勃艮第年鉴》（*Annales de Bourgongne*）作者纪尧姆·帕拉丹（Guillaume Paradin, 约 1510—1590）曾提到"有些著作为阿尔比派及那些亲王领主犯下的罪行辩护，坚定认为他们是无辜的：除了指责罗马教会的错误和流弊外，他们什么也没做"。[②] 在维涅看来，帕拉丹对阿尔比派的回护即便不甚充分，却也并不全是无稽之谈，因为一直以来都有人在为基督的教会承受着"烈火、刀剑、殉道和迫害"，尽管艰难却"依然前赴后继，直到我们这个时代"。[③] 而维涅显然认为，阿尔比派、韦尔多派均应在其中占有一席之地，甚至是这一链条中关键的环节，尤其是从阿尔比派中

---

① Nicolas Vignier, *Recueil de l'histoire de l'Eglise*, p.354.

② Nicolas Vignier, *Recueil de l'histoire de l'Eglise*, p.408.

③ Nicolas Vignier, *Recueil de l'histoire de l'Eglise*, p.342.

分化出来的韦尔多派。在他笔下，这些人与 11、12 世纪的其他宗派信徒一样被误信为异端，但实际上，他们的信仰并没有偏离基督教的教义，唯一可被指摘的，只是他们对罗马教廷的不服从态度。然而正是这样的"轻罪"却让韦尔多派信徒付出了沉重的代价，所幸他们在阿尔比十字军的征伐中幸存下来，从此退居到皮埃蒙特山谷、伦巴底，以及匈牙利、波西米亚等相对安全的地方。尽管迫害从未停止，韦尔多派的教义却一代代流传下来，这些教义"与今天新教徒的信念如此相似"，以至于韦尔多派几乎毫无障碍地被接纳进入了新教教会。[①]

维涅并没有对曾经信仰的新教思想给出过多评价，《教会史汇编》中只有他简单"据实"记录的路德等改革思想家们与罗马教会的争端。但在讲到教会售卖赎罪券时，他坦言，赎罪券只是罗马教会以神圣之名聚敛钱财的借口，而教皇的批准显然是一种滥权行为。[②] 无论是出于"公正"还是基于信仰，[③] 这样的评述都拉近了改革教会与像韦尔多派和阿尔比派一般的"异端"之间的距离，甚至在无意中强化了它们之间的亲缘关系。当然，还有另一种可能。由于这部教会史是在作者去世后由他的儿子们——小尼古拉·维涅（Nicolas Vignier, 约 1575—1645）和让·维涅（Jean Vignier）——编辑出版的，所以这些评述或许更多展现的是编者而非著者的心声，毕竟小尼古拉·维涅彼时已是一名致力于捍卫新教利益的牧师和作家。

小尼古拉·维涅出生在他的父亲于德国避难之时。后来，

---

① Nicolas Vignier, *Recueil de l'histoire de l'Eglise*, p.626.

② Nicolas Vignier, *Recueil de l'histoire de l'Eglise*, p.635.

③ 《教会史汇编》虽然于 1601 年出版，但其撰写年份不明。由于维涅改宗的时间也存在争议，因此很难判断作者撰写此书时的信仰情况。

尼古拉·维涅选择皈依天主教，却是孤身一人回到法国的，这
使小尼古拉·维涅从小成长于典型的新教环境中，并自然成
为一名新教牧师。[1]1607 年，在参加拉罗歇尔举行的全国教务
会议期间，小尼古拉·维涅很可能主动反驳了贝拉明（Robert
Bellarmin, 1542—1621）等人在敌基督问题上的观点，因此会议
决定由他撰写文章参与论辩，[2]他很快完成了论文，于 1609 年呈
交给圣迈克桑（Saint Maixent）教务会议。得到索米尔新教研
究院（Académie de Saumur）的认可后，这部《敌基督的剧场》
（*Theatre de l'antechrist*）[3]终于在 1610 年出版，并引发了新教与
天主教之间的新一轮论战。此书言辞极为尖锐，以至于如菲利
普·德·莫奈[4]一般的温和派新教徒在提及它时也会含蓄地呼吁
克制。然而作者显然不这么认为，他只将该书视为面对天主教徒
无休止攻击的"正当防卫"。[5]毕竟容忍错误无异于助纣为虐，敌

---

① 1603 年，新教全国主教会议在加普（Gap）举行，当时已经是布鲁瓦
（Blois）牧师的小尼古拉·维涅被委派承担文书职责，由此可见他在教会
中是颇受重视的。

② 拉罗歇尔会议一般事项的其中一项："请维涅先生撰文应对敌基督的问题，
并携（或寄送）成书参加下一次全国会议。"参见 Jean Aymon, *Tous les
synodes nationaux des églises réformées de France*, tome 1, p.316。

③ Nicolas Vignier (le fils), *Theatre de l'antechrist, auquel est respondu
au cardinal Bellarmin, au sieur de Remond, à Pererius, Ribera, Viegas,
Sanderus & autres qui par leurs ecrits condamnent la doctrine des Eglises
Reformees sur ce sujet* (Saumur : Thomas Portau, 1610).

④ Philippe de Mornay et Charlotte Arbaleste (Madame de Mornay), *Mémoires
et correspondance de Duplessis-Mornay*, tome 10 (Paris : Treuttel et Würtz,
1824), pp.539–540.

⑤ Nicolas Vignier (le fils), *Theatre de l'antechrist, auquel est respondu
au cardinal Bellarmin, au sieur de Remond, à Pererius, Ribera, Viegas,
Sanderus & autres qui par leurs ecrits condamnent la doctrine des Eglises
Reformees sur ce sujet* (Genève : Philippe Albert, 1613), Préface.

基督——罗马教皇及其帮凶①——的罪行必须被揭露，"在黑暗中仍不曾熄灭的真正的信仰之光"也应被公之于众。于是，过去不愿被敌基督腐蚀、拉拢的"阿尔比派""里昂穷人派"和"波西米亚的那些人"便成为不惜一切代价"追随真正信仰的人"和"真理的捍卫者"。②

由此，历史在小尼古拉·维涅笔下成了人类上演悲喜剧的剧场。尤其在"敌基督为所欲为"的很长一段时间里，"无数人因为韦尔多派、阿尔比派、莱昂派（leonistes）、③罗拉德派、巴塔利派（Patarins）、保加利亚派或其他教派的身份遭到杀害"，相比之下，连"法老都比罗马的暴君更温和、有人性"。④至于这些受害者的异端罪名，小尼古拉·维涅与他父亲的看法一致，认为那些指责都是"从他们的敌人那里得来的虚假信息，或是那些人编造出来抹黑他们、阻止他们传播信仰的恶意中伤之语"，这样的诋毁非但毫无力量，反而"证明了这些人的无辜和试图抹黑他们的敌人的恶毒"。⑤彼时，新教徒也在遭受同样的苦难和折磨，相同的境遇使这位作者毫不犹豫地将过去的"异端"视为同类，明言"这些人与我们一样，而我们以他们的苦难为荣"。⑥甚至正因为有这些曾经受到罗马教会迫害的群体的

---

① 颇有意味的是，小尼古拉·维涅于1610年发表《敌基督的剧场》，并在其中将罗马教会和教皇比作暴君，而法国新教曾经的领袖，国王亨利四世同年也被指责为暴君遭到刺杀而死。

② Nicolas Vignier (le fils), *Theatre de l'antechrist*, Préface.

③ 学者们一般将之视为韦尔多派的另一个别称，相关讨论参见 Alexis Muston, *Histoire des vaudois des vallées du Piémont et de leurs colonies, depuis leur origine jusqu'à nos jours* (Paris : F. G. Levrault, 1834), pp.116–120。

④ Nicolas Vignier (le fils), *Theatre de l'antechrist*, p.395.

⑤ Nicolas Vignier (le fils), *Theatre de l'antechrist*, pp.396–397.

⑥ Nicolas Vignier (le fils), *Theatre de l'antechrist*, p.396.

存在，小尼古拉·维涅才敢于回应天主教护教者对新教延续性的尖锐质疑，并反驳说："他们怎能否认（我们的存在）。（毕竟）在他（路德）出现之前的四百多年，他们的父辈就在以各种方式追捕、折磨那些与我们有着相同信仰的人，甚至将其迫害致死。"[1]换句话说，敌基督掌控的舞台虽然晦暗无光，却依然有无数可敬之人在演绎着悲壮的故事，其中既有新教各教派，也包含阿尔比派和韦尔多派。在追求真理的道路上，他们一脉相承。

17 世纪，以历史为载体的辩论已成为大多数文人学者的优先选择，就连有"胡格诺派教皇"之名的菲利普·德·莫奈也对此青睐有加。作为那个时代最博学杰出的学者之一，德·莫奈不仅是政治家、作家，还是一位新教神学家，终其一生都在保护他的教会。1610 年 5 月 14 日，法王亨利四世（Henri Ⅳ，1589—1610 年在位）被刺身亡，给他的继任者、刚满九岁的路易十三（Louis ⅩⅢ，1610—1643 年在位）留下了一个宗教环境依然复杂脆弱的法国。作为亨利四世曾经的密友，德·莫奈此时尽管已经远离宫廷，却丝毫未改对王室的忠诚。1611 年，他将自己撰写的《罪恶之谜》（Le Mystère d'Iniquité）献给路易十三，一方面希望能给年轻的国王带去安慰，另一方面则继续为他献身的宗教事业争取王室的支持和保护。[2]事实上，这部旨在与罗马教会

---

[1] Nicolas Vignier (le fils), *Theatre de l'antechrist*, p.400.

[2] Philippe de Mornay, *Le Mystère d'Iniquité, c'est-à-dire de l'Histoire de la Papauté, par quels progres elle est montée à ce comble, et quelles oppositions les gens de bien lui ont fait de temps en temps. Et où sont aussi défendus les droits des empereurs, Rois et Princes chrestiens contre les assertions des cardinaux Bellarmin et Baronius* (Saumur : Thomas Portau, 1611).

论辩对错的著作 [1] 算不上是德·莫奈最出色的作品，它冗长的篇幅和粗暴的言辞 [2] 似乎也并不符合学界的期待。即便如此，作者对历史资料的大量参考和使用 [3] 仍令这部作品成为教会史研究不可或缺的文献和语料库，而且德·莫奈以推进（progrès）、抗争（opposition）二元结构编排内容的方式也为该书赋予了一种独特的叙事风格。[4]

《罪恶之谜》要讨论的核心问题其实是罗马教皇的权力界限。德·莫奈从历史角度向读者展现了教皇权力不断扩张、推进的过程，但也提醒读者，许多"正义之士"曾经奋力阻止这种权力的无限膨胀，他们的抗争同样应该被正视。阿尔比派和韦尔多派便处于这个常常遭到忽视甚至被遮盖掩蔽的历史进程之中。实际上，这两个曾被教廷斥为异端的群体并非此时才进入莫奈的

① Hugues Daussy, « L'instrumentalisation politique et religieuse de l'histoire chez Philippe Duplessis-Mornay » , dans Danièle Bohler et Catherine Maganien-Simonin éds., *Écriture de l'histoire (XIVe - XVIe siècle),* actes du colloque du Centre Montaigne (Genève : Droz, 2005), pp.471–484.

② 纳萨内尔·魏斯（Nathanaël Weiss）认为这是一部有关历史的"长篇大论"，其"粗暴的言辞在当时的新教论辩中司空见惯"。参见 Nathanaël Weiss, *Du Plessis-Mornay comme théologien et comme caractère politique*, (thèse à la faculté de Théologie protestante de Strasbourg, 1867), p.23。

③ 为了增加说服力，德·莫奈参考了众多文献，雅各布·德·雷比利、马修·帕里斯、沃德塞尔奈的皮埃尔、乌斯伯格修道院长（l'abbé d'Ursperg）、尼古拉·维涅均在其中。关于此书所涉文献的分析，参见 Marie-Madeleine Fragonard, « Erudition et polémique : *Le Mystère d'iniquité* de Du Plessis-Mornay » , dans *Avènement d'Henri IV. Quatrième centenaire. Colloque IV : Les lettres au temps d'Henri IV* (Pau : J. & D. éditions, 1991), pp.167–188。

④ Bernard Dompnier, « L'histoire religieuse chez les controversistes réformés du début du XVIIe siècle : l'apport de Du Plessis-Mornay et Rivet » , dans Philippe Joutard éd., *Historiographie de la Réforme* (Paris : Delachaux et Niestlé, 1977), pp.16–36.

视野，早在 1578 年撰写《论教会》(*Traicte de l'Eglise auquel sont disputees les principalles questions*) 时，他们已经被莫奈视为"上帝的使者"。[①] 如果说在《论教会》中莫奈只是顺便提及这两个教派，那么在《罪恶之谜》中，它们俨然已是相应历史片段中的主角。与当时新教的主流观点相似，德·莫奈也认为阿尔比派和韦尔多派的本源相同，都是"蒙上帝启示而来"。在他看来，"这些隐匿于山区峡谷中的人坚持维护着基督教义的纯洁、真实和朴素"，他们"对罗马教会的批评审慎恰当：一方面谴责其传统，不认可那些仪式，另一方面明确指出罗马教会是启示录中的罪恶之源巴比伦，而教皇则是真正的敌基督，是圣经预言的有罪之人"。[②] 对于为何这两个教派会同源异名，德·莫奈同样给出了这样一番解释："韦尔多派的得名在于他们的领头人皮埃尔·德·瓦尔多最早在里昂宣道，当他们开始在阿尔比城传教时则被称为阿尔比派，而在此之前，他们还被叫作图卢兹派，因为皮埃尔·德·布吕及其门徒亨利在图卢兹公开宣讲（这些思想）。"[③]

将阿尔比派与韦尔多派等同起来在 17 世纪已经是一种普遍做法，因此德·莫奈的口吻是确定的，甚至完全没有考虑交代这一观点的来源。不仅如此，他还相信，阿尔比派和韦尔多派接受的使命和教导与新教徒是相同的。在引述教皇庇护二世（Pie Ⅱ, 1458—1464 年在任）对这两个教派的看法后，他总结说，

[①] Philippe de Mornay, *Traicte de l'Eglise auquel sont disputees les principalles questions, qui ont esté meuës sus ce point en notre temps* (London : Thomas Vautrollier, 1578). 此书首次出版便大获成功，后被翻译成多种语言，并多次再版。

[②] Philippe de Mornay, *Le Mystère d'Iniquité*(Saumur : Thomas Portau, 1611),p.318.

[③] Philippe de Mornay, *Le Mystère d'Iniquité*, p.318.

"这位对他们有着深入了解的教皇看似以尽量客观的方式——这位教皇在同一章节里尽显对这些人的敌意，当然这是无可厚非的——讲述的那些教义信条，其实全然不是他们真正的信仰，既不是那些人的，也不是我们的"。① 与新教徒共享同样教义信条的显然还不只是阿尔比派与韦尔多派，谈及后来在英国出现的威克里夫时，德·莫奈也坚称，他的思想"在本质上和我们的教会是一样的"。② 当然，任何观念和思想都不可能是凭空出现的，因此德·莫奈也在试图寻找这些观念传承的蛛丝马迹，由此，当发现英国神学家瓦尔登的托马斯·内特（Thomas Netter of Waldensis, 约 1375—1430）③ 在韦尔多派、威克里夫和胡斯之间构建起关联后，德·莫奈几乎毫不犹豫地接受了他的看法，认定"威克里夫被他的敌人赶出英国后，隐居在波西米亚，在那里与年轻的胡斯相遇，并带去了先前韦尔多派的重要思想"。④ 这种关联和相关情节的可信度在德·莫奈甚至是其他许多新教作者那里都是不成问题的，毕竟韦尔多派四散隐匿在欧洲各地是不争的事实，而这种分散性和隐蔽性无疑为他们思想观念的流转传播带来了更多便利和可能性。

客观而言，菲利普·德·莫奈并没有在《罪恶之谜》中确证

---

① Philippe de Mornay, *Le Mystère d'Iniquité*, p.320.
② Philippe de Mornay, *Le Mystère d'Iniquité*, p.457.
③ 托马斯·内特是英国神学家和教会辩论学者，出身于埃塞克斯郡的瓦尔登（Saffron Walden of Essex），因此惯常被称为瓦尔登的托马斯。他是加尔默罗会成员，也是威克里夫的主要对手。内特在他著名的《大公教会反对威克里夫和胡斯派古代教义集》（*Doctrinale Antiquitatum Fidei Catholicae Ecclesiae adversus Wiclefitas et Hussitas*）中不止一次提及韦尔多派，并将威克里夫派、路德派和加尔文派等与之相提并论。
④ Philippe de Mornay, *Le Mystère d'Iniquité,* p.457.

阿尔比派、韦尔多派或其他群体与新教之间的亲缘关系，只是依
照时间顺序向读者细数了基督教世界过往岁月中的异议者。哪怕
他们——如阿尔比派、韦尔多派、威克里夫、胡斯和新教——
之间是否有过交流并不明晰，可能也并不存在真正的传承关系，
但在如德·莫奈一般的新教徒眼中，这些人却都是"站在上帝一
边的"。所以，于新教徒而言，《罪恶之谜》中所列的便是真正的
上帝教会的信徒名录。这种对新教信仰和教会历史的解释至17
世纪已成习惯，不过德·莫奈的声望仍令此书在两个阵营中引发
了一场不小的争议，他的论著甫一发表便受到索邦大学的强烈谴
责，甚至被当众烧毁，神职人员均被要求高度警惕此书带来的危
害。天主教神学家尼古拉·克弗托（Nicolas Coeffeteau, 1574—
1623）很快撰写了超过千页的论文分析德·莫奈的错误，新教
学者安德烈·里韦（André Rivet, 1572—1651）随后撰文回驳，
新教与天主教之间的论战依旧继续。[1]但后续论争又何尝不是对
德·莫奈观点的另一种传扬呢？

---

[1] Nicolas Coeffeteau, *Response au livre intitulé Le Mystère d'Iniquité,
du sieur Du Plessis* (Paris : Sebastien Carmoisy, 1614); André Rivet,
*Remarques et considérations sur la response de F. Nicolas Coeffeteau
moine de la secte de Dominqiue, au livre de Messire Philippe de Mornay...*
(Saumur : Thomas Portau, 1617).

小结　书写异端：宗教改革
与被讲述的纯洁派

　　宗教改革无疑是纯洁派"历史"发展进程中一个至为关键的转折点。天主教与新教之间大规模的信仰论战由此开启，而为了赢得胜利，不仅天主教知识分子致力于发掘纯洁派的价值，新教文人学者也竭尽所能地将纯洁派历史收为己用。结果就是，在天主教和新教阵营的"共同努力"下，纯洁派于长久沉寂后重现人前，而且逐渐挣脱了"异端"标签的束缚，开始以"真正的基督教信仰承继者"的身份出现在历史舞台上。一种新的纯洁派叙事也由此诞生。在这个过程中，值得注意的是，无论是天主教作者不断试图唤醒纯洁派异端记忆的做法，还是新教作者为纯洁派改头换面并将之纳入自身历史谱系的努力，在很大程度上都是无意识的策略选择。

　　之所以称为"策略选择"，是因为双方阵营都将纯洁派历史的述说与书写视为压制或战胜对手的重要武器，使纯洁派在16世纪彻底"复活"，并成为双方普遍"青睐有加"的对象。天主教作者在探讨新教问题或与之论战时常常将阿尔比十字军挂在嘴边，不断强调纯洁派的"异端"身份，以此为反宗教改革摇旗呐喊，而这番举动也在笃信传统的基督徒中得到了广泛回应。毕竟在罗马教会的长期教导和渲染下，"消除异端毒瘤"早已不只是教会的责任，君主同样肩负守护信仰纯净的职责，而普通的民众显然也乐见其成（他们常常热衷于看到酷刑惩罚异端的场面），因为这不仅关系国家的强大和兴盛，也影响到他们各自是否能够获得上帝的救赎。与此同时，与天主教徒同样纠结救赎问题的还有处于对立阵营和弱势地位的改革教会及其信徒。面对罗马教会的步步紧逼，新教改革家和思想家不得不回应和解决"哪里才有真正救赎"的问题。换言之，他们必须论证改革派信仰的真理性以及由此产生的改革教会的永续性问题。纯洁派正是在这种情况下引起了新教学者的注意。他们之所以选择纯洁派，固然与天主教文人的着力"提醒"直接相关，但也不应忽视避居皮埃蒙特、多菲内和普罗旺斯山谷的韦尔多派在 1532 年与新教联合给予他们的启发。虽然将韦尔多派和纯洁派都归入改革教会先驱行列在某种程度上源于对两者关系的"无知"或误解，但同为"异端"并遭受罗马教会和世俗权力戕害的情节显然极易引发新教徒的共鸣。新教文人齐心协力为纯洁派洗刷罪名正是这种情感共振的直接体现，而 16 世纪末到 17 世纪，作为虔信者的纯洁派的"新生"及其广泛传播则标志着新教文人策略选择的成功。

虽然如此，将纯洁派历史在宗教改革时期的"复活"和"新生"视作天主教与新教阵营深思熟虑且有明确规划的结果，显然是不恰当的。尽管从回溯的视角来看，双方阵营的作者在叙事时常常彼此呼应，仿佛存在某种协同模式，但这种"协同"更多源于作者们共有的知识背景和共同面对的社会情境，而非出自有意的组织或明确的共识。实际上，即使在新教阵营内部，至少在 17 世纪之前，为实现目标而进行的系统性书写也并未出现。对于 16 世纪的写作者（无论归属天主教还是新教一方）来说，重提或改写纯洁派历史主要是为了应对特定的现实问题或困境。这当然是有选择的结果，但并非源于集体规划，而是作者们基于自身认知和所处情境的自发因应。从这个意义上看，至少在 16 世纪，纯洁派的"复活"和"新生"与其说是写作者们的有意设计，不如说是他们无意识推动的结果。然而，正是这一时期作者们的"无心"之举，改变了纯洁派"历史"的轨迹，伴随着新的纯洁派叙事的传播，一段全新的历程也由此开启。

第三部分

纯洁派的"神话"与历史

17 世纪以后，法国虽然不再因信仰分歧而成为硝烟弥漫的战场，但天主教与新教之间的矛盾并未得到根本解决。两派的斗争更多转移到了思想领域，学者文人为了各自阵营的利益，依然口诛笔伐、寸步不让。在这一持续对立的氛围中，新教的纯洁派叙事——一种建立在近乎纯粹想象基础上的叙事——反而获得了更长久的生命力。此后的岁月里，这一叙事不仅继续为新教提供认同基础，还逐渐被赋予了新的意义，成为纯洁派"神话"与历史记忆构建的重要资源。

第五章 纯洁派的"神话"

1 纯洁派：一种竞争叙事

1607 年，法国新教第 18 次全国教务会议在拉罗歇尔召开，来自尼永（Nyons）的牧师让 – 保罗·佩兰（Jean-Paul Perrin）参加会议，并被要求尽快完成关于韦尔多派和阿尔比派历史的著作。[1] 这是新教全国会议自 1572 年中断后第一次召开，在这次会议上重提阿尔比派和韦尔多派的议题，无疑表明新教从未停止对这个问题的关注。事实上，早在 1602 年，格勒诺布尔省级教务会议就曾委托蒙特利马尔（Montélimar）的一位牧师撰写韦尔多教派史，不过显然这项工作并未完成。1604 年，这个任务又被交给格勒诺布尔当地一位牧师，但同样没有下文。[2] 1605 年，佩兰在多菲内（Dauphiné）教务会议上接手这项工作，两年后佩兰被要求加快进度。即便如此，佩兰撰写的《韦尔多教派史》（*Histoire des vaudois*）[3] 得以真正出版也已经

---

① Jean Aymon, *Tous les synodes nationaux des églises réformées de France*, tome 1, p.313.

② Compagnie des pasteurs de Genève, *Registres de la Compagnie des Pasteurs de Genève*, tome 10 : 1607–1609 (Genève : Droz, 1991), p.133.

③ Jean-Paul Perrin, *Histoire des vaudois, divisee en trois parties* (Genève : Matthieu Berjon, 1618).

是近十年后的事了。

这本书之所以花费如此长的时间面世，并非全是作者迟缓拖延之故。实际上，佩兰早在 1612 年已经完成此书，并由第 20 次全国教务会议交付给德高望重的牧师审查。评审者对这部著作的评价应该是正面的，因为新教教会很快批准印刷此书，并在 1614 年全国教务会议上要求佩兰将印本寄送到各省。然而即便有全国教务会议的背书，《韦尔多教派史》的出版过程也是波折重重，一方面它要继续接受各个省级和地区教务会议的审查，另一方面，出版资助迟迟未到也是这本书没有及时付印的重要原因。[①] 但不管怎样，这本书最终于 1618 年出版，且很快便成为新教教会史作者们必不可少的参考资料。

《韦尔多教派史》之所以广受关注，并不是因为佩兰在历史研究或文笔方面有出众之处，[②] 而是因为这本书引领和激发了新教知识群体对可以作为他们维护信仰工具的过去的重视。佩兰是在新教教会的支持下撰写、出版《韦尔多教派史》的，这一举动本身就是一个信号，意味着改革教会对韦尔多派与阿尔比派的认同和接纳。正如日内瓦神学家特奥多尔·特隆桑（Théodore Tronchin, 1582—1657）对该书做最后核查时所言，这本书中虽然仍"有一些不恰当的表达"，但其中的关键或实质问题并未受

[①] Compagnie des pasteurs de Genève, *Registres de la Compagnie des Pasteurs de Genève*, tome 10 : 1607–1609, p.133; Eugène Haag et Émile Haag, *La France protestante*, tome 8, (Paris : Joël Cherbuliez, 1858), p.192.

[②] 不止一位学者曾评价佩兰才华平庸，如让·卡尔博尼耶认为这本书虽然参考了众多文献，但也只是本平淡无奇的著作。相关讨论参见 Eugène Haag et Émile Haag, *La France protestante*, tome 8, p.192 ; Jean Carbonnier, « De l'idée que le protestantisme s'est faite de ses rapports avec le catharisme, ou des adoptions d'ancêtres en histoire », *BSHPF* (1955): 72–87.

到影响。① 由此可见，17 世纪的新教知识群体在韦尔多派和阿尔比派历史问题上已经形成共识，而佩兰的《韦尔多教派史》则充分展现了他们在这一问题上的思考与结论。

这本书看似以韦尔多派为主题，其实讲述的是韦尔多派和阿尔比派两个群体"共同"的历史，这一点从书的内容编排便可看出。全书共分三卷，第一卷讲述韦尔多派的源起和信仰，以及他们遭受的迫害；第二卷以"被称作阿尔比派的韦尔多派史"为名，主要关注阿尔比派的情况；第三卷则致力于澄清韦尔多派、阿尔比派与罗马教会在教义教规上的不同。就实质而言，这是一项为过去罗马教会的异议者——韦尔多派和阿尔比派——重塑正面形象的工作，在这项工作中，佩兰即便不是发起人，也是其重要实践者和有强烈使命感的行动者。他在《韦尔多教派史》中勾勒出的是一幅善与恶对立、上帝与撒旦斗争的经典的基督教意象。在佩兰看来，撒旦从未停止迫害上帝教会的信徒，而真正的基督徒，即使面对残酷的迫害，也不可能背弃上帝的教诲；过去的韦尔多派和阿尔比派如此，17 世纪的新教徒亦同。而这就是改革派信徒时时被挑衅需要面对的问题——"路德和加尔文之前的改革教会在哪里"——的答案：真正的基督教徒因常常处于受压迫的境地而导致上帝的教会（改革教会）看似缺席了很长一段时间，但事实是，"无数被教皇们以正义之名处死的人"才是真正的上帝信徒，这些笃信者从未在历史中缺席，他们与新教徒一样，一直遵循着"上帝圣言的指示"。②

---

① Compagnie des pasteurs de Genève, *Registres de la Compagnie des Pasteurs de Genève*, tome 13 : 1617–1618, pp.153–154.

② Jean-Paul Perrin, *Histoire des vaudois, divisee en trois parties* , Préface.

为了论证这一"事实"，作者盘点了当时大量学者的观点，不仅包括路德、贝扎、让·沙萨尼翁、尼古拉·维涅、菲利普·德·马尼克斯等新教作者，还包括雅克·戈尔捷（Jacques Gaultier, 1562—1636）、克劳德·德·吕比（Claude de Rubys, 1533—1613）、贝拉明、约翰·埃克和阿尔诺·索尔班这些天主教阵营的文人。然而援引天主教一方的观点会不会是一种不明智的策略呢？实践证明，至少在韦尔多派、阿尔比派的主题上，天主教一方的"认知"不但不构成问题，反而还协助新教支撑了有利于他们的论证，为同样受到罗马教会敌视迫害的韦尔多派、阿尔比派和新教教会建立起了某种内在关联。除此之外，还需注意的另一个问题是，佩兰单辟一卷用以讨论"被称作阿尔比派的韦尔多派"，这是否表明对于佩兰和新教教会而言，阿尔比派等同于韦尔多派呢？其实不然。至少佩兰本人一定十分清楚阿尔比派与韦尔多派之间存在颇多不同，否则他便无须用两卷篇幅分别讲述两个教派的历史。不过，他与之前诸多新教作者的想法一致，仍认为这些差异可以忽略不计，毕竟这两个教派"有相同的信仰"。[①]

实际上，不仅阿尔比派和韦尔多派，佩兰认为所有"真正的基督徒"都同根同源，只是名称各异。为此，他列举了许多群体，其中有的依地域得名，如"图卢兹人""伦巴底人""皮卡第人"，也有的因其首领得名，如英国的"罗拉德派"、朗格多克的"亨利派和埃斯佩隆派"，甚至有的群体名称源自他们特殊的生活方式，比如"里昂穷人派"之所以得名就是因为信徒效仿其领袖皮埃尔·瓦尔多舍弃世俗财产、力行苦修，而弗兰德尔的"蒂吕

[①]　Jean-Paul Perrin, *Histoire des vaudois*, livre 2, pp.1–2.

潘派"之所以得名则是因为世人相信他们与狼共居。^①至于不同
群体之间的接续或传承，这位牧师坚信是天意使然："上帝希望
福音之光在敌基督统治的黑暗中显现，于是他们（阿尔比派）的
虔诚得以传承，那些承认受到阿尔比派教诲的人在这些地方热
切地接纳了福音教义。"^②然而罗马教会为了抹黑这些笃信上帝之
人，荒谬地将他们与古代那些声名狼藉的"异端"——如阿里
乌斯派、诺斯替派、摩尼教——联系起来，这样的做法令佩兰
愤慨不已。^③为了挫败罗马教会的"阴谋"，佩兰采取的策略是让
读者认识到"真正的上帝信徒"的坚定和他们敌人（罗马教会）
的恶毒，他相信，两相对比之下，读者无疑更容易理解如阿尔比
派和韦尔多派一般的信徒面对罗马教会迫害时的行为，同时也能
够增强彼时处于同样境地的新教徒的信心。

　　佩兰有此信心并不是毫无道理的。虽然《韦尔多教派史》无
论从观点还是内容来看都算不上上乘之作，但凭借新教教会的支
持，这本著作在相当长的时间里流传于法国甚至整个欧洲的新教
文人之中，影响着他们对自我信仰的认知。直到半个世纪后，另
一位新教牧师让·莱热（Jean Léger, 1625—1670）的《皮埃蒙
特或沃杜瓦山谷福音教会简史》（*Histoire generale des Eglises
Evangeliques des Vallees de Piémont; ou Vaudoises*）才开始接替
《韦尔多教派史》，成为新教知识精英关注的新焦点。与佩兰情
况相似，莱热也是受1646年韦尔多派教务会议的委托撰写这部
著作的。在这之前，图尔（Tour）的牧师皮埃尔·吉勒（Pierre

---

① Jean-Paul Perrin, *Histoire des vaudois*, livre 1, p.8.
② Jean-Paul Perrin, *Histoire des vaudois*, livre 2, p.153.
③ Jean-Paul Perrin, *Histoire des vaudois*, livre 1, pp.9–10.

Gilles, 1571—1646 ？）也出版过一部韦尔多教派史，^①但显然并没有在新教内部引起大的反响，而莱热的任务则是接续吉勒的工作。经历过 1655 年沃杜瓦复活节屠杀^②的莱热满怀"对珍爱的故乡的责任"投入这项工作，并宣称，他的著作将上溯到比吉勒和佩兰所言更遥远的时间，揭示韦尔多派的"真正起源"。^③

在莱热生活的时代，新教徒已经习惯听到韦尔多派和阿尔比派与新教之间有传承关系的说法。对"出身于一个古老的韦尔多派家族"^④的莱热而言，新教所代表的基督教会的传承从未间断绝不只是一个空泛的论断，而是经由韦尔多派见证的不容辩驳的事实。这位韦尔多派牧师相信，基督教会至少从都灵的克劳德（Claude de Turin, ?—827 或 828）生活的时代就已开始分裂并趋于崩溃。罗马教会虽然日趋堕落却势力庞大，因此真正的福音教会不得不隐藏起来静待希望，韦尔多派与其追随者^⑤阿尔比派、皮埃尔·德·布吕和洛桑的亨利的门徒以及罗拉德派则是被迫藏匿者的代表。这样的叙事模式在 17 世纪中叶其实已算老生常谈，不过莱热对韦尔多派起源的分析却让他的著作在一众展现韦尔多

---

① Pierre Gilles, *Histoire ecclesiastique des eglises reformees, recueillies en quelques valees de Piedmont, & circonvoisines, autrefois appelees Eglises Vaudoises, commençant des l'an 1160 de notre Seigneur, & finissant en l'an mil six cents quarante trois* (Genève : Jean de Tournes, 1644).

② 1655 年 4 月，居住在皮埃蒙特地区沃杜瓦山谷的韦尔多派遭到天主教军队屠杀，许多韦尔多派信徒被迫流亡。

③ Jean Léger, *Histoire generale des Eglises Evangeliques des Vallees de Piémont; ou Vaudoises* (Leyde : Jean Le Carpentier, 1669), Lettre de l'auteur à ses Compatriots des vallees de Piemont.

④ Jean Jalla, *Glanures d'histoire vaudoise*, 1936,http://www.regard.eu.org/Livres.11/Glanures histoires_vaudoises,最后访问日期：2024 年 3 月 20 日。

⑤ Jean Léger, *Histoire generale des Eglises Evangeliques des Vallees de Piémont*, p.18.

190

派历史的作品中颇为独特。

　　与之前大多数作者将韦尔多派之名归因于创始人里昂商人皮埃尔·瓦尔多不同，莱热认为韦尔多派的聚居地沃杜瓦山谷（les vallées vaudoises）才是这个教派名称的真正由来。对"vaudois"的词源研究 [①] 更是让他坚信，韦尔多派在皮埃尔·瓦尔多传道前就已经在沃杜瓦山谷出现。不过，从严格意义上来说，这里所说的韦尔多派并不是我们惯常讨论的"异端"。根据莱热的研究，起初"vaudois"只是用来称呼在沃杜瓦山谷居住的居民，如同阿尔比城的居民被称为"阿尔比人"，皮卡第的居民被称为"皮卡第人"一样。"vaudois"究竟从什么时候开始被用来称呼一个有某种信仰的群体虽已不可考证，然而随着"朗格多克主教座堂所在地阿尔比城随处可见来自沃杜瓦山谷的韦尔多人，而且他们还在这里公开传布福音教义，反对罗马的各种迷信行为，人们就不会再像以前一样认为阿尔比人只是阿尔比城居民的称呼，反而会将信仰某种教义的人叫作阿尔比人"，因此，"一旦沃杜瓦山谷居民公开对抗教皇，一个韦尔多人或是一个异端分子在罗马那些先生们口中就是一回事了"。[②] 如此，依照莱热的逻辑，"不仅晚于在山谷或其他地区出现和盛行的瓦尔多的思想从未被冠之以韦尔多之名，就连真正信奉这些思想的人也并未以此

　　[①]　莱热相信，"vaudois"一词应该源自"Vaux"或"Val"（很可能是拉丁词语 vallis 的缩写），其拉丁词源均指山谷或山谷居民。从这个意义上来说，有些作品中提及韦尔多派时会出现诸如"vallenses"或"valdenses"的写法也就不难解释了。参见 Jean Léger, *Histoire generale des Eglises Evangeliques des Vallees de Piémont*, pp.16–17。

　　[②]　Jean Léger, *Histoire generale des Eglises Evangeliques des Vallees de Piémont*, pp.17–18.

闻名于世"。①

那么，韦尔多教会究竟起源于何时？莱热的答案是使徒时代。②因为在他看来，韦尔多派"如实保存了真正的古代信仰，他们并不是想要脱离那个可悲地把异教思想混入基督教信仰的教会，只是想隐入山中，就如同摩西在金牛犊出现之前前往西奈山一样"。③于是，中世纪里昂的韦尔多派进入沃杜瓦山谷避难就是一种合流，而16世纪山谷的韦尔多派被新教接纳则是胜利的回归。因此，对于莱热而言，根本不需要去严肃界定韦尔多派与新教之间的关系，因为他们在本质上没有区别，维护前者就等于保护后者。在面对天主教徒质疑新教不够古老时，这位韦尔多派牧师的确就是这样回答的："罗马的先生们给出了如此多关于韦尔多派信仰源自古代的见证……那么，他们要么证明新教与韦尔多派无关，以便将之归入新生事物，要么承认新教与韦尔多派是一样的，将路德和加尔文开创的进程扩展到更遥远的时空，但如此一来，他们对我们的教会缺乏古老性的指控就站不住脚了。"④这样的论证无疑带有些诡辩色彩，但又似乎确实为解决这个问题提供了一个可供选择的路径。

---

① Jean Léger, *Histoire generale des Eglises Evangeliques des Vallees de Piémont*, p.13.

② 莱热并不是第一个提出这种看法的人。在他之前，皮埃尔·吉勒也表达了类似观点。尽管吉勒坚持认为韦尔多派的名称源于皮埃尔·瓦尔多，但来自里昂的韦尔多派会选择退避沃杜瓦山谷在他看来却绝不是毫无缘由，因为韦尔多派信奉的思想是这里的人从使徒时代开始就一直在信奉的。参见 Pierre Gilles, *Histoire ecclesiastique des eglises reformees*, 1644, p.8。

③ Jean Léger, *Histoire generale des Eglises Evangeliques des Vallees de Piémont*, pp.179–180.

④ Jean Léger, *Histoire generale des Eglises Evangeliques des Vallees de Piémont*, p.175.

由于曾经见证沃杜瓦山谷的韦尔多派遭受压迫甚至屠杀，莱热对罗马教会的反感极为明显。尽管写作《皮埃蒙特或沃杜瓦山谷福音教会简史》的目的并不是与天主教护教者辩论，但在提及罗马教会及其拥趸时，作者往往言辞辛辣，甚至有些刻薄。因此，这本著作一经出版就引发了罗马教廷不满，要求各地教会销毁此书。大概也是出于这个原因，在此后很长一段时间里，这本书都没有再版或被翻译为其他语言。不过，与佩兰的《韦尔多教派史》一样，因为有新教会和韦尔多派教会的支持，《皮埃蒙特或沃杜瓦山谷福音教会简史》在新教内部应该依然有稳定而广泛的受众群体，这也使莱热的观点能够继续在新教世界传播并对新教徒的认知产生影响，而借由这种方式，阿尔比派也在新教的观念体系中得以留存。

从以上例子便可看出，17世纪，将阿尔比派和韦尔多派纳入新教会的历史进程中已逐渐成为新教作者的惯常做法，而且其中往往伴随对阿尔比派和韦尔多派的混淆。或者应该说，作者们之所以能够毫无障碍地接受阿尔比派和韦尔多派与新教之间的谱系关系，是因为他们有意无意地将这两个中世纪教派混为一谈，从而为叙事中可能出现的矛盾和断裂扫清了障碍。

值得玩味的是，从中"得益"的不仅是新教学者，还有天主教作家。路易·莫雷里（Louis Moréri，1643—1680）便是其中一位。他于1674年开始出版《历史大辞典》，并为阿尔比派和韦尔多派分别设了词条。在第一版中，莫雷里的介绍尚有些含混。他称阿尔比派是摩尼教的残余，信奉二元论，否定基督教的核心教义；讲到韦尔多派时，则描述说某个叫作奥利维耶（Olivier）的韦尔多派信徒将韦尔多派教义传入朗格多克的阿尔比地区，由此形成了引发十字军征讨的阿尔比派。[1]但到 1681 年第二版出版时，莫雷里一改之前只把阿尔比派定义为摩尼教残余的做法，明确宣称阿尔比派"就是韦尔多派，他们是皮埃尔·瓦尔多或皮埃尔·德·沃（Pierre de Vaud）的门徒，之所以这样叫是因为他来自里昂附近罗讷河流域多菲内一个名为沃的村庄"。[2]由此，阿尔比派与韦尔多派的故事被钩连了起来。皮埃尔·德·沃这位里昂商人因为传播错误思想——特别是人人皆可传教的观念——遭到驱逐，而他为了报复教会，到处宣扬自己的理念，"多菲内和萨伏伊山脉为他提供了庇护，那些可憎的观念在这些地方逐渐根深蒂固，以至于无法拔除"，更有甚者，"这些思想从那里开始传播到了邻近地区，被朗格多克阿尔比教区一个叫作奥利维耶的人接受"，"正是在这里，这种思想引发了如此多的纷乱不和，流血冲突持续了近一个世纪"。既然阿尔比派是韦尔多派的后裔或支系，那么韦尔多派与新教之间的渊源自然也被移植到阿尔比派身上，于是作者不再犹豫，明言这些"异端"教义"与加尔文宗信奉的几乎完全相同，后者承认前者是他们的前辈先驱"。[3]

与莫雷里相比，路易·曼布尔（Louis Maimbourg, 1610—1686）的思考显然更有针对性。他的《加尔文教派史》（*Histoire du Calvinisme*）旨在从历史中寻找证据证明加尔文宗是过去"异端"的后裔，其中便包括韦尔多派以及它的分支阿尔比派。"这

[1] Louis Moréri, *Le Grand dictionnaire historique, ou le mélange curieux de l'histoire sacrée et profane* (Lyon : Jean Girin & Barthelemy Riviere, 1674), pp.66, 1315.

[2] Louis Moréri, *Le Grand dictionnaire historique, ou le mélange curieux de l'histoire sacrée et profane* (2e édition), tome 1 (Lyon : Jean Girin & Barthelemy Riviere, 1681), p.129.

[3] Louis Moréri, *Le Grand dictionnaire historique*, tome 1, 1681, p.129.

些异端因为人们的蔑视被削弱，几乎被消灭，却在近两个世纪后重获新生，无论是威克里夫，还是约翰·胡斯和布拉格的杰罗姆，都从其中获取了他们想要的思想，也加入了些更为细微的元素"，[1] 在他们之后，路德和加尔文同样吸收了这些早期教派的观念。因此，曼布尔认为，严格说来，改革教会信奉的是"所有这些人错误思想的杂烩"，其中，韦尔多派尤其应该得到关注，因为那个创建了"如此无趣却极符合他本人性情的教会"的加尔文，无疑就是"有史以来最愚蠢无知的异端，那个里昂商人皮埃尔·瓦尔多的门徒"。[2]

尽管佩兰、莫雷里等学者一直在试图厘清和阐扬他们理解中的阿尔比派和韦尔多派，但整体而言，无论是天主教还是新教作者其实都更偏向于以笼统的方式"使用"阿尔比派和韦尔多派的历史。其中，新教牧师夏尔·德雷兰古（Charles Drelincourt，1595—1669）的观点便颇有代表性。德雷兰古从 1620 年担任巴黎-沙朗通（Paris-Charenton）教会牧师开始，就致力于维护新教会的利益，并为此撰写了多部著作。1644年在沙朗通举行的新教全国教务会议甚至因为他"为捍卫真理、抚慰信众而发表的那些著作发挥了很大的作用"而特地对他表示了感谢。[3] 德雷兰古在论辩中为维护新教利益展现出的坚定信念的确为他赢得了教友的称赞支持，却也引发了天主教徒普遍的愤慨，以至于"新的迫害者的修会（指耶稣会）对他深恶痛绝，在长达三十年的时间

---

[1] Louis Maimbourg, *Histoire du Calvinisme* (Paris : Sebastien Mabre-Cramoisy, 1682), p.69.

[2] Louis Maimbourg, *Histoire du Calvinisme*, pp.70–71.

[3] Jean Aymon, *Tous les synodes nationaux des églises réformées de France*, tome 2, p.748.

里竭尽所能试图让他陷入不幸"。[①] 即便如此，这位牧师依然坚定相信，新教才是真正建立在圣言基础上的宗教，其合法性不仅源自其正确的信仰，更有赖于从未中断的反罗马教会的运动向世人展现的改革教会的历史连续性。在这种信念的支撑下，面对天主教护教者的攻击，德雷兰古显得极为自信。他在著作中不仅以轻蔑的口吻把他的对手比作苍蝇，讥讽他们"尽管被赶走也会再回来，永无停歇地骚扰你"，并且坦言自己之所以要把这些争议都写出来，就是为了让新教徒能够"从中找到各种防御武器，作为对抗这个时代毒素的解毒剂"，同时也可以此让敌人"羞愧不已"。[②]

在他的主要著作《当下宣教士主要异议问题随谈录》（*Dialogues familiers sur les principales objections des missionnaires de ce temps*）中，德雷兰古汇集并讨论了新教徒与天主教徒论辩时遇到的各种问题，尤其是新教的永续性问题。路德之前，改革教会并不存在吗？德雷兰古没有直接回答这一问题，但他提醒宣教士，宗教（Religion）和教会（Église）是有区别的：由凡人构成的教会必不会永久存在，新教徒信奉的宗教却正好相反，它古老的历史在圣经中昭显，过往出现的信徒——新教徒的先辈——则是它一直在"改革教会"，"令基督教信仰恢复纯净和光彩"的明证。[③] 而且这些先辈所做，在德雷兰古看来，只是按照圣经所言，保留古老的事物，拒绝所谓新奇的东西，毕竟如果以圣经为依据，罗

---

① Élie Benoist, *Histoire de l'Édit de Nantes*, tome 2 (Delft : Adrien Beman, 1693), p.557.

② Charles Drelincourt, *Dialogues familiers sur les principales objections des missionnaires de ce temps* (Genève : Pierre Chouët, 1648), Préface.

③ Charles Drelincourt, *Dialogues familiers sur les principales objections des missionnaires de ce temps*, p.38.

马教会的"新发明"是很容易被辨别出来的。实际上,欧洲历史
上对罗马教会所犯过错和滥用权力的抗议比比皆是,近几个世纪
有韦萨利亚的让(Jean de Vesalia)、[①]波西米亚的胡斯和布拉格的
杰罗姆、英国的威克里夫,更早的时代有皮埃尔·瓦尔多、皮埃
尔·德·布吕、图卢兹的亨利以及昂热的主教代理贝朗热(即图
尔的贝朗热)。

　　阿尔比派自然也不会从这份名单中缺席,因为他们不仅同样
是反罗马教会运动的成员,其信仰与新教的信仰也是一致的。德
雷兰古显然将这视为无可置疑的事实,在面对对手的质疑时,他
近乎嘲弄地回应说,"我没有必要继续坚持证明我们因上帝的恩
典和怜悯而笃信的福音与古代的阿尔比派是相似的,你们肯定能
够从已故的让·杜·蒂耶那本《阿尔比异端战争简史》找到这个
问题的答案"。[②]当然,这位作者也没有忘记讲述这些异议者的
苦难,尤其是他们受到的残酷迫害,不过他坚信,这些"恶龙喷
出的暗流"并没有使"上帝从天上点燃的爱和福音真理之火"熄
灭,"许多火花分散到了欧洲各地,一直闪耀着光芒",直到改革
教会的到来。"从敌人狂怒中逃脱的可怜的韦尔多派和阿尔比派"
就是这些火花的代表,根据德雷兰古的叙述,他们"四散到了世

[①] 此人应为韦塞尔(Wesel,也写作 Wesalis, Vesalia)的约翰内斯·鲁赫
拉特(Johannes Ruchrat, 1425 ?—1481),15 世纪德国神学家,因一些
错误想法接受宗教裁判所审查,被判处在一间修道院忏悔直至去世。参
见 Pierre Bayle, *Dictionnaire historique et critique*, 4e édition (revue,
corrigée et augmentée avec la vie de l'auteur par Pierre des Maizeaux),
tome 4, article « Jean de Vesalia » (Amsterdam et Leyde: P. Brunel,
1730), pp.438–439。

[②] Charles Drelincourt, *Dialogues familiers sur les principales objections des
missionnaires de ce temps*, p.90.

界各地，并将福音的神圣种子播撒了出去"，于是，人们先后在普罗旺斯、皮埃蒙特、皮卡第发现了韦尔多派信徒，甚至他们还成了英国人威克里夫的引路人。[①]

从图尔的贝朗热到阿尔比派和韦尔多派，到威克里夫，到胡斯，再到 16 世纪的改革教派，德雷兰古虽然没有打算为新教构建出一个完整的家族谱系，但的确勾画出了一个囊括 11 世纪以来所有教会反对者的特殊群体的轮廓。这个群体中的所有成员都信仰一种教义，即基督教的福音教义，即便他们分布在不同时空，但其同源关系在这位牧师眼中显然是毋庸置疑的。数年后，在给重新皈依天主教的黑森 - 莱茵费尔斯领主欧内斯特亲王（Ernest de Hesse-Rheinfels, 1623—1693）的信中，德雷兰古再次提及韦尔多派和阿尔比派，并且依然坚定认为，所有对这些"可怜人"的指控和谴责都是旨在"抹黑神圣的上帝仆从"的诽谤。不过这一次，他明显考虑了更多的可能性，因而指出"要么，韦尔多派和阿尔比派与我们的信仰是相同的，如此一来，他们就是正统的基督徒，那些为信仰而死的人便是真正的耶稣的殉道者；要么，他们的思想中的确混入了一些黑暗的东西，一些异端观念，这种情况就让我们更有充分的理由去赞美上帝，因他教给我们的信仰要比他们的更纯洁也更完善。总之，我们是用规条来自我规范，而非范例"。[②]虽然德雷兰古看似在两个教派的问

---

① Charles Drelincourt, *Dialogues familiers sur les principales objections des missionnaires de ce temps*, pp.96–97.

② Charles Drelincourt, *Reponse de Charles Drelincourt, a la lettre ecrite par Monseigneur le prince Ernest, Landgrave de Hesse, aus cinq ministres de Paris, qu'ont leur exercice à Charenton* (Genève : Jean Ant & Samuel De Tournes, 1662), pp.454–455.

题上给出了一些回旋余地，但对于这两个群体的身份，他却从未犹疑。1665 年，在经他本人修订增补的《所谓教会改革的古代虚假面目和无效性》(*Du faux visage de l'antiquité et des nullitez pretendues de la Reformation de l'Eglise*) 中，德雷兰古依然将阿尔比派和韦尔多派视为新教徒的"兄弟"，是上帝面前的"两颗珍贵橄榄或金制烛台"，而且相信新教徒完全有理由以他们的存在来反驳天主教关于新教毫无根基的责难。[①] 事实上，德雷兰古的想法代表了多数新教作者的意见，而作为 17 世纪知名作者，他对阿尔比派、韦尔多派与新教之间若虚若实的谱系关系的坚持也推动了这种观点的继续流传。[②]

对于新教接纳阿尔比派进入改革教会谱系并利用阿尔比派来完成建构自身历史的行为，彼时的思想界并非没有反对的声音。1604年，历史学家雅克 - 奥古斯特·德·图（Jacques-Auguste de Thou, 1553—1617）出版《1543—1607 年的世界史》(*Histoire universelle de Jacques-Auguste de Thou depuis 1543 jusqu'en 1607*) 一书，在讲述 1545 年韦尔多派被屠杀的事件时，不可避免地提及了阿尔比派。他没有直接采纳同时代大多数学者的看法，将这两个教派与改革教会混为一谈，而是向读者坦言，与阿尔比派相关的资料极少，有关信息只是告诉人们，这个教派

---

① Charles Drelincourt, *Du faux visage de l'antiquité et des nullitez pretendues de la Reformation de l'Eglise, seconde edition, reveuë & augmentée par l'auteur* (Genève : Jean Ant & Samuel De Tournes, 1665), pp.29,59.

② 德雷兰古的一些作品甚至"再版四十余次，并被翻译成德语、佛拉芒语、意大利语和英语等各种语言"，相关讨论参见 Pierre Bayle, *Dictionnaire historique et critique*, 4e édition (revue, corrigée et augmentée avec la vie de l'auteur par Pierre des Maizeaux), tome 2, article « Charles Drelincourt » (Amsterdam et Leyde : P. Brunel, 1730), p.310。

在阿尔比城出现，信奉者很快遍布图卢兹周边地区，这种情况对天主教徒十分不利，以至于当教皇和法王共同发起十字军时，连当地居民都拿起武器准备捍卫信仰。在他的讲述中，阿尔比派与韦尔多派的关系同样十分密切，因为皮埃尔·瓦尔多的信徒有许多称呼，他们"在法国经常被叫作里昂穷人派、阿尔比派，在其他地方由于不同原因，也被称为流浪者（Passagers）或特拉蒙坦派（Tramontains）、巴塔林派（Patureniens）、伦巴底人、蒂吕潘派（Turlupins）、懒人派（Chaignards）"，不过这位作者认为，没有证据表明这些人都出自同一教派，遑论他们与 16 世纪的改革教派存在关联。[①] 德·图似乎从未打算在这三个教派的相似性或谱系问题上穷根究底，对他而言，关键仍是要描述真正发生过的事情，如 1545 年的事件，谈及韦尔多派的诸多别名以及阿尔比派最多只能算是几句离题之语。

如果说德·图是以一种疏离的态度隐晦表达自己对新教利用过去做法的怀疑，被誉为"莫城之鹰"（Aigle de Meaux）的雅克-贝尼涅·波舒埃（Jacques-Bénigne Bossuet, 1627—1704）则是旗帜鲜明地对此提出了异议。1688 年，波舒埃出版了多卷本《新教教会变迁史》（*Histoire des variations des églises protestantes*）。对于创作意图，这位 17 世纪最著名的天主教作家、神学家是这样解释的："如果新教徒深入了解他们的教会是怎样形成的，他们的信仰信条在制定过程中曾经历过多少变动反复；他们是如何先是与我们，其后在内部产生分歧，其间又曾经

---

① Jacques-Auguste de Thou, *Histoire universelle de Jacques-Auguste de Thou depuis 1543 jusqu'en 1607*, traduite sur l'édition latine (dont le premier volume apparaît en 1604) de Londres, tome 1 (Londres : s.n., 1734), p.411.

以多少微妙、迂回和含混不清的方式试图弥合这些分歧，让那些在四分五裂的改革中离散的信徒们重新聚合在一起。（他们就会知道，）这场他们称颂不已的改革并不令人满意，坦率地说，它只会引发人们对他们的鄙视。我想要讲述的就是这些变动、含混以及诡计的历史。"[1] 从某种意义上来说，波舒埃的确成功实现了这一目标。

《新教教会变迁史》共分15卷，囊括了天主教和新教之间几乎所有有争议的论题，无论是教义的、仪礼的还是历史的。此书出版之时，阿尔比派、韦尔多派与新教的关系显然已经成为不可回避的问题，以至于作者不得不大费笔墨对此予以评述，这部新教史的第十一卷"阿尔比派、韦尔多派、威克里夫以及胡斯派简史"也因此得名。对此，波舒埃给出的理由是："虽然我要探讨的是新教历史，但我相信在某些章节中需要追溯到更久远的时期；面对韦尔多派、胡斯派与加尔文派和路德派的联合，我们不得不了解这些教派的源头及其思想，展现他们的起源，将之与人们意图混淆的群体区分开来，揭露皮埃尔·德·布吕和阿尔比派的摩尼教传承，以及韦尔多派如何从中出现；（我们还要）讲述从威克里夫一直到胡斯及其信徒的不敬和亵渎。总而言之，让那些因这些前人感到自豪的人知道，这些教派分子带来的只是耻辱。"[2] 波舒埃这番驳斥所针对的，无疑是新教会为了彰显古老性而将过去的异端——尤其是韦尔多派和阿尔比派——归入其先辈列的行为。讲到这个问题时，波舒埃言语之间充满了讥讽，

---

[1] Jacques-Bénigne Bossuet, *Histoire des variations des églises protestantes*, tome 1 (Paris : Veuve de Sebastien Mabre-Cramoisy, 1688), Préface.

[2] Jacques-Bénigne Bossuet, *Histoire des variations des églises protestantes*, tome 1, Préface.

他讽刺新教为了达成目标几乎汇集了所有罗马教会的异议者，"只要他们曾对教会的信条稍有微词，或是曾直接对教皇表达埋怨之情"，那么"无论他们在何处，抑或究竟抱持什么样的想法，都会被算作新教的先辈，被认为是在维持新教的传承"。①而新教对韦尔多派和阿尔比派的特别关注在作者看来也不难解释，毕竟"韦尔多派和阿尔比派形成了独立于罗马的教会"，所以急于寻找自身谱系的新教徒自然愿意将自己视为那一教会的延续而不仅是没有直接联系的后辈。②然而无论新教徒如何论证强调这些关联，在波舒埃眼中它们都不过是毫无根基的空中楼阁，而这位作者已经准备好戳破那些人的美好幻想。

对于阿尔比派，波舒埃的观点非常明确：他们是曾经在法国南部生活的"新的摩尼教徒"。为了证明这一点，他盘点了大量文献证据，描绘了一幅摩尼教从东方传播到西方的图景，以及他们在各地呈现出的共同特征，尤其是其二元论信仰。这一过程涉及不少著名的宗教团体，包括出现在亚美尼亚和保加利亚的保罗派，出现在意大利的纯洁派和英国的波普利安派，当然还有法国的阿尔比派。作者由此断言，"这些全部都是源自保加利亚的摩尼教徒，只是名称不一且常常会有一些差别而已"。③从这样的论断出发，阿尔比派的"异端"性质几乎无可辩驳，那么"新教徒究竟为什么要为这些罪人辩护"呢？波舒埃的解释是，他们之所

---

① Jacques-Bénigne Bossuet, *Histoire des variations des églises protestante,* tome 2, pp.156–157.

② Jacques-Bénigne Bossuet, *Histoire des variations des églises protestante,* tome 2, pp.157–158.

③ Jacques-Bénigne Bossuet, *Histoire des variations des églises protestante,* tome 2, p.310.

以这样做，主要是寻找源起和先人的渴望太过强烈，以至于蒙蔽了这些人的理智。不过在他看来，选择阿尔比派显然是新教的一个错误决定，毕竟其教义与"臭名昭著的摩尼教"太过相似。[①]

而韦尔多派则是另一回事。和当时许多作者不同，波舒埃坚持应该把韦尔多派和阿尔比派区分开来，[②]如果说阿尔比派源自摩尼教这一真正的异端派别，那么韦尔多派尽管有错，却与摩尼教毫无关系，因为这些人信奉的教义本质上与天主教几乎没有差别。当然，韦尔多派也并非凭空出现，在波舒埃眼中，他们的许多观念都"有类于多纳图派（le Donatisme），但与早先在非洲引发冲突的那些人不同"，其最为致命的错误在于与多纳图派一样，认为"在圣礼中行事者的功德比其身份和品格更重要"。[③]无论此说是否正确，一个不争的事实是，比起对阿尔比派的态度，这位主教对韦尔多派显然是充满同情的，认为"（他们的错误）并无与事实相悖的地方，即使是在他们与我们最细微的差别，甚至在他们应该受到质疑的最无关紧要的事项上也是如此"。[④]不过，作者接下来很快指出，与阿尔比派生活在同一时代的韦尔多派和宗教改革时期加入新教的韦尔多派是有区别的。那些信奉皮埃尔·瓦尔多或多纳图派教义的人至少并没有犯下极端过分的错误，而16世纪的韦尔多派却在原本的教义中加入了源自新教的

---

① Jacques-Bénigne Bossuet, *Histoire des variations des églises protestante*, tome 2, p.318.

② Jacques-Bénigne Bossuet, *Histoire des variations des églises protestante*, tomo 2, p.362.

③ Jacques-Bénigne Bossuet, *Histoire des variations des églises protestante*, tome 2, pp.329–330.

④ Jacques-Bénigne Bossuet, *Histoire des variations des églises protestante*, tome 2, p.334.

思想，并旗帜鲜明地站到了天主教会的对立面。在波舒埃看来，这样的转变明显暴露了涉入其中起着推动作用的新教徒的险恶用心。"新教徒显然不准备追随韦尔多派，而是要改变他们，以改革派的方式改造他们"，但这其实是在自掘坟墓，因为如此一来，"这些被他们视为先人前辈的韦尔多派无疑成了他们的继任者或是被他们的信仰所吸引的新的追随者"，反而不能再继续扮演引领他们走上"纯净信仰"之路的先驱者的角色。[①]

　　波舒埃应该是第一个明确质疑将阿尔比派和韦尔多派混淆这一做法的学者。后世研究者提及此类混淆时往往将之归于对两个教派教义缺乏了解，或是对文本的掌握不够甚至是难以解读，[②]但这些推论于波舒埃而言想必都未切中肯綮。毕竟在他眼中，无论是在中世纪还是于16世纪重现人前之时，韦尔多派都和阿尔比派存在着明显差异，由此，自宗教改革开始众多作者如此频繁地将它们混为一谈就惹人生疑，其别有用心之处昭然若揭。波舒埃甚至借此取笑了一番新教徒做法的拙劣。他指出，阿尔比派和韦尔多派在某种程度上的确能满足新教徒的需要，一方面，这两个教派与罗马教会的其他异议者不同，它们都以各自的方式形成了独特的组织结构，就如同新教徒所做的一样；另一方面，由于缺乏关于其起源的可靠证据，它们的出现有可能被追溯到更久远的过去，这同样契合了新教徒希望将其根源追溯到原初时代的心理。于是，"被自身教会历史过短所折磨"的改革者们极力隐藏

[①] Jacques-Bénigne Bossuet, *Histoire des variations des églises protestantc*, tome 2, pp.349, 355.

[②] 参见 Euan Cameron, "Medieval Heretics as Protestant Martyrs", in Diana Wood ed., *Martyrs and Martyrologies* (Cambridge, Massachusetts: Blackwell Publishers, 1993), pp. 185–207.

阿尔比派和韦尔多派的真实情况，将它们描述为"同一个异端教派（尽管明知它们是不一样的），以免信徒们在他们的先辈中发现过于明显的抵牾"。[①]不仅如此，混淆阿尔比派和韦尔多派还能将阿尔比派身上的摩尼教标签一并去掉，以不伤及新教根本的方式为新教增加一段有分量的历史，这样的混淆当然会得到新教作家青睐。不可否认，波舒埃的这番推断的确为破除之前新教作者努力论证的阿尔比派、韦尔多派与新教之间的亲缘关系提供了有力的思想武器。然而尽管力证三者的不同，波舒埃却在事实上将它们归入同一范畴。因为无论阿尔比派和韦尔多派是否是同一个教派，无论新教徒抱持何种目的建构起新教与两个中世纪异端教派的关系，这三个教派的信仰者在波舒埃那里都是罪人，他们犯了"革新"（innovation）这一罪行，如波舒埃所说，"我们在审判中说出他们的名字，其实是给出了犯同一罪行的共谋者，而非能够合法证明其无辜的证人"。[②]

作为当时最有名望的天主教神学家的作品，《新教教会变迁史》毫无意外地在基督教世界大获成功，从首次出版直到18世纪末，这部著作先后被翻译成拉丁文、意大利文、英文、德文和西班牙文，并多次修订、重印。[③]不过，在引起众多文人学者广泛关注的同时，这本书也在法国和其他欧洲国家引发了一系列的讨论和争议。

---

① Jacques-Bénigne Bossuet, *Histoire des variations des églises protestante*, tome 2, p.275.

② Jacques-Bénigne Bossuet, *Histoire des variations des églises protestante*, tome 2, p.157.

③ 关于波舒埃著作的出版和流传情况，参见 Alfred Rébelliau, *Bossuet, historien du protestantisme : étude sur l'Histoire des Variations et sur la controverse entre les protestants et les catholiques au dix-septième siècle* (Paris : Hachette, 1891), pp.328-329。

最为坚决激烈反驳波舒埃的论断的，是移居鹿特丹的牧师雅克·巴纳热·德·博瓦尔（Jacques Basnage de Beauval, 1653—1723）。不过，这位牧师的驳斥除了重复其教友曾讲述的东西和使用的策略外，并无多少标新立异之处。尤其在阿尔比派和韦尔多派的问题上，巴纳热援引大量文献后得出结论说，"韦尔多派和阿尔比派在所有方面都存在共性：名称、事实、教义、加诸他们的责难诽谤、迫害，甚至战争也由他们共同承担，因此应该承认，他们是同一个群体"。[1] 在此之后，则需论证阿尔比派和韦尔多派的纯洁无辜，而要实现这一目标，于巴纳热而言，关键仍在于辨明有形和无形教会，认清它们之间始终存在的对立。"（我们）应该意识到，它（教会）已失去可见的形态，不再是山巅之城，只是有赖于那些隐藏起来的少数信徒才得以辨识"，而为了使它"以更耀眼的方式显现人前"，上帝"在错误战胜真理的时候，虽令阿尔比派出现，却让它戴上了镣铐，处处受阻"。[2] 由此，阿尔比派无疑应被归入"无形教会"，而它的失败其实只是真理教会"以更辉煌的方式回归"的必由之路。至于波舒埃著作中把阿尔比派看作摩尼教徒的做法，巴纳热是以一种略带嘲弄的方式进行反驳的。他引用了皮伊洛朗的纪尧姆撰写的《编年史，1203—1275》，并指出，虽然在这位编年史家笔下，阿尔比派引发了南方的混乱，但作者还是"诚实"说明了当时既"有阿里乌斯派，（也）有摩尼教徒，还有韦尔多派或里昂穷人派"。[3] 尽管

---

[1] Jacques Basnage de Beauval, *Histoire de l'Eglise, depuis Jesus-Christ jusqu'à present*, tome 2 (Rotterdam : Reinier Leers, 1699), p. 1421

[2] Jacques Basnage de Beauval, *Histoire de la Religion des eglises reformees*, tome 1 (Rotterdam : Abraham Acher, 1690), p.100.

[3] Guillaume de Puylaurens, *Chronique, 1203–1275*, p. 25.

只有这一份"证言",巴纳热仍信心十足地讽刺了波舒埃，[1]"我愿意相信莫城的这位先生从未读过这位作者的作品，否则他就会满怀真诚地引用这位作者，或者干脆删掉他的第十一卷"。

除了巴纳热，移民英国的牧师皮埃尔·阿利克斯（Pierre Allix, 1641—1717）也于 1690 年和 1692 出版了两本著作反驳波舒埃的观点。[2]不过，阿利克斯并未如巴纳热一般从教会整体史的角度揭示波舒埃的错误，而是直接为阿尔比派和韦尔多派辩护。因为在他看来，"为韦尔多派和阿尔比派辩护，事实上就是在为宗教改革和改革派信徒辩护，正是这些人在我们之前很久就已经以堪为典范的勇气努力维护着古老的基督教信仰，而罗马教会却一直试图铲除他们，以一个信仰不纯的假的基督教取而代之"。[3]阿利克斯显然并不认为阿尔比派和韦尔多派的清白有瑕，反而坚持认定他们和后来的新教徒所走的都是"通往上帝的正确道路"。虽然这位牧师并不将这两个教派视作同一群体，但他坚信，它们信奉的是相同的教义，而且这一信仰与"曾受到魔鬼诱惑的最放纵的异端"摩尼教毫无关系。[4]他宣称，阿尔比派和韦

① Jacques Basnage de Beauval, *Histoire de l'Eglise, depuis Jesus-Christ jusqu'à present*, tome 2 (Rotterdam : Reinier Leers, 1699), p. 1409.

② 它们分别是 1690 年出版的《关于皮埃蒙特古代教会史的一些看法》（*Some Remarks upon the Ecclesiastical History of the Ancient Churches of Piemont*）和 1692 年出版的《古代阿尔比教会史述评》（*Remarks upon the Ecclesiastical History of the Ancient Churches of Albigenses*）。这两本书首次出版时的出版商均是伦敦的理查德·奇斯韦尔（Richard Chiswell, 1673 –1751）。.

③ Pierre Allix, *Somes remarks upon the ecceslustical history of the ancient Churches of Piemont* (Oxford: Clarendon Presse, 1821), Preface.

④ Pierre Allix, *Somes remarks upon the eccesiastical history of the ancient Churches of Piemont*, p.142.

尔多派都源于原始基督教会，亦即那个在漫长的岁月中"从未中断的真正的教会"，尽管它的信徒曾"遭受最严酷的迫害，但上帝依然仁慈地让他们得以传承，直至宗教改革；虽然常常将他们放置于迫害者的狂暴和野蛮行为中，却也不时让其脱离桎梏，以使他们能够留存至今"。[①] 至于这两个教派之间的具体联系，这位牧师做出了一个与之前众多作者略有不同的解释。以让－保罗·佩兰为代表的作者的观点是，阿尔比派是一些接受了韦尔多派信仰的图卢兹人，而这一切发生在瓦尔多离开后不久。[②] 但阿利克斯并不同意这种看法，他断言，"这些地区（图卢兹地区）的信仰并不是韦尔多派带来的，而是早就存在且得到认同的，因此韦尔多派是加入了那些与他们捍卫着共同信仰的群体，而这些人在他们到此寻求避难前就已存在"。[③]

与巴纳热和阿利克斯相比，他们的教友、新教彼时最杰出的神学家之一皮埃尔·朱里厄（Pierre Jurieu, 1637—1713）对波舒埃的回应显然更为直白干脆。他认为阿尔比派和韦尔多派就是同一个教派，所谓的"阿尔比派"指的是在朗格多克信奉韦尔多派教义的信徒，并毫不犹豫地将他们归入新教殉道者的行列。在朱里厄看来，这两个群体与新教之间的亲缘关系是无须争辩的，毕竟除了"真理的力量"，人们很难解释其中存在的种种巧合，尤其是"在阿尔比派宣讲纯洁福音的省份地区，上个世纪（即16

[①] Pierre Allix, *Somes remarks upon the eccesiastical history of the ancient Churches of Piemont*, p.321.

[②] Jean-Paul Perrin, *Histoire des vaudois, divisee en trois parties*, livre 2 (Genève : Matthieu Berjon, 1618), p.2.

[③] Pierre Allix, *Remarks upon the ecclesiastical history of the ancient Churches of Albigenses* (Oxford: Clarendon Presse, 1821), p.133.

世纪——引者注）的人们很快就皈依了真正的教会"。①正是基于这样的观点，当看到《新教教会变迁史》特意谈及阿尔比派和韦尔多派时，逃亡在外的朱里厄立即在致法国新教徒的《教牧书信》（Lettres pastorales）中对此予以驳斥，坚称针对阿尔比派和韦尔多派的所有责难都是"敌人为损害真理教会及其追随者而进行的虚假诽谤"。

事实上，无论巴纳热、阿利克斯，还是朱里厄，在反驳波舒埃时给出的观点和论证都并不新鲜，甚至可以说在很大程度上都源自他们的宗教热情而非对教理信义的重视，但这并不妨碍新教徒认可他们的看法，继续坚持认为他们与阿尔比派和韦尔多派这两个中世纪教派存在亲缘关系。而在另一方，尽管波舒埃对这一关系的质疑和论证并非全然合理，对阿尔比派和摩尼教关系的解释也绝非无可争议，但他的确触及了问题的核心，而且凭借其声望地位以及在天主教内部的权威将这一问题推到了风口浪尖，为人们对阿尔比派及其与新教关系的热情的消减埋下了伏笔。

2　边缘化的纯洁派故事

18世纪的法国，天主教和新教之间的对抗虽然并未结束，但许多文人学者的研究讨论已不再局限于为各自教会辩护，对于阿尔比派和韦尔多派及其与新教之间关系的关注、争论也越发边缘化。尤其于新教而言，经过近两个世纪的稳定发展，新教教会不再迫切需要为自身的存在竭力辩护，此时它要面对的更紧迫

① Pierre Jurieu, *Histoire du calvinisme, & celle du papisme mises en parallèle*, vol. 2 (Rotterdam : Reinier Leers, 1683), p.198.

的挑战反而是天主教重新焕发的活力以及新教内部在实践中产生的各种问题。在这种情况下，纯洁派的历史尽管依旧被提及，却常常处于受忽视的状态，它与新教之间的亲缘关系也开始模糊不清，甚至逐渐遭到排斥。

在所有文本中，教会史显然是最无法忽略纯洁派这段过去的，然而很多时候，即便是此类著作似乎也不再对这个主题保有与此前时代相一致的兴趣或观点。这一点在克劳德·弗勒里神父（Claude Fleury, 1640—1723）、詹森派史家博纳旺蒂尔·拉辛（Bonaventure Racine, 1708—1755）、荷兰神学家菲利普·范·林博赫（Philipp van Limborch, 1633—1712）和德国神学家约翰·洛伦兹·冯·默斯海姆（Johann Lorenz von Mosheim, 1693 或 1694—1755）的作品中均有体现。

克劳德·弗勒里是波舒埃之后天主教最负盛名的学者，《教会史》（*Histoire ecclésiastique*）是他耗费近三十年时间撰写的一部基督教历史著作。其中，1690—1720 年出版的前 20 卷为弗勒里本人所作，讲述了基督教会从最初到 1414 年的历史沿革，其后 16 卷则由让 – 克劳德·法布尔（Jean-Claude Fabre, 1668—1753）接续创作，于 1726 年至 1738 年出版，主要讲述 1414 年到 1595 年间的历史。《教会史》的出版的确令弗勒里名声大振，却也引来了各方批评，其中许多批评来自他的教友。对这位神父最主要的指责便是"他总是抬高古代教会的地位而让近代的教会处于不利境地"，[1] 除此之外，还有他对历史上罗马教会曾经的野蛮

---

[1] Pierre-Simon Blanc, *Cours d'histoire ecclésiastique : Introduction à l'étude de l'histoire ecclésiastique formant le complément de toutes les Histoires de l'Église* (Paris : Librairie Jacques Lecoffre, 1869), p.140.

行径——如阿尔比十字军——毫不避讳的批评态度。

在弗勒里笔下，阿尔比派的异端身份是确信无疑的，这些人也许以不同的名字——比如纯洁派、巴塔林派——显于人前，但都是摩尼教的残余，因此理应受到惩罚。然而，上帝是否真的会选择十字军作为惩罚这些走上歧路之人的方式，这位天主教史家显然是有所怀疑的。他在《教会史》中明确表示不赞同这种过于血腥的方式，"当我看到西多会的主教和修道院长们率领军队在贝济耶大肆屠杀异端时，当我看到西多会修道院长想处死米内尔贝（Minerbe）的异端却因其修士和神父的身份而不敢公开判决时，当沃德塞尔奈的修士在记载中多次提及，十字军兴高采烈地对那些不幸之人处以火刑时，教会的精神在哪里，我在这一切当中都没有看到"。[1] 也许正是出于这样的义愤，尽管撰述依赖的材料基本来源于天主教史家，尤其是沃德塞尔奈的皮埃尔修士，弗勒里在叙述阿尔比派时却一直保持平和冷静的态度，《教会史》中关于这些异端和阿尔比十字军事件的叙述也由此呈现出不同的风格。比如谈及异端出现时，作者只是淡然表示"法国南部总是受到摩尼教以及较晚的韦尔多派异端的污染"，却并没有对这些异端分子进行指责或攻击。[2] 讲到"上帝的战士以正义之名杀死这些罪人"，摧毁他们的"巢穴"时，弗勒里也只是依照史料重述了战争和冲突过程，而没有像其他天主教作者一样对此感到欢欣鼓舞。

除此之外，对于阿尔比派与新教之间的交错关系，弗勒里和

---

[1]　Claude Fleury, *Histoire ecclésiastique*, tome 16 (Paris : Le Mercier et al., 1751), Quatrième discours sur l'Histoire ecclésiastique, p. xxiv.

[2]　Claude Fleury, *Histoire ecclésiastique*, tome 16, p.19.

他的接续者都奇怪地保持了沉默。两位作者当然不可能对这个此前曾经引发过激烈争论的问题一无所知，之所以选择不加讨论，极有可能是因为他们认同并接受了波舒埃的观点，将阿尔比派与新教之间的亲缘关系视作"荒谬的伪造"，认为这一问题根本不值得被认真对待。无论事实是否真的如此，弗勒里及其接续者的做法都在无形中将基督教世界此前对阿尔比派的关注转移到了对十字军，或者应该说，对作为这一事件主要行为者的罗马教会所思所行的关切上来。如此一来，阿尔比派便不再居于讨论的核心位置，它带给罗马教会和基督徒的反思才是这段历史的关键所在。

与弗勒里相比，詹森派学者博纳旺蒂尔·拉辛在《教会史纲要》（Abrégé de l'histoire ecclésiastique）中针对阿尔比派及其与新教之间关系的问题给出的结论显然更为明确。这位作者与弗勒里一样反感阿尔比十字军的凶残暴力，但这并不妨碍他对基督教历史上从未停止出现的异端的本能抗拒。《教会史纲要》对基督教异端分子的指斥谴责是一以贯之的，其中自然包括声名最为狼藉的摩尼教，而阿尔比派也由此理所当然地被置于基督教信仰的对立面。因为在作者看来，"这些出现在 12 世纪的异端大多是摩尼教的不同分支，到了 13 世纪更是倍增"，其中"规模最大的阿尔比派（更是）集聚了摩尼教的许多支系"。[1] 相对于阿尔比派与摩尼教之间"确定无疑的承继关系"，它与新教之间所谓的密切关联在拉辛眼中不啻无稽之谈，即便大肆宣扬这一联

---

① Bonaventure Racine, *Abrégé de l'histoire ecclésiastique, contenant les événemens considérables de chaque siècle; avec des réflexions*, tome 6 (Utrecht : Aux dépens de la Compagnie, 1750), pp.133–134.

系的不仅有新教作者，还有许多天主教作家。拉辛坚信，新教的出现应该从路德、茨温利和加尔文等改革家那里算起。当然，这些改革思想不可能凭空出现，但若论其萌芽或推动因素，则至多只能追溯到晚近的威克里夫和约翰·胡斯，尤其路德对胡斯及其信徒的同情[①]，更是让作者直接断言，是"威克里夫和约翰·胡斯为可恨的改革者扫清了道路，在 16 世纪让整个教会陷入水深火热之中"。[②]

颇令人玩味的是，一直对异端颇多指责的拉辛在对待韦尔多派时却表现出难得的宽容。他指出，这些信奉来自里昂的皮埃尔·瓦尔多教导的人"起初并无过错，却因不驯一步步走入歧途，开始施行迷信"，不过，虽然他们曾与阿尔比派"一起攻击（罗马教会的）等级秩序、仪礼和戒律"，却从未像"被称为卡塔里（意为'纯洁'）"的阿尔比派那样"意图重复摩尼教的错误"。[③]可见，韦尔多派的罪过，至少在拉辛眼中，比其他异端要轻得多。加之这位史家在总结 13 世纪基督教发展状况时，不断提及罗马教会因傲慢无知、违背"古训"对信仰造成的损害，《教会史纲要》中展现的韦尔多派甚至可以说是一个颇具正面意义的群体，这便与有传统二元论异端"血统"的阿尔比派形成了鲜明对比，从而隔绝了后者在近代基督教历史上继续产生影响的

---

① 根据拉辛的讲述，"当路德得知波西米亚各个邦国已经联合起来，准备承认教皇的权威时，他立即写信提醒他们提防罗马，劝告他们不要背离约翰·胡斯和布拉格的杰罗姆的教导"。参见 Bonaventure Racine, *Abrégé de l'histoire ecclésiastique*, tome 8 (Cologne : Aux dépens de la Compagnie, 1752), p.117。

② Bonaventure Racine, *Abrégé de l'histoire ecclésiastique*, tome 8, p.701.

③ Bonaventure Racine, *Abrégé de l'histoire ecclésiastique*, tome 6, pp.133–134.

可能。

从上述对纯洁派的讨论可以看出，随着现实情况的变化和天主教内部对波舒埃观念的接纳与继承，18世纪的天主教作者在有意无意中几乎全然忽略了16世纪以后学者们在纯洁派问题上的争辩，开始回归天主教会对这个群体的初始判断。这样做并不会给他们带来困扰，因为从一开始，纯洁派就只是天主教论辩的武器之一，即便在一段时间内曾居于重要的位置，却远非不可或缺。与之相比，新教学者在对待和处理纯洁派的问题上无疑要面对更复杂的局面。尽管16世纪改革思想家们曾经与天主教徒争论并最终确定了纯洁派的身份及其与改革教会的关系，整个新教世界却并未就此达成绝对普遍的共识。之后，随着时代变迁和新教境遇的改变，越来越多的质疑集中到纯洁派的摩尼教本源问题上，这段历史也开始逐渐显露出它的负面效应。在这种情况下，最为理性和简单的做法就是把纯洁派从新教历史中剥离出来，而此时，纯洁派与韦尔多派之间的交错关系又吊诡地成为其中的一大障碍。在这个问题的处理上，荷兰抗辩派（les Remontrants）^①学者菲利普·范·林博赫的方法无疑为之后许多新教作者提供了一条可供借鉴的路径。

1692年，菲利普·范·林博赫为他要出版的图卢兹宗教裁

---

① 17世纪初出现在荷兰的改革教会的一支，其领袖为荷兰神学家雅各布斯·阿米尼乌斯（Jacobus Arminius, 1560—1609），因此也被称为"阿米尼乌斯派"。这一派别崇尚个人虔敬和伊拉斯谟的圣经人文主义，强调个人意志，在上帝的拣选和预定论等问题上与加尔文宗产生分歧，曾为此提出抗辩（因此被称为"抗辩派"），最终于1619年被荷兰改革教会驱逐并遭到清洗。不过，抗辩派流亡的时间并不长，1625年后，荷兰政府允许他们回归并建立独立教会。

判所审判记录 [①] 撰写了一篇篇幅很长的导言，即《宗教裁判所的历史》（*Historia Inquisitionis*）。[②] 在这篇长达四卷的导言中，作者不仅以他手中的审讯记录为依据，详尽描述分析了宗教裁判所的管辖范围和审讯、判决程序，还着重讲述了从早期教会直到宗教裁判所时期基督教历史上的宗教迫害情况。之所以这样做，不单单是因为文献的出版"天然"需要相关主题的介绍说明，还因为作者的身份处境带来的忧愤情绪。应该说，正是林博赫的新教徒和抗辩派身份才使他对宗教裁判所以及导致这一机构出现的历史和思想语境产生了兴趣，也正是新教徒和抗辩派曾经身处的弱势和边缘位置才使林博赫将宗教裁判所研究视为一种能够揭示和反对所有压制、迫害，以及不宽容现象的有效途径。[③] 阿尔比派和韦尔多派便是在这样的思想情境下出现在读者面前的。原则上，他们的身份与林博赫述及的其他个人和群体一样，都是受罗马教会压迫和戕害之人，也都是因不服从罗马教会的"权威"而

[①] 即宗教裁判官贝尔纳·居伊 1307—1323 年的审判记录。这一文献应是被某位胡格诺派逃亡者带入荷兰的，并很快引起了包括林博赫和他的密友英国学者洛克在内的新教知识界的关注。1692 年，林博赫将这部宗教裁判所文献与《宗教裁判所的历史》一同出版。相关出版情况，参见 Jean Duvernoy, « L'édition par Philippe de Limborch des sentences de l'Inquisition de Toulouse », *Heresis*12 (1989): 5–12; Christiane Berkvens-Stevelinck, « Philippus Van Limborch et son *Histoire de l'Inquisition* », *Heresis*40 (2004): 155–165。

[②] Philippus van Limborch, *Historia Inquisitionis. Cui subjungitur Liber Sententiarum Inquisitionis Tholosanae ab anno Christi 1307 ad annum 1323* (Amsterdam: Henricum Wetstenium, 1692).

[③] 关于政治和宗教情境对林博赫作品的影响，参见 Luisa Simonutti, "Between History and Politics: Philipp van Limborch's *History of the Inquisition* (1692)", in John Christian Laursen ed., *Histories of Heresy in Early Modern Europe: for, against, and beyond Persecution and Toleration* (New York: Palgrave, 2002), pp. 101–117。

被统称为"异端"的人，不过，作者在论及这两个教派时却特地专设一章。这显然不光是因为他们与宗教裁判所牵涉颇深，还因为他们与改革教会之间的微妙关系使新教知识群体对这两个教派的"了解"颇为深入，以至于林博赫在进行说明时直言，他也很想"知道韦尔多派和阿尔比派是否如新教徒普遍认定的那样属于同一教派"。[①] 由此可见，17世纪新教思想界在看待这两个群体以及他们与新教之间的关系问题上确实有着比较统一的共识。

然而对于上述问题，林博赫在研究宗教裁判所文献后得出的结论却是否定性的。他承认两个教派在某些观念上存在相似性，但也提醒读者，从文献来看，这两个群体无论在教义教理，还是仪规风俗上都有许多不同，因而不应归属于同一教派。为了提供更有力的说明，作者详细分析了裁判所文献中的案例后表示"我倾向于认为，他们（阿尔比派）中不仅隐藏着摩尼教徒——这些人被驱逐出亚洲，迁移到保加利亚，后来又来到图卢兹，而且应该有许多人是接受了摩尼教观点的。（在这一点上）我们不该掩饰真相"。[②] 相比之下，韦尔多派虽然经常与阿尔比派一同出现，却"似乎都是些普通人，有一些简单粗糙的见解，却少有文化。如果不带偏见地审视这些人的观念习俗，就会发现在所有现代基督教派别中，只有门诺派与他们最为相似"。[③] 门诺派（les Mennonites）是16世纪荷兰再洗礼派的重要分支，在反对暴力压迫、主张和平的理念上与作者所属的抗辩派几无二致，可见对他而言，无论韦尔多派实际信奉和遵守的教义规则如何，他们与

---

① Philip van Limborch, *The history of the Inquisition*, translated into English by Samuel Chandler, vol.1 (London: J. Gray, 1731), p.42.

② Philip van Limborch, *The History of the Inquisition*, vol. 1, p.44.

③ Philip van Limborch, *The History of the Inquisition*, vol. 1, p.57.

改革教会之间都有不容忽视的联系。反观林博赫对阿尔比派的表述，尽管并没有直接与其划清界限，但他断定这个教派与韦尔多派并不相同，并提醒教友不应忽视他们与摩尼教的关联，其言外之意不难推测。

林博赫依据文献对阿尔比派和韦尔多派同一性所做的分析判定显然为诸多在此问题上踌躇的新教作者指明了方向。于是，一类新的叙事逐渐在新教历史文本中频繁出现。这类叙事往往以弱化甚至抹除阿尔比派改革先驱的身份来换取新教思想始终如一的正统性，德国历史学家、被誉为"近代教会史之父"的约翰·洛伦兹·冯·默斯海姆 ① 的《教会史》(*Institutiones historiae ecclesiasticae*) 便是其中最具代表性的文本之一。

1726 年，默斯海姆以拉丁文撰写的《教会史》第一次出版，很快受到广泛关注，不仅再版重印多次，还被译为英文、法文，传播范围也因此愈加广泛。② 作为路德宗学者，默斯海姆在书中毫不掩饰他对罗马教会腐败堕落的反感，但与此同时，他并未像许多教友那样极力鼓吹改革教会的真理性和永续性，以此彰显新教的权威。路德和加尔文等人发起的改革运动在他看来的确是一

---

① 关于约翰·洛伦兹·冯·默斯海姆的著史理念，可参见 Euan Cameron, *Interpreting Christian History : the Challenge of the Churches' Past* (Oxford: Blackwell Publishing, 2005), pp.149–152。

② 这部作品在 18 世纪至少有 4 个版本，分别出现于 1737 年、1741 年、1755 年和 1764 年；其法文版重印多次，均出现于 1776 年；英文版由爱尔兰牧师阿奇博尔德·麦克莱恩（Archibald Maclaine, 1722—1804）翻译，整个 18 世纪共出现过 5 个版本（1765、1768、1774、1790、1797）。参见 https://www.prdl.org/author_view.php?a_id=592, 最后访问日期：2024 年 4 月 2 日；S.J.Barnett, "Where was your church before Luther? Claims for the antiquity of Protestantism examined", *Church History* 68/1 (1999): 14–41。

场真正的变革，然而却不是唯一的一场。这位作者指出，在基督教会的历史上，修正或改革教会的冲动其实常有，有时甚至是以异端的形式出现，就像是陷入了错误，在对抗真正的信仰。^①就此而言，默斯海姆似乎并没有脱离新教在历史阐释问题上的传统叙事，即将此前的教会异议者纳入新教谱系从而为改革教会营造一个过去，但在对待纯洁派的问题上，这位新教史家的态度显得有些含混。

默斯海姆认为阿尔比派的前身是被称为"卡塔里派"（des Cathari, des Catharistes）的异端群体。尽管"卡塔里"（Cathari）一词^②在 3 世纪便已存在，而"卡塔里派"（Catharistes）的称呼出现于 11 世纪，但在作者眼中，两者之间的亲缘关系是十分明确的，而且追根溯源的话，他们都与基督教历史上最"臭名昭著"的摩尼教关系匪浅。正是由于其"教义与摩尼教和诺斯替派有相似性，所以即便在某些方面存在明显不同，这些人还是常常被统称为摩尼教徒"。^③而之所以会出现差异，显然是观念在漫长岁月里持续传播的必然结果。据默斯海姆所说，与摩尼教和诺斯替派有相似观念的卡塔里派最早出现在 3 世纪的保加利亚，后来遭到驱逐不得不迁移，在此期间有了新的名字，即"保

① Johann Lorenz von Mosheim, *Histoire ecclésiastique ancienne et moderne, depuis la naissance de Jesus-Christ jusqu'au commencement du XVIIIe siècle, traduite de l'original latin (en anglais), avec des notes & des tables chronologiques par Archibald Maclaine et de l'anglais en français, sur la seconde édition revue & augmentée de notes, de plusieurs appendix & d'un index très exacte par M. ******, tome 3 (Maestricht : Jean-Edme Dufour & Philippe Roux, 1776), p.115.

② 关于"卡塔里"一词在 12 世纪的出现及其缘由，参见 Uwe Brunn, « Cathari, Catharistæ et Cataphrygæ, ancêtres des cathares du XII siècle? », pp. 183–200。

③ Johann Lorenz von Mosheim, *Histoire ecclésiastique ancienne et moderne*, tome 3, p.115.

罗派",之后他们辗转漂泊,于 11 世纪中叶到达欧洲各地,各
种各样的称呼也开始出现。"在意大利,他们被称为巴塔利亚
(Paterini)、卡塔里,或卡扎礼(Gazari),德国人使用了后一个
名字,不过由于语言不同而做了小小改动。在法国,他们被叫作
阿尔比派,其名称源于上朗格多克城市阿尔比,拉丁语为阿尔比
加(Albigia)。"[①]从卡塔里派到阿尔比派,默斯海姆的确勾勒出
了一直与罗马教会对抗的异端运动的轮廓,这却远非新教徒所熟
悉的可被视作改革先驱的"异端分子"的形象。事实是,从他像
天主教作家一般把阿尔比派与摩尼教联系在一起开始,这个中世
纪教派在《教会史》中就已不再享有往昔在诸多新教著作中的特
殊地位。关于这一点,对比作者对其他"异端"——如 12 世纪
出现在图卢兹地区的布吕派和亨利派,以及经常与阿尔比派一同
被提及的韦尔多派——的论述无疑更能说明问题。

由于与阿尔比派出现的时期相近,许多学者把布吕派、亨利
派和阿尔比派混为一谈,或者认定他们必然存在关联,默斯海姆
却认为这些人的信仰与阿尔比派截然不同。在他看来,如果说源
自摩尼教的阿尔比派应被视为异端,布吕派和亨利派则应被看作
当时教会的改革派,而他们的领袖皮埃尔·德·布吕和洛桑的亨
利理应被称作"革新者""殉道者",甚至是"真理见证者"。[②]基
于同样的理由,默斯海姆明确表示应该区别对待韦尔多派和阿尔
比派。他参考了包括 13 世纪编年史和近代天主教与新教的论辩
文本在内的诸多文献,最终得出结论:"在那个世纪(12 世纪——

[①] Johann Lorenz von Mosheim, *Histoire ecclésiastique ancienne et moderne*, tome 2, p.497.

[②] Johann Lorenz von Mosheim, *Histoire ecclésiastique ancienne et moderne*, tome 4, p.448.

引者注）出现的所有教派中，没有比皮埃尔·瓦尔多创建的韦尔多派声誉更好、信徒更多、所思所行更为正直纯洁的了（这些都可以从他们最大的敌人的证言中获得）。"① 把声誉如此之好又如此正义纯洁的群体纳入改革教会和将有摩尼教遗存嫌疑的阿尔比派与改革教会扯上关系，显然不可同日而语。从这个意义上来说，默斯海姆在解释韦尔多派与改革教会之间关系时的做法显然无可厚非。而且在这一点上，他与不少新教作者的看法是一致的，"路德、加尔文出现之前，在欧洲几乎所有国家，特别是波西米亚、摩拉维亚、瑞士和德国，都有人在秘密坚定地追随某种教义（这种教义也是韦尔多派、威克里夫派和胡斯派所主张的），只不过有些人以隐秘的方式，另一些人则公开信奉"。②《教会史》的英文译者麦克莱恩显然也十分赞同这样的观点，他评论说："当天主教徒提问，路德之前我们的教会在哪里时，我们一般会回复，在圣经中便可找到。这个答案没有问题，但为了满足他们（总是）寻求传统和人类权威的癖好，我们还可以加上，在皮埃蒙特的山谷中也可以寻到。"③

---

① Johann Lorenz von Mosheim, *Histoire ecclésiastique ancienne et moderne,* tome 3, p.124.

② Johann Lorenz von Mosheim, *Histoire ecclésiastique ancienne et moderne,* tome 4, p.449.

③ 值得注意的是，默斯海姆和麦克莱恩在韦尔多派的源起问题上是有分歧的。麦克莱恩深受让－保罗·佩兰和让·莱热等人观点的影响，认为皮埃蒙特山谷中决定加入改革教会的韦尔多派起源于使徒时代，瓦尔多及其信徒只是韦尔多派信仰的保有者和传承者。默斯海姆的想法却不尽相同，他断言"在（韦尔多派出现）之前很久，皮埃蒙特山谷中已有一些人对罗马教会的教义持不认同的态度，他们所信奉的教义在许多方面都有类于韦尔多派"，但认为不应将之与韦尔多派混同，毕竟"所有历史学家们都认为后者（韦尔多派）起源于里昂，得名白教派的创立者和领袖皮埃尔·瓦尔多"。详情参见 Johann Lorenz von Mosheim, *Histoire ecclésiastique ancienne et moderne,* tome 3, p.127, note *g*。

从以上文本可以看出，纯洁派在 18 世纪教会史的讨论中虽仍占据必要位置，却已得不到以往受到的关注。这一趋势不仅体现在教会史的撰写中，在其他类型——如相关的专题史——的叙事中同样有所展现，尽管并不那么明显。譬如耶稣会士让－巴普蒂斯特·朗格卢瓦（Jean-Baptiste Langlois,1663—1706）1703 年发表的《阿尔比十字军史》（*Histoire des Croisades contre les Albigeois*）便与之前作者们撰写的阿尔比事件的历史有所不同。按照朗格卢瓦的解释，这种不同主要在于他意图廓清笼罩在这段历史上的层层迷雾，将真相展现在读者面前，相比之下，过去的作者们则往往出于各种动机，扭曲、遮盖，甚至破坏真相，以至于读者几乎从未得到关于这段历史的充足可靠的信息。这里指涉的作者不光包括"毫不尊重真相"的新教作者，也包括"荒谬地把阿尔比派视为巫师术士"的天主教作家。为了达成还原真相的目标，朗格卢瓦的确对照和参考了许多史料文献，甚至在这个过程中"确证"了阿尔比派与摩尼教之间的传承关系，并以此揭露新教作者试图借助阿尔比派"虚构"自身历史的错误行为。但在此书序言的首句，作者提及的是卡米扎尔派（les Camisards），并直言从这个教派"荒诞残酷的行径"[1] 中看到了过去曾在同一地区造成混乱的阿尔比派的影子。[2] 这样的说明提示我们，朗格卢瓦的兴趣也许并不在阿尔比派问题上，讲述阿尔比十字军也不过

---

[1] 卡米扎尔派是居住在法国南部塞文山脉（les Cévennes）的新教徒。1702—1704 年，这些由于路易十四废除《南特敕令》而不断受到迫害的新教徒发动起义，但遭到地方军队和王军镇压。此后，零星的对抗冲突一直持续到 1710 年左右。

[2] Jean-Baptiste Langlois, *Histoire des Croisades contre les Albigeois* (Rouen : Nicolas Le Boucher, 1703), Préface.

是在影射彼时的卡米扎尔起义，抨击搅乱宗教和社会秩序的新教徒。如此，《阿尔比十字军史》完全不似之前关于这一主题的写作，只叙述十字军的战事过程，并不加入作者本人对阿尔比派以及阿尔比事件的评述，甚至直接忽略了总是与阿尔比派成对出现的韦尔多派，也就不难理解了。实际上，如若抛开朗格卢瓦谈及卡米扎尔起义的写作情境，《阿尔比十字军史》完全像是按照波舒埃的解释和评断在处理阿尔比派问题，时代变迁和思想情境的变化对叙事方式的影响由此可见一斑。

与之相应的，新教一方的专题叙事也在依循新的观念而变。一个比较明显的例子是新教牧师亨利·阿诺（Henri Arnaud，1643—1721）于 1710 年出版的回忆录《韦尔多派光荣回归史》（ *Histoire de la glorieuse rentrée des vaudois* ）。这是一本讲述流亡瑞士的韦尔多派于 1689 年返回沃杜瓦山谷历程的著作，作者亨利·阿诺便是这次 "光荣回归"（ la glorieuse rentrée ）[1] 的组织者，他曾领导韦尔多派反抗来自法国和萨瓦地区军队的迫害，因此被尊称为韦尔多派的 "牧师和首领"。虽然该书旨在叙说当代事件，但一部专注于某个群体经历的作品势必需要对故事的主角的历史给予说明，因此也就必然涉及韦尔多派的来源问题。在这一点上，亨利·阿诺赞同莱热的观点，并不满足于将韦尔多派的源起追溯到中世纪。在他看来，这个教派与改革教会以及其他 "维护真理的受迫害者" 一样，都是真正的基督教会的一部分，

---

① 1685 年《南特敕令》被废除后，许多韦尔多派信徒不得不举家离开皮埃蒙特地区。1688 年，随着奥兰治的威廉登上英国王位，欧洲大陆的宗教和政治局势也发生了变化。1689 年，流亡瑞士的近千名韦尔多派信徒在亨利·阿诺的引领下回归沃杜瓦山谷，并最终得到了萨瓦公爵的承认。这一过程尽管历经波折，却取得了令人满意的成果，因此在新教世界被称为 "光荣回归"。

其源头也应该直接上溯到使徒时代。不过，韦尔多派在这些群体当中终究是有些不同的。比如，这些山民的教会"从未像其他教派那样经历改变重建"，因此才得以被称为"福音派"。实际上，在亨利·阿诺眼中，"就算把韦尔多派视为从使徒圣保罗布讲被钉十字架的耶稣的时代就放弃了意大利那个美丽的国度，像启示录第 12 节中的那个女人一样隐入山谷的群体，也并不过分"，而且"自此之后，他们就在那里父传子继，守护着纯洁朴素的信仰，也就是圣保罗曾宣讲的福音"。① 如此一来，韦尔多派便不应继续被看作中世纪在里昂出现的皮埃尔·瓦尔多的信徒，自然也就不再适合与同时期出现却有明显异端嫌疑的阿尔比派混淆不清。于是，在这一被视为韦尔多派经典文献之一的文本中，阿尔比派不仅没有如往常一样被奉为"韦尔多派的同行者"、"两盏明灯"之一，甚至整部作品几乎没有谈及这个教派，可见新教知识界——至少是其中一部分人——对阿尔比派看法的变化或兴趣的衰减。

从 17 世纪末到 18 世纪，对纯洁派兴趣的消退在法国甚至整个欧洲的思想领域都是较为明显的。虽然纯洁派的故事在宗教和历史叙事中仍可见踪迹，但作者们对这个群体的讨论，无论从涉及问题的广度还是深度而言，比之前的时代均有较大差距。这种情况的出现当然在很大程度上源于法国以至欧洲整体宗教和政治氛围的改变。尤其在法国，尽管天主教从 16 世纪末便已稳占优势地位，但亨利四世的和平政策及其产生的长久影响深入地改善了新教徒的境遇。1685 年《南特敕令》的废除虽重新开启了

---

① Henri Arnaud, *Histoire de la glorieuse rentrée des vaudois* (s.l., 1710), Préface.

天主教对法国新教徒的残酷迫害，然而此次新教徒所面对的生存危机并不伴随对新教存在的质疑和否定，这就意味着新教源流以及由此常常牵扯的纯洁派、韦尔多派与新教之间的关系问题不再是法国新教徒再次争取生存权斗争时的必要论题，对纯洁派的关注自然也就随之减弱。除此之外，波舒埃《新教教会变迁史》的出版与传播对欧洲思想界处理纯洁派与韦尔多派方式的改变也有不容忽视的影响。作为那个时代最受瞩目的天主教神学家，波舒埃在《新教教会变迁史》中针对纯洁派和韦尔多派发表的长论，以及由此引发的诸多争论和辩护，不仅对天主教学者具有鲜明的指导作用，对于新教作者而言也有着重要的"参考"意义。无论是以他的观点为论据还是将之视为警示，18世纪的作者在写作时都需要重新衡量并择定纯洁派之于他们各自论题的价值。于是，关于纯洁派的讨论在不少天主教作者笔下直接回归到了早期简单刻板的定性模式，而在诸多新教作者那里则被有意无意地掩盖起来，逐渐模糊甚至销声匿迹。在这样的思想氛围中，纯洁派—新教之间的谱系叙事自然逐渐走向衰落，而纯洁派的故事也越发遥远虚化。

3 纯洁派"神话"的形成

从18世纪开始，人们对纯洁派历史的热情已经呈现逐渐衰退的趋势。然而，热情的减退并不意味着论题消失，纯洁派与阿尔比十字军毕竟是法国历史上不可回避的重要事件，与之相关的历史书写与叙事势必仍会存在。饶有意味的是，在一个普遍对纯洁派本身不再充满关切的环境中，关于纯洁派的"神话"却渐渐成形，并出现在大众面前，开始收获人们的认同和青睐。这种

"神话"本质而言更像是诸说混杂，纯洁派此前曾被赋予的各种身份、标签，曾被纳入的各种"历史""故事"，都被书写者以这样或那样的方式联系在一起，最终构建出了一种令人感到熟悉而又陌生、真实而又虚幻的复杂意象。

　　纯洁派"神话"的出现绝非一日之功，直至 19 世纪文人学者依然出于各种原因探讨的纯洁派历史无疑在其中发挥了重要的铺垫作用。譬如德国著名学者、牧师让·亨利·塞缪尔·福尔梅（Jean Henri Samnuel Formey, 1711—1797）在 1763 年发表的《教会史简编》（*Abrégé de l'histoire ecclésiastique*）中明确重申了新教种种传统观念，且毫不讳言这正是他撰写纲要型教会史的意图所在。为了让年轻教友更全面、"准确"地把握各个时代最为关键的事件，福尔梅采用编年叙事，以百年为单位讲述基督教的历史，而"阿尔比派"和"韦尔多派"最早出现在 12 世纪的章节中，被作者总结为"宗教改革的初级阶段"。此类措辞足以反映出福尔梅对中世纪异端教派与宗教改革之间关系的看法，这一点在正文对各事件的描述中也表现得十分明显。

　　大致而言，《教会史简编》依旧将阿尔比派和韦尔多派视为希望重塑早期基督教，整顿并改革教会的义人。虽然比起之前两个世纪学者们的坚定，福尔梅言语之间略带犹豫，却并不足以影响他的信念。理由是，即便"我们无法宣称这些走上另一条道路的人是完全正确的（这在他们生活的时代是不可能的），但最起码应该承认，他们是抱着纯洁的意图并真诚希望坚定维护包含在上帝话语中的神圣教义的"。[1] 作者此处所指已不仅是

---

[1]　Jean Henri Samuel Formey, *Abrégé de l'histoire ecclésiastique*, tome 1 (Amsterdam : J. H. Schneider, 1763), p.317.

阿尔比派和韦尔多派，鲍格米勒派、皮埃尔·阿贝拉尔（Pierre Abélard）及其门徒阿诺德·德·布莱斯（Arnaud de Bresse）、皮埃尔·德·布吕和洛桑的亨利——这两位都被视为阿尔比派的宣道者——与他们各自的信徒，均在这一行列。其中最受这位牧师推崇的当然还是韦尔多派，这并不令人意外，尤其考虑到避隐山谷的韦尔多派在 16 世纪加入新教的事实，他的重视就更合情合理了。然而与此同时，福尔梅也并没有将阿尔比派束之高阁，他十分熟悉此前学者们在韦尔多派、阿尔比派和新教关系方面的争论，但显然并不认同。在他看来，韦尔多派固然与阿尔比派不同，不过"起码在最开始，这两个教派之间并无二致"，因此常常会被归为同一教派。[①] 而且根据他的描述，当时在法国、意大利和德意志地区的确出现过许多"异端"，有些群体也确实与摩尼教存在关联，但韦尔多派和阿尔比派不在其中。这两个群体本质上只是罗马教会的异议者，虽然被贴上了"异端"标签，却以他们的质疑和反抗滋养了后来的变革，包括宗教改革运动。所以，在福尔梅讲述的 13 世纪欧洲教会史中，"战争和刑罚杀死了七万多名所谓的异端，但他们其实不止一次拥有超过那些压迫者的优势。遗憾的是，他们（最终）不得不放弃家园，散落到整个欧洲，在各处播撒种子，而这些种子随后就结出了丰硕的果实"。[②]

　　以上福尔梅关于阿尔比派的讨论并非个例，新教知识界一直都有从未放弃早期新教叙事的学者。这些人绝非闭目塞听的守旧派，恰恰相反，他们对于 17、18 世纪以来人们在这个问题上的

---

① Jean Henri Samuel Formey, *Abrégé de l'histoire ecclésiastique*, tome 1, p.318.

② Jean Henri Samuel Formey, *Abrégé de l'histoire ecclésiastique*, tome 1, pp.361–362.

争议和看法的改变知之甚详。比如，福尔梅撰写《教会史简编》就不仅参考了让·莱热、让－保罗·佩兰和巴纳热等人的著作，也常常引述波舒埃和菲利普·范·林博赫等人的作品，虽然后者多数情况下是作为作者打算予以驳斥的反题出现。由此看来，即便不再因新教的迫切需求而占据中心位置，阿尔比派这段历史在某种程度上依然是具有活力的，只不过这种活力的保持与传递相较于之前时代已明显缺乏组织保障，而更依赖于个体的知识和立场。

继续参与讲述阿尔比派历史的当然不只是新教阵营的作者，在另一个阵营中，天主教学者同样没有将这段过去弃于脑后。事实上，自波舒埃的著作出版后，天主教作者在重新将阿尔比派归入异端行列并以传统方式审视新教各派等方面信心倍增，讨论相关问题时鲜少再有顾忌，这在无形中也为阿尔比派继续驻留在公众视野增添了助力。在这中间，法兰西学院教授弗朗索瓦－安德烈－阿德里安·普吕凯（François-André-Adrien Pluquet, 1716—1790）的做法颇具代表性。

1762 年，普吕凯出版了他的重要著作《人类精神迷失史录》（*Mémoires pour server à l'"Histoire des égarements de l'Esprit humain*），该书通常被叫作《异端辞典》（*Dictionnaire des hérésies*）。[①] 这是一部为天主教会正名的作品，作者坦陈，希望以此帮助读者了解和判断异端思想，避免犯下错误，因为由错误思想催生的"异端""教派""分裂分子"带来的必定是教会的四分五裂、基督徒

---

① 此人与百科全书派之间的分歧是众所周知的，后世学者普遍认为他撰写《异端辞典》的目的就是对抗百科全书作者们的"错误思想"。相关讨论参见 Louis-Gabriel Michaud et al.éds., *Biographie universelle ancienne et moderne ou Histoire, par ordre alphabétique, de la vie publique et privée de tous les hommes...*,tome 35, article « Pluquet » (Paris, : L.G.Michaud, 1823), pp.100–104。

的互相争斗和国家的流血冲突。[①] 这样一部以"异端"为主题的
著作显然不会遗漏法国中世纪最为著名的"异端"阿尔比派，普
吕凯也确实引证了不少文献来阐明这个教派的来龙去脉。他笔下
的阿尔比派是"曾经在 12 世纪末毒害过朗格多克地区的摩尼教
徒"，这些人主要承袭的是来自保加利亚的保罗派的摩尼教思想，
它"被一位老妇人带到法国，在奥尔良就已经诱惑了许多议事司
铎"，而与此同时，"其他摩尼教徒也在法国南部各省散播他们的
错误思想"。面对这种情况，罗马教会"虽然制定了严厉的惩罚
措施，也对这些人进行了细致研究，却只让他们更加谨慎，而没
有将之彻底摧毁"。[②] 由于年代久远且资料不全，普吕凯也承认阿尔
比派信奉的教义与摩尼的教导或许并不全然相同，但他坚信这个群
体具有摩尼教思想的底色，因此理应被视为摩尼教后裔或新摩尼教
信徒。基于这样的理解，普吕凯并不同意当时知识界许多作者——
尤其是新教牧师巴纳热——习惯把阿尔比派和韦尔多派混为一谈
的做法，甚至认为此举根本不值得反驳，因为"瓦尔多的错误（思
想）并未承袭自任何人"，这与阿尔比派的情况明显相去甚远。[③]

令人意外的是，普吕凯虽然否定了阿尔比派与韦尔多派之
间的关联，却对阿尔比派与新教的关系有颇多影射。譬如，在反
驳巴纳热之后，他的总结是，"除了摩尼教的错误思想之外，阿
尔比派与圣体形式论者的观念也很相似，我们正是基于这个原因

---

① François-André-Adrien Pluquet, *Mémoires pour servir à l'Histoire des
égarements de l'Esprit humain par rapport à la religion chrétienne, ou
Dictionnaire des hérésies, des erreurs et des schismes*, tome 1 (Paris : Nyon
et.al., 1762), p.8.

② François-André-Adrien Pluquet, *Dictionnaire des hérésies*, tome 1, p.44.

③ François-André-Adrien Pluquet, *Dictionnaire des hérésies*, tome 1, p.56.

才会认为阿尔比派是新教徒的先祖"。[1]实际上，不仅是圣体形式论者，其他许多教派群体都曾被这位博学者拿来与阿尔比派作比较。如在讨论罗拉德派的出现时，他解释说，"虽然十字军清除了那么多异端，宗教裁判所对无数人处以火刑，行刑的火焰在整个欧洲燃起，新教派却一直在出现，并很快分裂为不同派别，重复着摩尼教、纯洁派、阿尔比派这些异端的所有错误"。[2]在描述路德派遭遇的时候，他也不忘提及"在亨利派、阿尔比派和韦尔多派之后出现的改革派信徒都在德国避难；那里的秘密信徒一直在发展新成员，传播与教会权威和真正的信仰相对的思想，人们不断传布阅读威克里夫、约翰·胡斯的书"。[3]

在新教各个群体中，普吕凯似乎对加尔文及其领导的改革分支尤其反感。讲到路德时，他客观评价说，这位德国改革家的确是在重提一些过去异端教派的错误，但之所以不被天主教会接受，最重要的原因是他不合时宜地打破了"改革教会的渴求与神职人员权威"之间的微妙平衡。[4]然而面对加尔文，普吕凯的厌恶几乎溢于言表。他将加尔文视为"暴君"，认为此人虽然"天赋过人"，但"性格可憎、缺陷明显"，而他的神学思想，即便与路德同出一源，却并不相同。[5]断言加尔文和路德思想同出一源是从最为宽泛的意义上来说的，因为被他们质疑和攻击的"天主教教义显然已被各种不同教派反对过……这些教派的错

---

[1] François-André-Adrien Pluquet, *Dictionnaire des hérésies*, tome 1, p.56.
[2] François-André-Adrien Pluquet, *Dictionnaire des hérésies*, tome 2 (Paris : Nyon et.al., 1762), pp.198–199.
[3] François-André-Adrien Pluquet, *Dictionnaire des hérésies*, tome 2, p.204.
[4] François-André-Adrien Pluquet, *Dictionnaire des hérésies*, tome 2, p.205.
[5] François-André-Adrien Pluquet, *Dictionnaire des hérésies*, tome 1, p.333.

误思想或是通过它们分散存留的信徒或是借由教会历史记载一直传承，直到 16 世纪。时间飞速流逝，错误就像真理一样不停地靠拢聚集，圣像破坏者（les Iconoclastes）、多纳图派、贝朗热信徒、预定论者（les Prédestinatiens）、警醒派（de Vigilance）的思想，也不断出现在阿尔比派、韦尔多派、贝卡尔修士、弗拉提塞尔派（les Fraticelles）、威克里夫、约翰·胡斯、波西米亚兄弟会（les Frères de Bohême）、路德、再洗礼派、卡尔施塔特（Carlostad）[①] 和茨温利等人的观点中"。但在普吕凯心目中，这样的积聚在路德那里更多是一种浅层表象，"路德教导的是其中的一部分，其他的尽皆抛弃，因此这些思想之间既无连接也未融合"，加尔文则不同，"他系统地将之联系起来，建立起具有普遍性的理论，并从中汲取那些错误的观念以对抗教会"。[②]

尽管对路德与加尔文区别对待，新教徒在《异端辞典》的作者那里却只有一种身份，即"异端或者说精神的迷失者"。不仅如此，从上述论述可知，在作者看来，古往今来的所有异端之间都可能既存在观念的积聚，也存在某种程度的思想传递。所以，错误的想法有时会单个出现，有时又会积聚叠加，甚至一种异端会衍生出另一种或几种，在这一系列过程中完成思想的过渡传承。所以，普吕凯虽然并没有像宗教改革时代的学者那样为异端——尤其是新教异端——勾勒出明确的思想谱系，却的确以一种颇为含混的方式暗示了以阿尔比派为代表的古代异端和后来的改革教会间的承继关系，继续强化着阿尔比派在关注改革教会

[①] 即德国宗教改革者安德烈亚斯·卡尔施塔特（Andreas Karlstadt, 1486—1541）。

[②] François-André-Adrien Pluquet, *Dictionnaire des hérésies*, tome 1, pp.351-352.

历史的人心中的独特性。

　　普吕凯对阿尔比派的处理从根本上来说并没有超越天主教会的一贯模式，不过他的基本理念却与此前很多异端史家有所不同。《异端辞典》的主标题为"人类精神迷失的历史"，可见作者意图讨论的，与其说是异端的教义错误或信仰的迷失，毋宁说是人类的精神状态及其选择。因为在他看来，基督教内部之所以会出现异端，并不应该只归咎于异端首领的"狂妄无知"，而是人类自然本性使然。他指出，"每个时代都有异端出现"这一现象背后是一种"普遍的人类精神的本性"，是"人类精神为了扩展其知识、增加幸福感的努力，不断滋养着异端的萌芽，带来一些新的错误，或者以千百种不同的形式复制旧的错误"①。换言之，很多错误思想出现的根源其实在于人类在精神领域——对智识、幸福的求索——的过度贪婪所导致的"狂热激情和秩序的混乱"，而非某个人或某些人的沉沦堕落。所以，虽然《异端辞典》意在揭批与基督教精神背道而驰的"谬论邪说"及其影响，却并没有把异端一概描绘为罪有应得的邪恶分子，某些异端在普吕凯的论述中甚至是与那些有学问、有品德的基督徒"同样（优秀）的人"。②这种对"异端"颇具理性主义的解释在天主教作家的作品中是比较少见的，学界将之称为"受启蒙影响的正统主义"，以示其特殊性及思想来源。③

---

① François-André-Adrien Pluquet, *Dictionnaire des hérésies*, tome 1, p.12.
② François-André-Adrien Pluquet, *Dictionnaire des hérésies*, tome 1, p.13.
③ Patrick Coleman, "The Enligntened Orthodoxy of the Abbé Pluquet", in John Christian Laursen ed., *Histories of Heresy in Early Modern Europe: For, Against, and Beyond Persecution and Toleration* (New York: Palgrave, 2002), pp.223–238.

18 世纪的法国以"启蒙精神"闻名于世，用以赛亚·伯林的话来说，那是一个"理性主义步步推进，教会势力节节败退"的时代。[①]随着启蒙思想家对暴力专制和压迫越发猛烈的攻击，"宗教宽容""信仰自由"等理念也得到广泛的传播普及。作为反例，阿尔比派长久受到罗马教会责难压制的历史便时常会被一些启蒙学者提及。其中最突出的一例应数伏尔泰在《风俗论》中对阿尔比异端事件的评述。这位启蒙思想家把在他看来属于同一群体的阿尔比派和韦尔多派叫作"教派分子"，宣称这些人是"仍然保持着许多已被罗马教廷改变了的古老习俗和某些已经随着时间而消失的模糊观点"的"高卢早期基督徒的残余"。[②]不幸的是，这些传承宗教奥义的"义人"却背负了"异端"的罪名，处境艰难。在单独为其遭遇设立的章节中，伏尔泰讲到了罗马针对阿尔比派作出的决定、十字军的杀戮、宗教裁判所的建立，甚至详述了南方贵族的反抗与失败，以及他们遭受的折辱。[③]对这段历史进行总结时，伏尔泰言语犀利地指出，欲望、贪婪、利益才是这场十字军战争的核心所在，纵然教廷为其蒙上了一层信仰的面纱，却根本无法掩盖其卑劣的本质，因为"自教会诞生以来，在基督教徒彼此之间一切争论中，罗马从来都执意支持那些最压抑人类思想、最扼杀理性精神的意见"。[④]由此，罗马教会专横暴力、不容异己的形象生动展现在了读者面前，与之相对的

---

① 〔英〕以赛亚·伯林著，〔英〕亨利·哈代编《浪漫主义的根源》，吕梁、张箭飞等译，译林出版社，2019，第 8 页。

② 〔法〕伏尔泰：《风俗论》（上），梁守锵译，商务印书馆，1994，第 560 页。

③ 〔法〕伏尔泰：《风俗论》（中），梁守锵等译，商务印书馆，1997，第 84—93 页。

④ 〔法〕伏尔泰：《风俗论》（上），第 565 页。

则是脆弱无助却又不甘屈服的阿尔比派。这种直接、鲜明的对比叙事显然很容易激起人们的反教情绪，但同时也为阿尔比派的历史向"神话"迈进注入了重要的动力。

实际上，与同时代其他谈及阿尔比派的作者相比，伏尔泰对这段历史的探讨无疑有些流于表面，他的理念以及他所塑造的阿尔比派形象却在这位启蒙巨擘的推动下得到了知识界的积极回应。《百科全书》最重要的撰写者之一、新教学者路易·德·若古（Louis de Jaucourt, 1704—1779）在编纂"韦尔多派"词条时便援引伏尔泰的定义，将阿尔比派和韦尔多派归类为"12世纪初基督教内部出现的教派分子"，认为他们是"只接受福音律法的人"，并且相信这些人"宣扬的教义与之后新教徒信奉的基本相同"。[①] 这种强调韦尔多派（在作者看来，也就是阿尔比派）与新教信仰一致性的做法显然并非源于伏尔泰，尽管后者曾在极为广泛的意义上把阿尔比派、韦尔多派、胡斯派、新教等都视为具有某种共同特征——尤其是作为持不同意见者和被罗马教会压制者——的群体。从这一词条的内容和表述来看，德·若古之所以明确提出这两个教派与新教之间的紧密关联，一方面是受新教思想环境的影响，另一方面则是因为他所借鉴的另一位作者持有的也是这样的看法。这位作者就是《百科全书》中"阿尔比派"词条的撰写者，天主教神学家埃德姆－弗朗索瓦·马勒（Edme-François Mallet, 1713—1755）。同德·若古一样，马勒神父对阿尔比派的解释也非原创。他所讲述的阿尔比派史几乎就是天主教对这个群体各种讨论的大杂烩，所以阿尔比派在他

---

① *Encyclopédie, ou Dictionnaire raisonné des sciences, des arts et des métiers*, tome 16 (Paris : Briasson et.al., 1765), p.862.

的叙事中不仅与摩尼教、阿里乌斯派等"著名异端"同列，而且同韦尔多派、新教各派之间也存在着确定的承继关系。[①] 由此看来，除去坚决要将阿尔比派贬为异端之外，这位天主教神父对阿尔比派历史的阐释与新教学者其实差别不大，尤其是在阿尔比派与新教关系的问题上。不过，虽然并不否认阿尔比派与新教之间的关联，但德·若古的理由却与马勒神父大相径庭。如果说后者的坚持源于对"异端具有衍殖能力"的确信，那么对于新教学者而言，这种连接则更像是一种"真理不息不灭"的证明。所以，在述说阿尔比十字军对韦尔多派的迫害后，德·若古虽然继续引用伏尔泰的观点，称这个教派"虽然弱小无力，信众寥寥，只能隐藏在黑暗之中"，却并没有如伏尔泰一般就此终止这个故事，因为这个代表真理的教派在"几个世纪后，将带着更多的优势和更强的力量重生"，而这便是 16 世纪宗教改革的由来。[②]

　　如前所述，在对阿尔比派的研究或相关问题的澄清上，无论是伏尔泰还是《百科全书》的两位撰稿人都没有太多可圈可点之处，后两位学者甚至因为大量借鉴其他文本，缺乏个性而饱受批评，但伏尔泰和《百科全书》在知识界的影响力却无疑为阿尔比派继续活跃在 18 世纪学者笔下提供了有力的思想资源。当然，像伏尔泰一样直接指斥罗马教会并不能被视为时人普遍的做法，

---

① *Encyclopédie, ou Dictionnaire raisonné des sciences, des arts et des métiers*, tome 1 (Paris : Briasson et al., 1751), pp.245-246.

② Voltaire, *Essay sur l'histoire genérale et sur les mœurs et l'esprit des nations, depuis Charlemagne jusqu'a nos jours*, tome 2 (s.l., 1756), p.26 ; *Encyclopédie, ou Dictionnaire raisonné des sciences, des arts et des métiers*, tome 16, p.862.

不过受启蒙精神影响的关于教会和信仰的看法确实已在引领和推动人们观念的转变，这一点在文人群体对阿尔比事件的广泛评论中已不难窥见。

1759 年，图卢兹文人让·雷纳尔（Jean Raynal, 1723—1807）在撰写《图卢兹史》（*Histoire de la ville de Toulouse*）时，就在阿尔比战争问题上表露出极为复杂的情绪。整体而言，他认同教廷采取有力措施对付"用错误思想毒害了图卢兹人"的阿尔比派异端。但在对待图卢兹伯爵的问题上，雷纳尔的观点是，教皇越俎代庖，插手了世俗事务；谈及十字军在南方的作为时，这位作者更是无法掩饰他的厌恶，直斥"这些自诩拥有虔诚和爱的基督徒无比野蛮，寡廉鲜耻"，在各处烧杀抢掠。[1]1768 年，法兰西学术院院士米洛神父（Claude-François-Xavier Millot, 1726—1785）也在他大受欢迎的作品《基础法国史》（*Éléments de l'histoire de France*）中对罗马教会使用武力清除阿尔比派表示不解和反感。他认为，教会发起十字军镇压异端，无异于"以一种狂热压制另一种狂热"，其间发生的各种残暴杀戮，更是很难不让人——尤其是教会人士——陷入可悲的反省，进而自问"基督徒的温柔和仁爱究竟变成了什么？本应视血腥为敌的教会怎会出现如此多嗜血的牧者？曾经在刀剑威逼下仍百般忍耐的基督徒怎会成了迫害者？"[2]对于这些问题，米洛神父尝试找到的答案是当时神职人员的失职以及他们的普遍无情。然而即便如此，阿尔比事件仍旧令作者无法释怀，因为在他看来，信仰

[1] Jean Raynal, *Histoire de la ville de Toulouse* (Toulouse : Jean-François Forest, 1759), pp. 61–66.
[2] Claude-François-Xavier Millot, *Éléments de l'histoire de France, depuis Clovis jusqu'à Louis XV*, tome 1 (Paris : Durand neveu, 1768), pp.203–205.

无论如何都不应成为暴乱、屠杀的理由，而人性也无法容忍这些暴力的存在。

从权力和人性解读阿尔比派这段过去并非所有书写者都会采用的视角，这样的阐释也并非所有读者都会接受，但对于正处在思想转型时期的法国而言，这类解读同当时的社会和文化环境无疑是相契合的，所以能够潜移默化地汇入18世纪的思想潮流，与一些主要的理论观念一同进入人们的认知体系。及至19世纪，盲信、狂热、专制和暴力在文人笔下几乎已成为罪恶的代名词，而作为受害者和牺牲品的阿尔比派则被放置在它们的对立面，受到普遍的怜悯同情。[①]

法国作家安托万·卡特勒苏·德·帕克特莱纳（Antoine Quatresoux de Parctelaine, 1786—1835）的《阿尔比战争史》（*Histoire de la guerre contre les albigeois*）深刻展现了这一趋向特征。这位作者留下的信息极少，以至于读者很难推测他决定讲述阿尔比战争的动机，不过如果我们相信作者所说，那么这本著作之所以问世，是他从阿尔比事件中看到了"令人气愤的宗教狂热和不宽容"，对那些遭受了"前所未闻的迫害的可怜人"生发出无限同情。[②]德·帕克特莱纳并未试图从信仰角度为这些"可怜人"开脱，在他看来，阿尔比派或许的确犯了某些错误，甚至误入了古代异端——诸如阿里乌斯派、摩尼教和保加利亚的保罗派——的歧途，但阿尔比派掀起的运动说到底不过是法国南方

[①] 关于18世纪更多文本中对纯洁派的描述，可参见 Henri Duranton, « Les Albigeois dans les histoires générales et les manuels scolaires du XVIe au XVIIIe siècle », *Cahiers de Fanjeaux* 14 (1979) : 119–139。

[②] Antoine Quatresoux de Parctelaine, *Histoire de la guerre contre les albigeois* (Paris : Librairie universelle, 1833), p.1.

"神职人员可耻的放纵行为和道德败坏"带来的后果。[1] 所以他认定，"除了反抗毫无廉耻和克制之心的神职人员的傲慢、贪婪和过分行为之外，（阿尔比派）其实并没有犯下其他任何罪行，他们只是想要挣脱这种屈辱的、令人无法忍受的控制"。[2] 如果从这样的观点出发来理解阿尔比战争，那么十字军的出现及其士兵的残酷暴虐无疑是不可原谅的，正因如此，《阿尔比战争史》才会对天主教会大加挞伐。

除此之外，阿尔比十字军的历史似乎也让作者联想到宗教改革时期胡格诺派遭受的压迫，他很自然地把这两个教派联系在了一起，甚至宣称阿尔比异端"在教义和观念等许多方面都与16世纪的伟大改革相似"。[3] 不过这似乎是德·帕克特莱纳一时兴起所致，很快他便意识到如此断言将会引发一系列问题，因此立即表明，新教与阿尔比派之间是存在差异的，例如后者完全不接受旧约，不承认洗礼的意义，还禁止信徒宣誓。作者显然并不准备继续深入探讨这个问题，但这种看似随意的触及应该也能说明他对宗教改革时期构建起来的纯洁派 – 新教谱系的熟稔，以及这一谱系与18、19世纪流行观念的契合。在这一点上，同年发表在《费加罗报（文学版）》上的书评可为佐证。书评作者高度评价了《阿尔比战争史》一书的价值，与德·帕克特莱纳一样，他也将阿尔比派称为"新教第一批殉教者"，并表示"没有什么比读

---

[1] Antoine Quatresoux de Parctelaine, *Histoire de la guerre contre les albigeois*, p.13.

[2] Antoine Quatresoux de Parctelaine, *Histoire de la guerre contre les albigeois*, pp.2–3.

[3] Antoine Quatresoux de Parctelaine, *Histoire de la guerre contre les albigeois*, p.2.

到一本讲述一小撮从 12 世纪起就致力于打破罗马天主教统治的
改革者与狂热分子的斗争的书更有趣的了"。①

关于 18、19 世纪纯洁派的书写，还有一个影响因素不应被
忽视，即文人学者——尤其是南方学者——对法国南方文化或
文明的"发现"。这种"发现"最初是从学者研究中世纪南方行
吟诗人（les troubadours）及其用南方奥克语②撰写的作品开始
的。事实上，早在 1701 年，艾克斯（Aix）学者皮埃尔·德·加
洛（Pierre de Galaup de Chasteuil, 1644—1727）就指出，普罗
旺斯作为"高卢最古老的地区"有着悠久的文艺传统，只是"北
方民族的频繁入侵""吓坏了缪斯女神们"，以至于"无知和野蛮
统治了整个欧洲"，直到 11 世纪，法兰西人的"母语"才得以复
兴：以普罗旺斯语吟唱诗歌的行吟诗人是第一批发现押韵艺术的
诗人，正是他们将诗歌押韵的技巧教给了法国人、意大利人和西
班牙人。③这一看法在随后的几十年内不断得到认同，到 18 世
纪下半叶，南方游吟诗人在一些学者眼中已俨然成为民族文学之
父。"这些古老的普罗旺斯诗人从 12 世纪开始就已兴起，而欧洲
当时还笼罩在荒蛮愚昧中；他们出入亲王宫廷和大领主的庄园，
他们的才华在这些地方大放异彩；贵族女士对他们尤为青睐，而

---

① *Le Figaro*, le 25 mars 1833.

② 奥克语（la langue d'oc）和奥依语（la langue d'oïl）均是罗曼语族的分
支。奥依语大致在法国北部地区通行，而奥克语主要通行于南部普罗旺斯
地区，以及意大利、西班牙与法国接壤山区。因此在法国，人们常以奥克
语区代指南方，用奥依语区指称北方，布罗代尔认为其分界线走向大致可
以"从加龙河畔的拉雷奥尔直到瓦尔河流域，穿越中央高原和阿尔卑斯山
脉的 大部分"。参见〔法〕费尔南·布罗代尔《法兰西的特性》，顾良、
张泽乾译，商务印书馆，2020，第 72 页。

③ Pierre de Galaup de Chasteuil, *Discours sur les arcs triomphaux dressés en
la ville d'Aix* (Aix : Jean Adibert, 1701), pp.18–20.

这些诗人也向她们表示敬意并献上诗作；尽言之，他们是法国近代诗歌之父"，当然也是法国近代文学甚至文化的奠基者。①

很快，这种对南方文化的重视和推崇便延伸到孕育这一文化的地域和人群，在这一文化黄金时代出现的纯洁派自然也引发了关注。不过，以语言文学为主题的著作多数只是附带提及纯洁派，对这个群体和整个阿尔比事件很少做完整说明，评述也大多属于老生常谈。譬如，出身阿尔比的文人亨利·德·罗什居德（Henri de Rochegude, 1741—1834）就在《奥克语诗歌：行吟诗人原文诗精选》（*Parnasse occitanien ou choix de poésiesoriginales des Troubadours*）一书的序言中论及了13世纪的这场战争。他的观点非常明确：这是一个改变了南方以及南方文化命运的事件，虽被冠以宗教之名，却是一场赤裸裸的政治征服；强盗般的十字军在这片土地上劫掠屠戮，不仅摧毁了原有的一切美好，而且打断了处于盛期的奥克语文化。一种真正保存了拉丁文明精髓的罗曼语文化竟以如此方式走向没落，这个事实显然令作者颇为愤慨。他在慨叹"狂热和盲信究竟给这个美丽却太过不幸的地方带来了什么"的同时，也难掩失望地质问："当和平之神要求他的使者解释你们以他之名施行的血腥杀戮时，你们要作何回答？"②类似反对暴力的表述在当时的知识界并不罕见，但在集录南方文学作品的著作中做出如此评断，无疑为这段历史着意增加了空间和文化的维度。

此后，随着法国政治社会局势的变化和地方性文学与历史

① Lacurne de Sainte Palaye et abbé Millot, *Histoire littéraire des troubadours*, tome 1 (Paris : Durand neveu, 1774), p. XIV.

② Henri de Rochegude, *Parnasse occitanien ou choix de poésies originales des Troubadours* (Toulouse : Benichet Cadet, 1819), p.XXXI.

研究的增多，纯洁派在南方集体记忆中所占的位置越发醒目，这段过去也逐渐成为南方历史中具有特殊意义的存在。在这方面，历史学家亨利·朱利亚（Henri Julia, 生卒不详）的《贝济耶史》（*Histoire de Béziers*）可被视为一个典型例证。1845 年，这位出身纳博讷却不长居南部的历史学家发表了他参加科学院竞赛并荣获贝济耶考古协会奖章的作品《贝济耶史》。这部著作从谋篇布局到内容记述其实都并不特别出彩，但作者对阿尔比战争时期的贝济耶和普罗旺斯地区的关注讨论却给人留下了深刻的印象。事实上，朱利亚在开篇就解释了贝济耶对自己的吸引力。按照他的说法，如果一个外地人置身于这个曾经激发了"自由和文明精神"的城镇，面对着无声却一直在诉说着什么的砖石时，是无法保持冷静的，只会激动并且心驰神往，因为这里曾经美好辉煌，也曾经鲜血满地。[①]朱利亚所说的"会令人浮想联翩的过去"主要指的就是阿尔比战争的时代。在他看来，这是贝济耶城的高光时刻，同时也是这个地方甚至整个普罗旺斯命运的转折点。贝济耶（或者说南方）在阿尔比十字军到来之前一直是"先进而文明的"，那里"有成文的法律，有能够在行吟诗人的努力下臻于完美的语言"，在智慧之光的照耀下，"高贵的思想遍及各地"。不幸的是，这片和平繁荣之地终究被"野心家们"（教皇英诺森三世和十字军首领西蒙·德·蒙福尔）掌控的十字军摧毁了。朱利亚感慨于这些"只知劫掠分赃的野蛮人"不仅让南方尸横遍野，满目疮痍，更打断了其文明发展历程。他评论说，如果没有阿尔比十字军之战，"南方应能继续保持它的优势，行吟诗人的诗作

---

① Henri Julia, *Histoire de Béziers, ou recherches sur la province de Languedoc* (Paris : Maillet, 1845), p. VI .

也可以战胜他们的北方对手，而文明在整个朗格多克又将取得何等成就！"[1]

从亨利·朱利亚对贝济耶历史的论述便可看出，他在阿尔比十字军问题上的不满更多源于无法认同罗马教廷和十字军参与者以暴力手段对待宗教异议者并造成"严重"后果，而非对阿尔比派的支持。因此，他虽然提醒读者应谨慎对待罗马教会有可能是污蔑的指责，认为阿尔比派信徒或许"有着比大多数天主教徒更纯洁的信仰"，[2]但在论及贝济耶的情况时，他却把着眼点更多放在了对领主特伦维尔子爵及其行动的描述上。在这位历史学家笔下，直面十字军的贝济耶子爵雷蒙－罗歇·特伦维尔是一位真正的英雄。当他的舅父图卢兹伯爵雷蒙六世放弃荣耀和臣民，执意追随十字军之时，只有这位年仅23岁的年轻子爵，宁愿舍弃爵位，"与法兰西几乎所有贵族为敌"，也不愿有负护佑子民的职责；在卡尔卡松战事不利、民众情况危急之时，也是这位子爵甘愿为人质，为他的子民换取生机。如此行为得到了亨利·朱利亚的高度肯定和认同，他盛赞特伦维尔有着"崇高的骑士精神"和"伟大的灵魂"，因为他对抗的不仅是凶残的十字军，更是"在各个时代都令人憎恶的偏执与盲从"。[3]

在整部著作中作者其实不止一次谈及宗教狂热的危害，罗马教廷一直寻求绝对权力在他看来就是狂热盲信的突出表现。从这个角度回看阿尔比事件，被牺牲的便不单单只有特伦维尔子爵以及遭遇战祸的南方民众，甚至还有犯错的阿尔比派。正是基于

[1] Henri Julia, *Histoire de Béziers*, pp.410-411.

[2] Henri Julia, *Histoire de Béziers*, p.72.

[3] Henri Julia, *Histoire de Béziers*, pp.88-101.

这样的看法，亨利·朱利亚在讲到阿尔比派时，虽然并不为之辩护，却不断追问：教会的指控就一定是事实吗？即便信众步入歧途，难道教会就有权剥夺他们的生命，以恶劣的手段对待他们吗？对此，这位历史学家的答案是否定的。他认为，暴力永远不可能摧毁人们对心灵自由的渴望："命运放弃它的隐秘计划了吗？人类的武器将它征服了吗？没有。它在以己方的失利换取更大的利益。阿尔比派之后，新教徒出现了；路德继承了皮埃尔·布吕（根据作者的说法，他是一位阿尔比派宣教士）；萨克森选帝侯为新教徒所做的事情，贝济耶子爵在13世纪也曾做过。"[1] 亨利·朱利亚不是第一次在表述中把阿尔比派和新教钩连在一起，他曾在论及阿尔比派出现时漫不经心地提到其信仰与新教徒极为相似，但他并非阿尔比派–新教谱系关系的拥趸。实际上，作者之所以把两个教派放置在一起，更多是由于两者在社会层面的相似性（例如都被天主教会视为异端，都曾受到压制和迫害，都引发过宗教战争）以及它们身上自18世纪以来不断被冠以的具有强烈社会和政治意涵的概念，如"改革""自由"等。当这些因素与作者写作《贝济耶史》希望突出的地域和文化要素叠加在一起时，呈现出的便是结合了历史、观念、空间和情感的纯洁派叙事，而这也是19世纪纯洁派历史书写的一种典型模式。

从18世纪下半叶到19世纪，一个明显的事实是，越来越少的作者会将纯洁派本身作为他们关注的对象。这一现象或许可以归咎于时人对纯洁派历史的"无知"，但从另一个角度来说，也意味着纯洁派的身份性质、教义信仰等问题在这个时代已不再能够牵动人们的思想。换句话说，这些问题彼时失去了它们的现

---

[1]　Henri Julia, *Histoire de Béziers*, p.412.

实意义，至少对于远离教会学的作者而言，的确如此。然而与此同时，以阿尔比战争为中心的纯洁派故事越发频繁地出现在文人学者的文字里，并随着传播范围的扩大进入大众的生活。不过，此时的阿尔比战争早已不是中世纪甚至近代"正统信仰清除有害异端、正义战胜邪恶"这样单一的宗教故事，而是承载了16世纪以降社会、政治和思想流变印痕的复杂叙事。这些叙事有时将纯洁派刻画为杀戮行动中的被害者以展现战争的残酷和杀人者的不义，有时又会把他们塑造成面对迫害的抗争者以突出教会的丑恶无道，真正的纯洁派反而在这些旨趣各异的文本里逐渐虚化，甚至消隐于整个南方历史的底色当中。

整个19世纪，从奥古斯丁·梯叶里（Augustin Thierry, 1795—1856）、米什莱（Jules Michelet, 1798—1874）、亨利·马丁（Henri Martin, 1810—1883）的法国史到地方史、教会史和文学史作品，类似的叙事几乎随处可见。纯洁派的"历史"因此得以扩散、传播，其"文明先锋、自由勇士"的形象也日渐深入人心。到19世纪末，这种叙事甚至开始变得更具浪漫色彩和神秘意味，而纯洁派也越来越具有神话化的特征。

1870—1872年，法国新教牧师拿破仑·佩拉（Napoléon Peyrat, 1809—1881）发表了在纯洁派历史书写史上具有里程碑意义的作品《阿尔比派的历史》（Histoire des albigeois）。[1] 这部以"历史"为名的著作几乎汇集了与纯洁派相关的所有问题，而为了说明这些问题，作者不仅参阅了诸多历史资料和文献，还以微妙的想象填补了其中许多含混不明之处。常常以隐喻方式表达

---

[1] Charles-Olivier Carbonell, « D'Augustin Thierry à Napoléon Peyrat: un demi-siècle d'occultation (1820–1870) », *Cahiers de Fanjeaux* 14 (1979) : 158.

的想象以被誉为"南方米什莱"的佩拉的生动优美又凄楚忧郁的文字表现出来，无疑为这部作品平添了独特神秘的气质，不仅使《阿尔比派的历史》在 19 世纪的历史著作中显得极为突出，也让佩拉参与缔造的纯洁派"神话"得到了更广泛的传播。

拿破仑·佩拉出生于法国南部阿列日地区（Ariège）的一个新教家庭，中世纪这里曾是富瓦伯爵的领地，也是宗教裁判所势力最为集中的地区之一，自然造就了佩拉与阿尔比派的天然联系。不过，他撰写《阿尔比派的历史》的核心要务却并不完全是向世人展示阿尔比派的真实面向。讲述阿尔比派及其被镇压的历史固然重要，但于佩拉而言，这段过去更为关键的价值在于它是整个南方地区命运的转折点，也是在漫长的法国史中"一直沉默的南方人民"命运的转折点。所以，描绘这段历史实际上是在"向伟大的祖国讲述我那美好高贵的罗曼语族家乡的痛苦，向现在强大的民主国家讲述 13 世纪那些平民或执政官们所经历的折磨"，因为"新的法国亏欠这些伟大的公民，这些宽仁的护民官，这些为正义和自由而战的骑士和内心充满智慧、爱和神圣理想的勇士一声叹息。他们是为我们而死，而这本书就是他们的遗嘱，是六百年后从阿基坦（l'Aquitaine）①的坟墓中发掘出来的一个民族的遗嘱"。②

怀着这样浓烈的乡土之爱，佩拉笔下阿尔比十字军到来之前的南方展现出一幅田园牧歌式的景象，而阿尔比十字军的入侵打破了所有的美好，使南方蒙上了一层悲怆的阴影。不过，在佩拉看来，南方命运的转折却并非阿尔比派"异端"的过错，而是

---

① 也被译为"阿奎丹"，主要指的是法国西南部，也经常被用来代指南方。

② Napoléon Peyrat, *Histoire des albigeois : les albigeois et l'Inquisition*, tome 1 (Paris : Librairie internationale,1870), p.7.

一场赤裸裸的政治斗争，是权力和利益的殊死较量。在这个过程中，阿尔比派既是替罪羔羊，也是自由斗士。对这些被称作"纯洁派"①的异议者，佩拉的刻画也充满了神秘浪漫的色彩。在他笔下，这些人有着纯净神圣的信仰，"不仅源于正统，而且属于福音派谱系中最高贵也最纯粹"的群体。②他们古老而神秘，保持着"最为纯洁的基督教信仰，也许应该把他们看作脱离了（罗马）教会的全新教会，就像是蝶蛹蜕变成蝴蝶"，"这种蜕变曾是过去的沉重灾难，却会在将来成为值得悼念的荣耀"。③虽然以如此诗意的方式为纯洁派正名，佩拉却并未延续新教传统，将阿尔比派与韦尔多派看作同一教派。他指出，十字军到来之前，法国南方基督教主要有三个信仰群体，分别是天主教、纯洁派和韦尔多派，他们的信众也分布在不同的社会阶层，"天主教的虔信者是修道院的普通修士，韦尔多派吸引了城市居民，而纯洁派则受到领主贵族们的青睐"。④其中，纯洁派和韦尔多派的思想与天主教有明显不同，在南方天主教会越发堕落、引起人们不满之时，纯洁派与韦尔多派的出现无疑是在纠正前者的偏差行为，就像是"被放逐的圣保罗和圣约翰的教会，以圣言和爱的名义，对罗马，对圣彼得用以威吓世界的庞大暴力的教会，发起的一场猛攻"。⑤

---

① 佩拉在《阿尔比派的历史》中常常混用"纯洁派"和"阿尔比派"，并未对它们做出区分。
② Napoléon Peyrat, *Histoire des albigeois : les albigeois et l'Inquisition*, tome 2, p.7.
③ Napoléon Peyrat, *Histoire des albigeois : les albigeois et l'Inquisition*, tome 2, p.11.
④ Napoléon Peyrat, *Histoire des albigeois : les albigeois et l'Inquisition*, tome 1, p.68.
⑤ Napoléon Peyrat, *Histoire des albigeois : les albigeois et l'Inquisition*, tome 2, p.14.

尽管纯洁派和韦尔多派在教义上存在分歧，大多数时候，他们面对强权——君权和教权——时的理念却分外一致，因此在社会出现骚动时，这两个教派的信徒常常会联合起来。[1]所以，当十字军进入南方后，他们见到的便是联系更为紧密的纯洁派和韦尔多派信众，就像是通力合作、一致对外的南方贵族与执政官。[2]

在佩拉讲述的故事中，如果没有十字军的血腥镇压，纯洁派和韦尔多派本可以继续发展壮大，直至冲破罗马教会的强力压制。然而暴力打断了南方奔向自由的进程，纯洁派慢慢"闭上了眼睛，只在未来的暗影中瞥见了光亮，那是胡斯和萨佛纳罗拉（Savonarole）的火刑台，是16世纪路德与其他宗教改革家前来复仇的伟大才思"。[3]从这样的表述中可以看出，在佩拉眼中，十字军的胜利并不意味着纯洁派故事的终结："他们遭受了北方人的侵略与宗教裁判官的迫害，但其信仰没有就此消失，它沉入了深渊，虽然一直伴随着苦痛，却熬过了漫长岁月。"[4]自13世纪下半叶开始，它就"被奥利维[5]复活，在纯洁派曾经生活的地方得以重生。这些奥利维的信徒在英国被叫作罗拉德派或歌唱派（Chanteurs），在弗兰德尔被称为乞愿派（Beggards）或祈祷派（Prieurs），在法国是贝居安

---

[1] Napoléon Peyrat, *Histoire des albigeois : les albigeois et l'Inquisition*, tome 2, pp.275–276.

[2] Napoléon Peyrat, *Histoire des albigeois : les albigeois et l'Inquisition*, tome 1, p.68.

[3] Napoléon Peyrat, *Histoire des albigeois : les albigeois et l'Inquisition*, tome 1, p.5.

[4] Napoléon Peyrat, *Histoire des albigeois : les albigeois et l'Inquisition*, tome 3, 1872, p.362.

[5] 皮埃尔·德·让·奥利维（Pierre de Jean Olivi, 约1248—1298），方济各会一个崇尚灵性团体的领导者，出身朗格多克。

派（Beguins），在意大利是弗拉提塞尔派在普罗旺斯被称为圣
灵兄弟派"。^①蒙塞居是他们的"神殿、堡垒和圣墓"，就是在
这里，纯洁派遭受了最后的打击，就此散落到世界各地。^②直
到16世纪，"烧死最后的阿尔比派的火焰与约翰·胡斯和布拉
格的杰罗姆火刑柱的火焰交织在了一起。（隐藏在）阿尔卑斯
山脉的阿尔比派的传承者，韦尔多派信徒加入了16世纪宗教
改革，尽管这次改革与12世纪相比规模较小，却建立在圣经
与世界双重根基上，（因此）更为坚实。简言之，虔信的阿尔
比教义与宽容和爱的精神在各处都大获全胜……在被罗马压制
六百年后，它终成了宇宙的法则"。^③

　　虽然佩拉在整部著作中不断强调讲述阿尔比派的历史意在
为讲罗曼语的南部法国发声，但他关于这一教派起源与传承的叙
事无疑是在论证阿尔比派、韦尔多派和新教之间某种隐秘的亲缘
关系，从而继承和发扬了新教世界长久以来坚持的信仰谱系。尽
管在佩拉勾勒的谱系结构中，严格说来，"韦尔多派才是宗教改
革之母，阿尔比派只能算是改革教会的姊妹"，^④不过这显然无损于
《阿尔比派的历史》在纯洁派历史书写演变历程中的重要地位。究
其原因，无论是19世纪还是今天，这部作品给予读者的震撼都不
在于它所展现的"历史知识"，而在于佩拉对纯洁派的塑造及其充

① Napoléon Peyrat, *Histoire des albigeois : les albigeois et l'Inquisition*, tome 3, p.329.
② Napoléon Peyrat, *Histoire des albigeois : les albigeois et l'Inquisition*, tome 3, pp.411, 56.
③ Napoléon Peyrat, *Histoire des albigeois : les albigeois et l'Inquisition*, tome 3, p.460.
④ Yves Krumenacker, « La généalogie imaginaire de la Réforme protestante », p.284.

满浪漫色彩和象征意味的写作风格，尤其是他对蒙塞居城堡的关注和描述，直接将之推上了纯洁派甚至基督教历史的圣坛。

蒙塞居在《阿尔比派的历史》中是十字军战争后阿尔比派历史的核心所在，在作者眼中，其地位堪比犹太人的锡安山。因此，当写到蒙塞居城堡被攻破、摧毁的场景时，佩拉痛呼："蒙塞居，蒙塞居，你是脆弱无助的堡垒，却也是光荣的坟墓，将你的城堞垒砌入云，让它们高耸在时间之上，永远向这个因崇敬和恐惧而瑟瑟发抖的世界展示那场彻底的屠杀，200 位殉道者在山顶被火焰吞噬，你那浴血的光轮为我们指明了约翰派信仰和比利牛斯之国的受难地。"[1] 写作接近尾声时，他甚至带领读者"走上"朝圣之路，遍游蒙塞居的山巅地堡，以致敬"阿尔比派的避难所、堡垒和坟墓"，因为"阿尔比派的历史遍布它的名字，正如它的废墟俯瞰着这段罗曼语族史诗中的广阔战场。讲述这些浸透了信仰、鲜血和狂热的石块，其实就是在延续和完成这场殉道"。[2] 在结语的最后，作者怅然回望："透过蔚蓝清透的夜色，我们最后一次看到它（蒙塞居）的影子。月光照在废墟上，像一盏丧灯照耀着一个已然消失的世界的坟墓，又像一座灯塔映照着时间的黑暗通道，等待着新的黎明。"[3]

拿破仑·佩拉无疑以一己之力把蒙塞居推上了圣坛，同时也将曾经包容阿尔比派的南方打造成了蕴含深刻历史记忆的符

[1] Napoléon Peyrat, *Histoire des albigeois : les albigeois et l'Inquisition*, tome 2, p.385.

[2] Napoléon Peyrat, *Histoire des albigeois : les albigeois et l'Inquisition*, tome 3, p.411.

[3] Napoléon Peyrat, *Histoire des albigeois : les albigeois et l'Inquisition*, tome 3, p.466.

号。但对于严肃的历史学家而言，佩拉著作的成功不仅无助于真正的历史研究，反而妨害了人们对这段过去的真实认知，因为经由《阿尔比派的历史》推动的纯洁派故事甚至开始脱离可能的历史情境，进入到神秘学的领域，为人们制造新的传说和神话提供了重要素材。[①]1933年，随着德国学者奥托·拉恩（Otto Rahn, 1904—1939）[②]《与圣杯为敌的十字军》（*Kreuzzug gegen den Gral*）的出版，这一趋势达到了顶峰。

拉恩并不是第一个在阿尔比十字军和圣杯之间建立关联的作者。在法国，至少从20世纪初开始，就有学者把圣杯传说与纯洁派联系在一起。1900年，图卢兹戏剧作家皮埃尔-巴泰勒米·格西（Pierre-Barthélemy Gheusi, 1865—1943）就在他的历史小说《蒙萨尔瓦》（*Montsalvat*）中，把瓦格纳歌剧《帕西法尔》（*Parsifal*）里守护圣杯的城堡蒙萨尔瓦设定在了蒙塞居，而曾在蒙塞居城堡遇害的纯洁派也就顺理成章成了圣杯的守护者。[③]几年后，著名神秘主义作家约瑟夫·佩拉丹（Joséphin Péladan, 1858—1918）发表了明显受到瓦格纳和格西影响的作品《行吟诗人的秘密》（*Le*

---

① 纯洁派历史被神话化的主题在许多论文、专著中被讨论过，如《方若手册》第14期便专刊研究了纯洁派的历史编纂。关于纯洁派在19世纪末到20世纪被"使用"并逐渐成为"神话"的过程，也可参见 Jean-Louis Biget, « Mythographie du catharisme (1870–1960) », *Cahiers de Fanjeaux*, 14,（1979）: 271–342。

② 奥托·拉恩在欧洲知识界是位毁誉参半的学者。无论当时还是后世，拉恩作为一名热爱甚至痴迷神话和文学学者的身份都是被认可甚至欣赏的。但他1936年加入党卫军并成为海因里希·希姆莱幕僚的经历无疑给他的一生蒙上了阴影，令后世许多学者认为他的写作目标之一便是通过文学和历史"探索"为种族主义和纳粹张目。

③ Pierre-Barthélemy Gheusi, *Montsalvat, roman historique en trois actes et quatre tableaux* (Paris : Ernest Flammarion, 1900).

Secret des Troubadours）。在这部充满隐喻的著作中，佩拉丹不但将行吟诗人及其代表的文学提升到了文化甚至文明的传承高度，而且把这一群体与纯洁派混同，不断暗示圣杯——或者说基督教的真正传承——在他们和与他们有相似遭遇的圣殿骑士那里，而非他们的敌人罗马教会手中。[①]无论格西还是佩拉丹在法国都绝非寂寂无闻之辈，而中世纪、基督教又是19世纪欧洲知识界极为关注的主题，因此围绕纯洁派、十字军、圣杯、殉道者展开的历史故事很快便成为一种广受欢迎的叙事，甚至连学术界也受到了影响。

1933年，被阿尔比派历史和传说吸引的奥托·拉恩在参考诸多文献——尤其是中世纪诗歌——并走访法国南方后，以饱满的情感写出了《与圣杯为敌的十字军》。次年，这部作品就被翻译成了法文，在法国广为流传。就其本质而言，《与圣杯为敌的十字军》所展现的核心观点原创性并不强，其论述更像是此前将纯洁派与圣杯等传奇元素联系在一起的故事的综合。不过，作者显然并不认为这些传奇故事是空穴来风。在他看来，中世纪的诗歌和各类文本既是文化的象征，同时也包含真相，其中的含混之处、未尽之言更是前人留下的隐语暗示，有待后人发现和解释，而拉恩恰好在其中"发现"了圣杯的踪迹。他指出，从诸多中世纪流传下来的故事和传说来看，圣杯应该曾在法国南方普罗旺斯和朗格多克地区停留，彼时在这片区域生活并遭到残酷镇压的纯洁派正是圣杯的守护者。如果对照诗人沃尔夫拉姆·冯·埃申巴赫（Wolfram von Eschenbach）关于圣杯的史诗《珀西瓦尔》（*Parzival*），那么纯洁派的庇护者特伦维尔

---

① Joséphin Péladan, *Le Secret des Troubadours, De Parsifal à Don Quichotte* (Paris : E. Sansot et Cie, 1906).

子爵无疑便是圣杯骑士，富瓦伯爵的姊妹、纯洁派女完人埃斯克拉蒙德·德·富瓦显然就是那位圣杯女王，而蒙塞居（*mons securus*, 意为"安全之地"）不就是冯·埃申巴赫笔下的圣杯城堡（Montsalvage, *mons salvatus*, 意为"救赎之山"）吗？拉恩确信，这就是纯洁派从未有机会言说的真正隐秘，就此而言，阿尔比十字军确实是一场事关正邪之战，但很明显，正义的一方是为圣杯牺牲的纯洁派殉道者，而邪恶一方则是以"异端"为借口侵入南方并肆意杀戮的"来自梵蒂冈和卢浮宫"的十字军。[1]

《与圣杯为敌的十字军》一书虽以学术形式写就，但作者将过多并无根据的观点乃至想象融入其中，让整部著作传奇色彩浓厚却缺少严肃性，因此并未得到学术界的肯定。然而在公共和媒体领域，这种把传说和历史结合起来的生动叙事却极受欢迎。尤其在法国南方，不仅报纸杂志会不时刊登关于纯洁派的历史和故事，各地的旅游观光机构也常常借用"神秘的纯洁派"来宣传和吸引游客。与之相伴的，是各种纯洁派故事和传说的越发稳定广泛传播，而人们关于纯洁派的历史认知和记忆则不断扭曲变形，以至于许多专业历史学家也只能无奈兴叹。

---

[1] Otto Rahn, *La Croisade contre le Graal : grandeur et chute des Albigeois*, traduit par Robert Pitrou (Rosières-en-Haye : Camion Blanc, 2015).

第六章　寻找纯洁派的历史

19 世纪往往被称为"历史学的世纪",不仅是因为作为现代学科的历史学肇始于这个时代,更因为人们的历史意识也在这一时期出现了深刻而明显的改变。在法国,历史书写首先需要面对的便是法国大革命对它的影响,其次则是历史书写者对历史研究越发严谨理性的认知。纯洁派并未缺席这个过程,从 19 世纪到 20 世纪,学者们对纯洁派的看法虽然仍会受到各种观念思潮的影响,但追寻真正的纯洁派历史的脚步却再未停下。

1　作为"象征"的纯洁派

19 世纪学者的纯洁派历史书写是建立在大革命后人们对整体历史的关注和重新认识的基础上的。对于大革命时期成长起来的学者而言,大革命及其引发的动荡和变革不仅是他们记忆中至为深刻的事件,也是促使他们思考和探索历史的动力。1834年,奥古斯丁·梯叶里在为《历史研究十年》(*Dix ans d'études historiques*)作序时就讲到,他之所以开始研究法国早期王朝和中世纪制度,就是因为察觉到当下许多问题的根源都应该追溯到

过去。^①同一时期，基佐（François Guizot, 1787—1874）也表
示，希望通过对过去一些主题的思考来"触及……当代政治中那
些显而易见的困境"，并坚信"可以以此筛选这个时代的思想，
将与社会秩序的永恒规则相一致的正义和自由的进步与革命幻想
或沸腾骚动区分开来"。^②不难想象，以这样借古寻今的姿态重思
历史，过去将不再是陌生的异乡，而是遥远的现实。当然，并非
所有主题都会得到这个时期历史学家的关注，对国家和民族起源
文化的探索却将他们相继引向中世纪。于是，纯洁派和中世纪盛
期的法国南方开始以一种全新的面貌出现在时人面前。

　　1821 年，瑞士历史学家西蒙德·德·西斯蒙迪（Jean Charles
Léonard Simonde de Sismondi，1773—1842）开始出版多卷本
《法国史》（*Histoire des Français*），并在第六卷谈及了阿尔比战
争。不过，在讲述这一事件之前，作者首先表明了他对彼时法国
南方社会状况的看法。在这位自由主义者眼中，即将受到十字军
凌虐的这片地域与其说是"法国的"南方，不如说是"西班牙"
或"阿拉贡"^③的领地，而居住在这里的是"一个勤劳、才华横
溢，醉心贸易、艺术和诗歌的族群"。他们的"商业和艺术发展
十分迅速，城市富足而精巧"；"人们以无与伦比的热情滋养着诗
歌艺术"，几个世纪来几乎所有杰出的行吟诗人都出自这个地方；
"北部的法国人在他们眼中就是一群让他们不屑却又不得不屈服

① Augustin Thierry, *Dix ans d'études historiques* (Paris : Just Tessier, 1835),
Préface, pp.5-6.

② François Guizot, *Mémoires pour servir à l'histoire de mon temps*, tome 1
(Paris : Michel Lévy frères, 1858), pp.312-314.

③ 12—13 世纪，朗格多克、普罗旺斯、加泰罗尼亚及其周边地区的归属权十
分复杂，法国、神圣罗马帝国和阿拉贡王国的势力均涉入其中，因此这一
地区一直纷争不断。

的野蛮人"。① 但不幸的是，南方的先进繁荣招来了"野蛮人的嫉妒和怨恨"，并最终引发了战争。于是，"光明的信徒与黑暗的爪牙""自由的信奉者和专制主义的门徒""法国的两个族群"之间进行了一场殊死对抗。② 对作者而言，显然这才是阿尔比十字军战争真正的肇因和本质。

西斯蒙迪并没有完全否认战争中的宗教因素，但与前人不同的是，他尽管也会就纯洁派的信仰给出自己的看法，却更愿意从人类思想整体演进的角度来理解这个问题。因此，当其他学者把纯洁派视为基督教会的一场异端或改革运动时，西斯蒙迪认为，纯洁派时期的法国南方发生的是一场精神革命："在同一时代，同一地区，人类精神打破了迷信的古老链条；韦尔多派、巴塔利亚派和阿尔比派发展出了一种正确的信念，他们思考叩问的是长久以来由于骗子们的谎话和人们盲目信从而存在的谬论。"③ 这位新教历史学家没有径直将教派分子置于全然无辜的位置，但这些人为摆脱罗马教会陈旧僵化观念而进行的抗争，在他看来，无疑是一种进步的象征，因为即便是宗教信仰，也应该"不断向更伟大的光明和更健康纯洁的思想"前进靠拢，直至达成最终目标，即新教所代表的基督教的真理。④ 在这种理念的推动下，作者甚至把纯洁派和新教也松散地勾连了起来，相信"这些同一时期发

---

① Jean Charles Léonard Simonde de Sismondi, *Histoire des français*, tome 6 (Paris : Treuttel et Würtz, 1823), pp.159–160, 250–251.

② Jean Charles Léonard Simonde de Sismondi, *Histoire des français*, tome 6, pp.252, 424.

③ Jean Charles Léonard Simonde de Sismondi, *Histoire des français*, tome 6, p.160.

④ Jean Charles Léonard Simonde de Sismondi, *Histoire des français*, tome 5, p.369.

展起来的观念——图卢兹的亨利派信徒、米兰的卡塔里派以及意大利和法国其他地方的义人、巴塔利亚派、里昂穷人派、韦尔多派和阿尔比派——就是后来新教徒发起宗教改革时所抱持的信念"。[①]

作为一名自由主义者，西斯蒙迪对专制和权力的反感是毋庸置疑的，因此无论是用武力镇压纯洁派的十字军还是以权威迫害纯洁派的罗马教会，在他笔下，都有令人厌恶的丑恶形象，与之相对的，纯洁派和普罗旺斯南方代表的却是自由、先进和文明。这便是19世纪20、30年代关于纯洁派最为典型的一种叙事。

西斯蒙迪的著作发表后不久，另一位自由主义史家奥古斯丁·梯叶里以之作为参考讲述了一段极为相似的历史。1825年，梯叶里在《诺曼人征服英国史》(*Histoire de la conquête de l'Angleterre par les Normands*)第三卷论及13世纪法国南方时指出，"这里的大多数贵族都是图卢兹伯爵的附庸。他们比高卢其他地方的贵族要文明得多。这些人与东方商人进行大笔交易，以至于图卢兹伯爵的签名在东方甚至比法国国王印章的效用都要大。这里的城市拥有市政机构，几乎就是意大利各共和国的样子"。[②]在两年后出版的《法国史信札》(*Lettres sur l'Histoire de France*)中，梯叶里描绘的图景与西斯蒙迪更加相像："日耳曼人入侵时，南部高卢是经济繁荣和思想先进的典范；在整个古罗

---

① Jean Charles Léonard Simonde de Sismondi, *Histoire des français*, tome 5, p.370.

② Augustin Thierry, *Histoire de la conquête de l'Angleterre par les Normands, de ses causes et de ses suites jusqu'à nos jours, en Angleterre, en Écosse, en Irlande et sur le continent*, tome 3〔Paris : Firmin-Didot (frère et fils), 1825〕, p.311.

马世界，那里的城市、建筑和手工业都独一无二。被征服五个世纪之后，高卢的文明家园仍未完全失去其财富和艺术品味。它的船队朝各个方向前进，横渡地中海，与东方人开展贸易；而卢瓦尔河北的法兰西人只知道在东方劫掠。南高卢人创造了第二种优美的罗曼语，似乎比第一个还富有诗意。"[1]正因为曾经拥有灿烂辉煌，失去才显得更加萧索残酷。阿尔比十字军的到来阻断了这片地域继续自由发展的可能，对于这场战争的因由，梯叶里的看法是，北方的"国王从未放弃与查理大帝相同的野心抱负，渴望在比利牛斯山顶插上百合花旗帜，成为全高卢的主人"，由教会发起组织的阿尔比十字军显然为他提供了一个完美的契机。[2]结果就是，"笼罩在法兰克高卢上方的黑暗涌入了罗马高卢，中世纪以艺术[3]和理性著称的南方如今反而落到了愚昧地区的后面"。[4]

尽管明确将阿尔比十字军战争归为权力和利益之争，但这毕竟是一场由宗教异端引发的冲突，如果不能对它背后的思想动因给出合理解释的话，梯叶里为南方塑造的饱受苦难的无辜形象势必大打折扣。因此，他在强调12、13世纪南方独特性的时候，也没有忽略这一特点在思想文化方面的展现。在他看来，这里的

---

① 〔法〕奥古斯丁·梯叶里：《法国史信札》，许楒译，上海社会科学院出版社，2019，第98页。

② 〔法〕奥古斯丁·梯叶里：《法国史信札》，第97页。

③ 1840年这本书再版时，梯叶里将此处的"艺术"改成了"产业"（l'industrie），从中也许可以窥见梯叶里对"产业主义"（l'industrialisme）的关注和重视。这一点曾有学者进行深入讨论，参见 Shirley M. Gruner, "Political Historiography in Restoration France", *History and Theory* 8/3 (1969): 346–365。

④ Augustin Thierry, *Lettres sur l'Histoire de France* (Paris : Sautelet, Ponthieu, 1827), p.110.

人"本性热情，所以他们强烈甚至狂热的基督教信仰并不表现在对教条无条件的信奉和对罗马教会宗教仪式的机械遵从上。他们没有公开反抗那个在开化的国家中从未建立起绝对权威的教会，只是在遥远的过去以某种方式预先进行了 16 世纪才在其他国家出现的宗教改革，甚至可以说有所超越"。[1] 虽然并没有直接为纯洁派辩白，但梯叶里的言下之意十分明显：这是一场反对罗马教会权威教条的改革运动。对于这一点，作者在近二十年后出版的修订版《诺曼人征服英国史》中表述得更加清楚："他们的信仰是热诚甚至狂热的，因为本性充满热情，所以对罗马教会的教义和教规不会被动服从。这些人并不准备背叛教会，也没有意识到与教会之间的分歧究竟到了何种程度"，他们只是"接纳了一些新观点"，这些观点与天主教教义虽不一致，却也仅是某些"古代教义的奇怪组合"而已。[2] 由此可见，梯叶里与西斯蒙迪一样对中世纪罗马教会的专制教条颇有不满。[3] 不过这位历史学家很少在信仰问题上发表看法，对他而言，更重要的是思想进步与观念对抗所带来的社会后果，所以即便纯洁派确实有错，更需要深思的却是罗马教会的应对及其造成的影响，比如阿尔比战争导致的南方文明的沉寂以及南北双方的对立和仇恨。

---

[1] Augustin Thierry, *Histoire de la conquête de l'Angleterre par les Normands*, tome 3, p.312.

[2] Augustin Thierry, *Histoire de la conquête de l'Angleterre par les Normands, de ses causes et de ses suites jusqu'à nos jours, en Angleterre, en Écosse, en Irlande et sur le continent* (7e édition), tome 4 (Paris : Furne et CIE, 1846), pp.111–112.

[3] Philippe Contamine, « Le Moyen Âge romantique et libéral d'Augustin Thierry », *Comptes rendus des séances de l'Académie des Inscriptions et Belles-Lettres*139/4 (1995) : 969–981.

西斯蒙迪和梯叶里显然倾向于认为纯洁派的出现与法国南部长久以来较为开放的文化环境有紧密关联，因此都在描绘当时南方文明繁荣的景象上倾注了大量笔墨。但这样的文明状态与南方特殊的政治形态亦是分不开的。西斯蒙迪和梯叶里并没有忽视这个因素，他们都曾提及南方城市跟王室掌控力较强的北方城镇有所不同，这些城市往往独立自治，与意大利的城市共和体制更为相似。基佐同样关注了这个问题，并给出了更具政治意涵的论述。

1828 年，重回索邦大学的基佐在向学生讲述他对欧洲文明的理解时说道："11 世纪及 12 世纪初期，普罗旺斯、朗各多克和阿基坦的市镇决意来一次政治飞跃，各自建立独立的共和国……这时候，发生了阿尔比异端事件。于是，法国的封建部分与城市部分之间爆发了战争……这是北方的封建主义与南方的试建民主体制的力量之间的一场争斗。南方人纵有爱国热情，北方还是打胜了……建立共和体制的尝试被镇压了，十字军在法国南方重建了封建制度。"[1]从上述文本便可看出，因异端问题导致的阿尔比战争虽然引发了历史的转折，却并不是作者关注的重点。基佐想要借此揭示的远不是这场十字军对战争双方的即时影响，而是这一事件在法国、欧洲甚至人类历史和文明的进程中究竟意味着什么。他在对欧洲文明发展有重要影响的关键因素，即自治市镇制度和自由精神中找到了答案。从这个意义上来说，阿尔比异端事件便不再是简单的宗教或政治事件，而是当时向往自由的有识之士进行社会改良的尝试，其失败体现出的则是人类文明进步历程

---

[1] 〔法〕基佐：《欧洲文明史》，程洪逵、沅芷译，商务印书馆，2005，第 191—192 页。

的复杂和艰难。正如基佐所说，"我们全部的历史，我们整个文明，我们所有的光荣以及我们的伟大，都敦促和引导我们朝着君主和自由联合的方向前进；在我们朝目标前进的途中经常误入歧途；为了达到目标，我们还要走很多新路并越过许多险途。但让我们的目标一如既往吧，因为那里是我们的安全港湾"。①

虽然在著作中没有对纯洁派或阿尔比战争倾注过多精力，基佐为后世学者研究纯洁派所提供的助益却是有目共睹的。他从1823年开始主持编辑出版法国历代历史文献，其中就包括记录阿尔比十字军战争的三部编年史文献：《阿尔比教派史》、《阿尔比战争之歌》以及《编年史，1203—1275》。《阿尔比教派史》和《编年史，1203—1275》均于1824年完成出版，《阿尔比战争之歌》由于以古老的普罗旺斯方言写成，因此迟至1837年才被基佐邀请的语言学者、历史学家克劳德·福里埃尔（Claude Fauriel, 1772—1844）译出。

与前两部编年史出版时基佐只进行简短说明不同，福里埃尔为《阿尔比战争之歌》附上了100多页的导言，他不仅对这部文献的形式、风格等信息做了细致考察，还针对这段历史发表了自己的看法。他指出，《阿尔比战争之歌》的作者并不仅讲述战争中的人物、事件，还向读者传递了更加完整和鲜活的东西：一幅中世纪南方社会状况的完美画卷。在其中，作者意图通过各种事实向读者展现的最重要的东西，是阿尔比战争之前南方城市的民主化特征和各封建阶层中普遍存在的骑士精神。福里埃尔分析说，13世纪初，尽管封建制度的完善程度在法国已经达到顶

---

① 〔法〕弗朗索瓦·基佐:《欧洲代议制政府的历史起源》，张清津、袁淑娟译，复旦大学出版社，2008，"序言"，第3页。

峰，但"法国南方大部分城市都是由数目不等、非终身性质的民选官员治理，这些人通常被称为行政官（consul），他们需参与的会议则被称为议事会（le consulat）"，尼斯（Nice）、阿维农（Avignon）等城市甚至已经冲破封建领主的束缚，建立起了共和制度。[1]这种状况自然很容易导致城市与封建领主之间的矛盾，而在两者的对抗中发挥重要作用的，则是南方甚至普及到城市普通有产者身上的"骑士精神"。福里埃尔认为，正是这种"集高贵优雅、殷勤有礼和慷慨大方于一体的"骑士精神帮助塑造了"令人欢乐愉悦"的南方独特的社会文化状态，在阿尔比十字军到来之前，造就了一个"真正的天堂"；也是这种骑士精神与城镇独立自由的传统一起支撑了南方人民对十字军的反抗。所以，阿尔比战争在福里埃尔眼中（于福里埃尔而言，也是在《阿尔比战争之歌》的作者眼中），是"由一股不义野蛮的力量加诸原本高雅、正义与和平地区的生死之战"，是体制与体制的交锋，是傲慢与高贵、蒙昧与文明之间的对决。而令福里埃尔感到遗憾的是，无论是先进的制度、可贵的精神还是理性或者文明，最后都以失败告终，就像《阿尔比战争之歌》里所说，"（地上的）天堂被摧毁，民众流离失所；基督教世界也因此堕落蒙羞"。[2]

克劳德·福里埃尔对《阿尔比战争之歌》的介绍与分析是偏向语言学和文学的，因而虽然他谈及了阿尔比战争时期的南方状况，却几乎并未涉及更具体的问题，如纯洁派的身份性质及他们

---

[1] Claude Fauriel, *Histoire de la Croisade contre les Hérétiques Albigeois*, écrite en vers provençaux par un poète contemporain (Paris : Imprimerie Royale, 1837), Introduction, pp. LV-LVII.

[2] Claude Fauriel, *Histoire de la Croisade contre les Hérétiques Albigeois*, Introduction, pp. LXII-LXIV.

的信仰。然而即便只是在穿插附带的评述中，福里埃尔也已表明对纯洁派这段历史的基本看法，而他的看法在当时的知识分子中无疑是具有代表性的。毕竟自由、文明、正义都是 19 世纪知识群体最为关注的概念和主题，将它们放置到不同时代的历史环境中进行比对思考也是他们极为热衷的工作路径。这就导致 19 世纪许多历史叙事中的纯洁派故事都饱含象征性：宗教异端的出现昭示着人们对意志和信仰自由的追求，南方曾经的先进繁荣是文明进步的征象，而阿尔比战争衬托出的则是武力野蛮的罪恶和权力的贪婪。米什莱在《法国史》(*Histoire de France*) 中的表述显然颇具概括性："朗格多克毕竟政治自由"，"普罗旺斯是共和的国度"，但"法国人搅乱了图卢兹……普罗旺斯的命运到此终了……这个地区的信仰情况非常糟糕，尤其是阿尔比战争之后，这里的信仰已经被各位教皇扼杀。随之一起被削弱直至消亡的是南方市镇久已存在的自由。罗马时代的自由和信仰、共和理念和基督教、古典时期和中世纪也一同消逝"。[①]

在西斯蒙迪等学者从人类自由和文明的角度重新解释纯洁派与阿尔比战争的同时，另一些知识分子——尤其是出身南方的知识分子——同样在以新的目光审视他们的故乡以及阿尔比之战带给这里的改变，其中自然包括从文学领域重新认识南方的文人学者。如前文所述，他们从 18 世纪开始就对法国南方特有的方言文学表现出浓厚的兴趣，许多推崇奥克语诗歌的研究者甚至将十字军到来之前南方文学的兴盛视作欧洲文化的黄金时代，从而也把终结了这一时代的阿尔比十字军的负面形象推向极

---

① Jules Michelet, *Histoire de France*,tome 2 (Paris : Librairie classique de L. Hachette, 1833), pp.57, 64, 68–69.

致。除此之外，许多南部文人在知识界和地方机构的鼓动下也积极参与了重新发现或发掘本地独特性的活动。在这方面，各省科学院无疑发挥着重要作用。[①] 比如，图卢兹科学院从 1749 年到 1764 年一直征文鼓励参赛者回应图卢兹人的祖先（les Volques Tectosages）[②] 究竟从何时开始发展科学和艺术的问题；1780 年，科学院希望参赛者阐明"省三级会议的益处"；1784 年，学者们要讨论的主题则是"图卢兹的商业贸易"。[③] 类似的征文题目或研究主题在推进研究当地历史文化的同时，显然也在巩固了一种独属地方的认同意识和乡土情怀。正如《尼姆民事、教会和文学史》（*Histoire civile, ecclésiastique, et littéraire de la ville de Nismes*）作者莱昂·梅纳尔（Léon Ménard, 1706—1767）[④] 所言，他的写作源于"对家乡的热爱和希望对故乡有用的愿望"。[⑤] 而

---

① 自 1635 年黎塞留（le cardinal de Richelieu）创建法兰西科学院（Académie française）以后，一场从巴黎到外省设立各种科学院的运动就在法国展开。外省建立科学院一方面是对中央政策的跟随，另一方面也契合了本地文人和各市政机构保存与发掘地方历史文化的普遍情绪。值得注意的是，最早一批建立起来的外省科学院几乎都集中在法国南部地区。相关讨论参见 Gérard Michaux, « Naissance et développement des académies en France aux XVIIe et XVIIIe siècle », *Mémoires de l'Académie nationale de Metz* (2007) : 73–86。

② 近代时期，一些学者（尤其是图卢兹学者）在撰述图卢兹地区史的过程中，借助凯撒、斯特拉波等古代作家作品中的信息，提出"图卢兹人祖先"的说法，认为最早的图卢兹人被称为"沃尔克－泰克多萨人"（les Volques Tectosages），是公元前 3 世纪定居在高卢南部地区的凯尔特人的一支。

③ Pierre Barrière, « Les Académies et la vie intellectuelle dans la société méridionale au XVIIIe siècle », *Annales du Midi* 62/12 (1950) : 341–350.

④ 莱昂·梅纳尔出生于普罗旺斯小镇，1746 年当选为皇家铭文与文学学院（Académie royale des Inscriptions et Belles-Lettres）合作院士。

⑤ Léon Ménard, *Histoire civile, ecclésiastique, et littéraire de la ville de Nismes*, tome 1 (Paris : Hugues-Daniel Chaubert, 1750), Préface, p.1.

马赛科学院院士巴蓬神父（Jean-Pierre Papon, 1734—1803）在解释为何撰写《普罗旺斯简史》（*Histoire générale de Provence*）时也骄傲地宣称，"没有哪个省的历史会比普罗旺斯的历史更引人注目"，而"我们（普罗旺斯人）理应比其他地方的人更关注过去发生在我们所居住的地方的事情"。[①] 可以想见，在这些发掘、弘扬地区历史文化的作品中，南方即便不是时时辉煌，大多时候也是灿烂耀眼的，而阿尔比战争则自然而然地被归入打断甚至破坏了地区繁盛的事件的范畴，纯洁派也因此保持了一种更具积极意味的形象。

　　不过，这种依托历史文化激发和构建起来的地方自豪感却在19世纪饱受挫折。一方面，法国大革命后的权力集中及在全国范围施行的统一性政策使北方作为国家政治、经济、社会和文化中心的地位更加巩固，而南方则只能居于从属位置，甚至渐渐失去了它的地区特性。另一方面，19世纪南北经济发展的差距越发明显，以至于以迪潘男爵（baron Charles Dupin）为代表的研究者很容易便划出了一条法国的贫富分界线（即圣马洛－日内瓦线，la ligne Saint-Malo-Genève），南方落后贫弱的形象逐渐深入人心。[②] 然而现实的落差并没有完全冲溃南方人的自豪感，对于地方知识分子而言，这种状况反而更加激发了他们的乡土意识和怀旧情绪，许多人以更大的热情投入对南方地区性历史文化的发现和阐释中，甚至逐渐开始寻求一种独属南方的民族性。

　　1845年，来自蒙托邦的学者马利－拉丰（Jean-Bernard

[①] Jean-Pierre Papon, *Histoire générale de Provence*, tome 1 (Paris : Moutard, 1777), Préface, pp.9–10.

[②] Roger Chartier, "The Two Frances: the History of a Geographical Idea", *Social Science Information* 17/4–5 (1978): 527–554.

Mary-Lafon, 1810—1884）出版了他的《法国南部政治、宗教和文学史》（*Histoire politique, religieuse et littéraire du Midi de la France*）一书。由于此前几乎从未有作者专门撰写过南方历史，这部作品的"开创性"意义是可想而知的。[①] 而马利－拉丰正是借助这部作品全面阐述了他对作为单独整体的法国南部的看法。他承认当下法国的完整性，却并不认为这种"独断的"完整性能够消除各个地区根深蒂固的差异。虽然史书一直以来都在宣扬法国是具有长期稳定传承的王朝国家，但在马利－拉丰看来，它更类似于一种"区域的集合"，是各不相同的地区随着时间推移和一系列事件的发生逐渐联系在一起形成的。北方之所以能够处于核心位置，也有赖于其他地区的妥协和牺牲，而在所有做出牺牲的地区中，南方无疑是最值得注意和研究的地方。作者这样说，不仅因为这是他深爱的家园，更是因为对法国而言，南方的重要性不容忽视，毕竟它不但占据这个国家的半壁河山，而且有着不同于北方且丰富无比的历史文化遗产。"这个古老国度"的人民，在"北方人到来之前20代人的时间里"，"就已经以其勇气、成就和智慧闻名"，如今这里"虽然被分割为37个省，却依旧如往昔般是一个有着1400万同胞的大家庭，人们说着同样的话语，有着共同的关怀和相同的记忆"。[②] 马利－拉丰的观点十分明确，南方从古至今都应被视为一个有别于北方的独立整体，而且从历史角度来看，这个整体曾经的成就不但不输北方，甚至还要更胜

---

① Philippe Martel, *Les Cathares et l'Histoire : le drame cathare devant ses historiens (1820–1992)* (Toulouse : Privat, 2002), p.67.

② Mary-Lafon, *Histoire politique, religieuse et littéraire du Midi de la France, depuis les temps les plus reculés jusqu'à nos jours*, tome 1 (Paris : Paul Mellier, 1845), Introduction, pp.4–5.

一筹，"600 年前，所有的文学、所有社会进步的智慧、所有的思想不都是奥克人民独有的吗？从来没有哪个地区有如此迷人丰富的过去，那些事情让人眼花缭乱、奇妙而富有诗意"，即便对整个人类而言，"那（也）是一个相当充实、令人敬佩，却也最不为人知的过去"。①

而马利－拉丰所做的，便是提醒并向人们展示常常被忽视的南方，尤其是那个辉煌却短暂的美好时代，这就使阿尔比事件成为该书的一个重要主题。根据作者的讲述，十字军到来前的南方虽然处在图卢兹伯爵等封建领主的统治下，实行的却是一种类似共和的体制，城市自治民主，有产者安居乐业，政治和社会稳定带来的是经济的繁荣与文化的昌盛，所以"人们（会）成群结队到马赛、图卢兹、卡奥尔（Cahors）学习诗歌和雄辩术"，而同一时期"北方野蛮人却还是一副凯尔特人的样子"。②然而这一切都被阿尔比十字军毁掉了。马利－拉丰认为，所谓的十字军不过是一场彻头彻尾的权力斗争，"罗马卑劣的世俗欲望和王室的贪婪野心"在其中展现得淋漓尽致："这场可怕的悲剧，在血与火中上演了 20 年，留下了 40 万具尸体，而其结果只是将阿维农拱手让给教皇，而把图卢兹献给法国国王。"③相比之下，信仰因素在其中所起的作用就不那么重要了。如作者所说，"可怜的阿尔比派只不过是个借口"，南方一直都有异端出现，阿尔比派和

① Mary-Lafon, *Histoire politique, religieuse et littéraire du Midi de la France*, tome 1, p.4.

② Mary-Lafon, *Histoire politique, religieuse et littéraire du Midi de la France*, tome 1, p.4.

③ Mary-Lafon, *Histoire politique, religieuse et littéraire du Midi de la France*, tome 2, pp.451–452.

韦尔多派（马利－拉丰认为他们同属一个群体）只是其中之一，况且他们不过是想"把基督教信仰引向最初的朴素单纯"，[①] 即便可能犯下错误，但这些人"几乎没有偏离正统天主教，他们更像是一个社会群体"，"关于他们的争论也往往是政治性而非信仰的"。[②]

19 世纪（甚至 18 世纪）以后，随着社会形势的变化，从政治维度解释阿尔比事件已是大多数作者的惯常做法，无论这些作者把纯洁派视为异端还是改革者，都不妨碍他们将这一事件的深层原因归结于权力博弈而非信仰冲突。从这个角度来看阿尔比战争及其结果的话，南北方长久以来一直存在的微妙竞争关系便凸显了出来。这一点在马利－拉丰《法国南部政治、宗教和文学史》一书中表现得相当明显，而在其他南方作者那里也同样有所展现。譬如，克劳德·福里埃尔在出版《阿尔比战争之歌》译本前，曾出版过一部《日耳曼征服者统治下的南方高卢史》(*Histoire de la Gaule Méridionale sous la domination des conquérants Germains*)。按照福里埃尔所说，这部著作重点关注 10—13 世纪，即加洛林王朝解体后的南方，因为从这时开始，"一个全新的文明体系"出现，南方的政治、语言和精神面貌都随之发生了变化。[③] 虽然作者没有完全将南北方对立起来，其中意味却不难想象。相比之下，另一位文人、作家波尔塔男爵

---

① Mary-Lafon, *Histoire politique, religieuse et littéraire du Midi de la France*, tome 2, p.391.

② Guillaume de Tudèle, *La croisade contre les Albigeois, épopée nationale*, traduite par Mary-Lafon (Paris : Librairie internationale, 1868), pp.17-19.

③ Claude Fauriel, *Histoire de la Gaule Méridionale sous la domination des conquérants Germains* (Paris : Paulin, 1836).

弗雷德里克（le baron Frédéric de Portal, 1804—1876）谈及这个问题时显然更加直白。1860 年，他出版了一本介绍家族历史的书籍，名为《阿尔比派与胡格诺后裔，或波尔塔家族回忆录》（*Les descendants des albigeois et des huguenots, ou Mémoires de la famille de Portal*）。作者自述，之所以要写这本书，是因为他的家族是"法国为数不多曾经信奉阿尔比派，后来又坚持新教信仰的家族之一"，是"罕有的历经几个世纪仍保有最初信仰的宗族"，所以他"有责任廓清事实，洗清关于那个不仅被屠杀，还遭受极大侮辱的群体的记忆"。① 在《告读者书》中，弗雷德里克男爵甚至毫不避讳地宣称，阿尔比战争中南方人的抗争是"为了保卫自己的民族免受法国的侵略"，因为"信仰自由"本就意味着"民族自由"。尽管阿尔比战争的胜利者不是南方，但在这位作者看来，自由的火焰却并未熄灭，"那场静默或公开的战争直到南方让法国接受了一位有其血统、用其语言的国王（亨利四世）一雪前耻后才最终结束。路易九世对朗格多克的罪恶占领也直到亨利四世的正义征服才得到认可"。② 虽然使用了如此犀利的笔调来讲述阿尔比之战和"北方"的恶劣，但弗雷德里克男爵等作者的本意并不在于制造分裂，更多是希望唤起并强化人们对南方的了解和关注，从而使南方的形象、地位得到整体提升。

　　不过，这种较为平和的南北分立叙事在一些学者的推动下却逐渐走得更远。1854 年 5 月，以弗雷德里克·米斯特拉尔（Frédéric Mistral, 1830—1914）为首的七位年轻奥克语作家在阿

---

① Frédéric de Portal, *Les descendants des albigeois et des huguenots, ou Mémoires de la famille de Portal* (Paris : Ch. Meyrueis, 1860), pp.6-7.

② Frédéric de Portal, *Les descendants des albigeois et des huguenots*, p.2.

维农附近创立了一个普罗旺斯诗人协会，命名为"菲列布里什"（le Félibrige）。协会成立的主要宗旨在于，通过"超凡的普罗旺斯语诗歌的光芒和影响来掀起一股普罗旺斯语热潮"，带动南部奥克语文化的复兴。很快，协会便吸引了一批南方作家、诗人和奥克语爱好者的加入，他们不但定期交流、集会，还积极参与各种社会活动，力图吸引更多人的关注。

1859 年，米斯特拉尔发表了他的普罗旺斯语叙事长诗《米莱伊》（Mirèio），这部作品先是在法国文学界大获成功，而后于 1904 年获得了诺贝尔文学奖，南方奥克语方言也就此进入所有法国人的视野。然而并非所有"巴黎人"都愿意接纳奥克语的成功，随着第二部长篇诗作《卡朗多》（Calendau）遇冷，米斯特拉尔深刻地认识到了这一事实。如他一般坚持用普罗旺斯语创作的南方作家们几乎都对奥克语和南方的振兴满怀希望，在作品中也毫不掩饰他们浓烈的乡土情感。《卡朗多》的开篇祈词就是在唤起人们（南方人）对普罗旺斯这片土地的热爱，因为他们的先人曾齐心在这里赢得荣耀，"当皮卡第、德意志和勃艮第的贵族攻向图卢兹和博凯尔（Beaucaire）时"，这个地方的所有人，无论来自马赛还是阿维农，"为了对抗那些醒酲骑士都行动了起来"。[1] 在米斯特拉尔心目中，这种勠力同心的行为背后，是南方人由共同的语言、文化、历史等因素形成的归属和认同，是一种特有的族群或民族意识，也是南方最宝贵的财富。都德显然注意到了这一点，因而评价说，《卡朗多》实质上就是在讲普罗旺斯，

---

[1]　Frédéric Mistral, *Calendau, pouèmo nouvèu*, avec traduction (Avignon : J. Roumanille, 1867), p.9.

以及一个生活在这里的"淳朴而自由的民族"。^①另一些学者却并不这么认为。1868 年，左拉致信米斯特拉尔，明确反对这种过度宣扬地区文化和"死语言"的做法。左拉质问这位诗人，是否意图"把法语赶出"普罗旺斯，是不是想把普罗旺斯的"古老方言"散播到"国家的每一个角落"，他甚至逼问米斯特拉尔，如此提高普罗旺斯语的地位，是否希图有朝一日能够独立，重获"昔日的特权"，把它从法国这个"恶毒姐姐"的手中分离出去。^②

左拉的担心并非毫无道理。彼时南部作家笔下的南方常常是受到北方或政权压制甚至奴役的形象，而米斯特拉尔与加泰罗尼亚文化复兴运动倡导者维克多·巴拉格尔（Víctor Balaguer）等人的交往及其言论也让许多人意识到，他可能是偏向赞同地方分权和联邦形式的。尽管如此，将米斯特拉尔与追随他的菲列布里什成员视为分离主义者仍是不公平的。这些人的确希望培养南方人的家国情怀，但几乎从未宣扬地方自治，更没有主张过南方独立。所以，米斯特拉尔才辩白说："如果世界都在因南部明媚的阳光、菲列布里什诗人的诗歌、艺术家的作品和马赛的全球贸易盛名而谈论普罗旺斯，那么法国不是也将受到瞩目，拥有更强的力量吗?"^③由此可见，无论米斯特拉尔与其他南方主义者^④对（过

① Frédéric Mistral, *Calendau, pouèmo nouvèu*, frontispice.

② Émile Zola, *Oeuvres complètes*, sous la direction d'Henri Mitterand, tome 10 (Paris : Cercle du livre précieux, 1968), pp.759–763.

③ 米斯特拉尔 1882 年在马赛的发言，转引自 Jean-Michel Turc, *Territoire, identité et littérature : l'exemple de la Provence de Frédéric Mistral dans Calendal (1867)* (Ph.D thèse, Aix-Marseille Université, 2012), p. 259。

④ 这里的南方主义者泛指主张维护南方语言和文化独特性的群体，主要是文人学者群体，比如菲列布里什成员及其拥护者和支持者，前文述及的拿破仑·佩拉也是菲列布里什成员。

去和当时的）北方或中央政权持何种看法，他们都没有否认过法国政府的合法地位，也始终承认南方为法国的一部分。

19世纪末到20世纪，法国进入快速发展时期，但许多领域不可避免地出现了种种问题。工业革命以后南北发展不均衡的现象继续加剧，南部日益沦为欠发达地区，而与此同时，大革命后权力集于中央政府造成的巴黎的强势也使南方地位越发边缘，常常处于只能被动接受或服从指令的状态。这种状态不但体现在政治和经济领域，在社会文化领域也十分明显（比如学校常常以牺牲地方方言为代价大力推行法语），其结果便是长久存在于各个地区的不同文化在短时间内被一种"统一的法国文化"所取代。地域不平等及文化独特性受到压制的状况在法国许多地区均引发了不满，因而各地都出现了倡导中央权力下移，甚至赞同效仿德意志联邦制度的声音。在南部，就像在布列塔尼或科西嘉一样，为地区文化争取空间的主张也越发明确而强烈，[①] 由此，很多文人作者的目光再次聚焦到了纯洁派与阿尔比战争这段历史上。

20世纪，从马利-拉丰（以及在他之前）到米斯特拉尔塑造的"文明却荏弱、向往自由却被禁锢"的南方形象继续频繁在各类文本中出现，活跃在南方文明兴盛时期的纯洁派——无论是否被视为异端——依旧被描绘为王室与罗马教会利益和权力争夺的替罪羊与牺牲品，而阿尔比战争更是被看作中央政权为兼并南部而对南方族群及其文化实施的灭绝行为。及至20世

---

① 1945年，一些主张复兴奥克语文化的文人学者发起创办了"奥克语研究协会"（Institut d'études occitanes, 即 IEO），主要致力于在文化方面推动奥克语的研究与普及。

纪 60 年代，在致力于以南方区域独特性来对抗政府集权的作者那里，这段历史又被蒙上了另一层时代的色彩。1966 年，社会党领袖米歇尔·罗卡尔（Michel Rocard, 1930—2016）在格勒诺布尔的社会党集会上提出"各省去殖民化"（décoloniser la province）的口号，呼吁对法国领土组织形式进行改革，弱化中央权力，加强地方自主性。很快，有相似诉求的南方主义者们也开始用"内部殖民"（colonisalisme intérieur）来形容巴黎与南方的关系。

譬如，对于以罗伯特·拉丰（Robert Lafont, 1923—2009）为代表的南方主义者[①]来说，北方或者说中央政权自 12、13 世纪介入南方奥克西塔尼地区[②]开始，便对这个地方的政治、经济、文化进行控制"剥削"，其方式无异于殖民，不过这种殖民发生在法兰西民族内部，因此才有了"内部殖民"的说法。从这样的观点出发，纯洁派及其引发的阿尔比十字军战争就成了北方政府"殖民"的起点，王室通过一场战争摧毁了有共同语言、文化的南方原生民族（nation primaire）。而在大革命之前，正是包括南方在内的各地原生民族构成了法兰西王国，所以其重要性绝不应

---

① 1962 年，罗伯特·拉丰创建了"奥克语研究和行动委员会"（Comité occitan d'études et d'action，即 COEA），以支持和加强南方奥克语文化的发展和研究。1974 年，委员会主席罗伯特·拉丰作为代表参与了当年的总统选举，但其候选人资格因无法达到相关要求而被宪法委员会取消。

② 此时的奥克西塔尼还不是一个确指的地理空间，而是一个语言或文化空间。它通常指的是历史上奥克语作为主要语言的地域，大致包括法国南部大部分地区，尤其是普罗旺斯和朗格多克，以及西班牙北部与法国接壤的阿兰山谷（le Val d'Aran）和意大利北部皮埃蒙特山谷地区。20 世纪 60—70 年代，南方主义者经常用"奥克西塔尼"来指代法国南方地区，而这些人也常常被称为"奥克西塔尼主义者"（les Occitanistes）。

被贬低甚至忽视。[1] 这是罗伯特·拉丰的基本看法，其他学者[2]
即使并不完全认同他的理论，在讨论到阿尔比战争以及战前的南
方景况时，与拉丰的观点也是基本一致的，即认为阿尔比战争之
前，南方奥克西塔尼是与北方和其他地区有着殊异语言和文化的
民族共同体，只是由于纯洁派问题和阿尔比战争的开启，这个民
族共同体继续自由发展的进程才被迫终止。[3]

　　罗伯特·拉丰等人给出的南方和纯洁派叙事其实并没有超
越他们的前辈马利 – 拉丰和米斯特拉尔，但掀起的声势却更为浩
大。原因在于，在北方工业迅速发展与南方农业和传统产业逐渐
萧条的鲜明对照下，面对方言日益退出教育甚至是日常生活、奥
克语文化已经成为少数族群文化的态势，不少知识分子甚至是一
些普通民众都积极参与到了"挽救"即将消失的文化的行动中
来，以共同抵制统一性对自由和多样性的侵蚀。当然，在可能的
情况下，他们也希望以这种方式为南方争取更多的利益和更高的
地位。在这些观念与情绪的鼓动下，南方甚至出现了更为激进的
奥克西塔尼主义者，以及主张奥克西塔尼独立的社群组织。[4] 在
他们看来，奥克西塔尼地区有着与北方截然不同的民族特征，如
果没有阿尔比十字军的侵入，这里本可以形成一个极具独立性的

---

① Robert Lafont, *Sur la France* (Paris : Gallimard, 1967).

② 如安德烈·阿蒙高（André Armengaud）、亨利·埃斯皮厄（Henri
Espieux）、让·拉扎克（Jean Larzac）、伊夫·鲁盖特（Yves Rouquette）
等人。

③ 相关情况可参见 Philippe Martel, *Les Cathares et l'Histoire : le drame
cathare devant ses historiens (1820-1992)*, pp.178-186 ; Philippe Martel, «
Histoire d'Occitanie », *Revue d'Alsace* 133 (2007) : 217-243。

④ 比如 1959 年成立的"奥克民族党"（Partit de la Nacion Occitana，即
PNO），1987 年成立的"奥克西唐党"（Partit Occitan），以及 2009 年成立
的"奥克西塔尼自由党"（Libertat）。

文化甚至政治实体，然而历史显然无从改变，但即便如此，奥克西塔尼的本质特性却没有变化，人们完全可以也有权凭借共同的语言和文化认同实现这一地区的团结自治。

事实上，这些奥克西塔尼主义者的主张，哪怕在南方，也并未得到广泛积极的响应。一方面，希望复兴奥克语文化的知识分子一直坚持用方言写作，虽然不妨碍他们的理念以简单的形式得到传播，却让读者群体始终局限在比较狭窄的范围里，进而也影响了人们的参与程度。另一方面，20世纪60年代以后，法国政府逐渐调整文化策略，鼓励保护国家和地区的文化财富，再加上80年代密特朗当政时期进行的区域化改革将权力下放，很大程度上满足了占据多数的温和派南方主义者的诉求，也使极端奥克西塔尼主义者的主张越发难以获得认同。

虽然如此，南方与北方不同的族群特性和文化差异仍然吸引着诸多学者、文人和历史爱好者的目光，他们依旧满怀热情地探索着南方的不同领域，为读者讲述关于南方的故事，不过却已极少如先前作者那般任由主观情绪引导。尤其从20世纪下半叶开始，纯洁派和阿尔比战争在法国历史学界引发了相当广泛的研究兴趣，许多严肃的著作相继问世，开始缓慢修正人们对这段历史以及对南方的理解和认知。

2　作为"历史"的纯洁派

纯洁派到底是一个什么样的群体？被斥为宗教异端的他们究竟保有怎样的"谬论邪说"？这些观念或思想是如何在南方扩散开来，又是如何被摧毁的？这些问题从开始就萦绕在每一个关注这段历史的人的心间。然而长久以来，文献资料的零散、缺失以及作者们对有限资料的"随意"使用，都使纯洁派的真实面目越发朦胧，也导致后人探究这段历史"真相"的过程越发困难。

大致而言，较为严肃的关于纯洁派的历史研究是从 19 世纪中叶开始的。不过在此之前，许多学者已经意识到人们对纯洁派和阿尔比战争的很多讨论是无关历史真相的，其中也包含了从 16、17 世纪便一直互相攻讦对方阵营掩盖、扭曲真相的新教和天主教文人。尽管这些作者几乎众口一词地宣称要"追求真相"，但他们显然更多地从立场、情感而非事实层面出发进行论述，因而常常受到质疑。18 世纪以后，在宗教热情终于减退的情况下，针对纯洁派历史的更为理性客观的思考才逐渐在一些著作中显现出来，《朗格多克简史》便是其中的典型代表。这部五卷本著作虽是由两位本笃会修士克劳德·德·维克（Claude de Vic, 1670—1734）[1]与约瑟夫·韦塞特（Joseph Vaissète, 1685—1756）合力编纂的，却得到了朗格多克三级会议，尤其是其议长、纳博讷大主教查理·勒古·德·拉贝谢尔（Charles Le Goux de La Berchère, 1647—1719）的大力支持，因而各地图书馆和档案管理机构都对编著者敞开了大门。[2]两位学者利用这一便利参阅并收录了大量编年史、年鉴、档案记录等各类历史文本，为读者展现了法国南部朗格多克地区的整体历史演变过程。作为这一过程

---

[1] 尽管克劳德·德·维克在第三卷出版（1737 年）前去世，但他和约瑟夫·韦塞特自 1715 年便已接手《朗格多克简史》的编纂，因此克劳德·德·维克应该并未缺席这部作品的整体规划、资料准备和（至少）前三卷的著述工作。

[2] 关于这部著作的相关文献信息，参见 Eugène Thomas, *Introduction à l'Histoire Générale de Languedoc des bénédictins Fr. Claude de Vic et Fr. Joseph Vaissète* (Montpellier: Jean Martel ainé, 1853)。

中最为突出和重要的一段历史，纯洁派和阿尔比十字军战争自然是这部著作重点关注的对象。

不过，在正式开始讲述这段历史之前，作者们首先对他们的撰述原则进行了一番说明。他们介绍了自己的信息来源，谈及过去两个世纪天主教和新教史家在这段历史上的争论以及他们各自的偏见，同时也明确表达了自身立场："我们尽力保持中正的态度，将发表看法的权利留给读者，我们只是努力将事实展现出来，在没有充分理由的情况下绝不贸然给出结论。"[1] 当然，在实践中，两位修士并未完全摆脱他们的信仰。比如讲到纯洁派的性质和起源时，他们几乎毫无障碍地接受了波舒埃等天主教史家的说法，认为"可以肯定的是，阿尔比异端与摩尼教、亨利派、布吕派和所谓的义人没什么区别，他们的源起并不在阿尔比，在渗入阿尔比地区之前，这些人的错误已经污染了王国的众多省份"。[2] 但除此之外，两位作者确实遵循了他们设定的原则，在讲述异端、十字军和阿尔比战争时都表现得极为克制，通常只提供文献证据而很少进行分析评断。不可否认，正是这种相对谨慎客观的态度[3] 为两位著者赢得了赞誉，同时也使《朗格多克简史》成为研究法国南部不可或缺的历史语料库，其重要地位直至今日

---

[1] Claude de Vic et Joseph Vaissète, *Histoire générale de Languedoc*, tome 3 (Paris : Jacques Vincent, 1737), Avertissement.

[2] Claude de Vic et Joseph Vaissète, *Histoire générale de Languedoc*, tome 3, note 13, p.554.

[3] "相对谨慎客观的态度"更多是从两位著者使用和处理文献的角度来说。也有学者曾指出《朗格多克简史》的编纂有明显的南方特征，两位出身南部的作者在文本中也常常流露出特有的南方意识，如对图卢兹伯爵等南方贵族表现出亲善态度等，具体可参见 Georges Passerat, « Dom Joseph Vaissète (1685–1756), historien du Languedoc et patriote occitan avant l'heure », *Cahiers de Fanjeaux* 49 (2014) : 119–137。

仍未改变。

两位著者之所以能够以如此审慎的方式对待史料和他们要讲述的历史，一方面是受本笃会博学传统的影响，另一方面则得益于天主教和新教的激烈论战逐渐缓和后，学者们对此前时代著述的批判性反思。这种反思或许尚不足以催生 19 世纪那样的历史科学，但学者们对史料考据的重视和对过去文本的理性认识的确推动了更为科学客观的历史学的出现。就纯洁派历史而言，更具当代史学意识的研究是从阿尔萨斯新教学者查理·施密特（Charles Schmidt, 1812—1895）开始的。

1849 年，查理·施密特出版了他的《纯洁派或阿尔比派的学说与历史》（*Histoire et doctrine de la secte des cathares ou albigeois*）。这应该是第一本真正从历史学的角度探讨纯洁派的著作，也是 20 世纪之前唯一对纯洁派给出全面论述的研究专著。需要指出的是，这一时期，述说阿尔比战争的三部编年史已被整理出版，许多关于纯洁派的手稿资料也已经过汇编进入图书馆或档案馆，这样的情况无疑为专研这段历史的学者提供了极大便利。以这些文献为基础，施密特才能就纯洁派的起源、发展、学说信仰、他们对基督教世界造成的影响以及罗马教会的应对等问题做出整体性的概括和判断。不过，作为斯特拉斯堡大学神学教授，施密特更关注的其实是基督教会，尤其是新教的思想演变及其历史沿革。所以，他才会对教皇制度和这一制度下的"牺牲品"——中世纪异端——产生兴趣，并开始从事这方面的研究，《纯洁派或阿尔比派的学说与历史》便是他最为成功的一部作品。

虽然谨慎使用文献并以客观中立的态度书写历史（至少在法国）直到 19 世纪下半叶甚至 19 世纪末才真正开始成为历史学家

的研究准则，但查理·施密特显然已从前辈和他自己的研究实践中意识到这样做的必要性。他不仅极为重视文献考据和分析，而且在《纯洁派或阿尔比派的学说与历史》的引言中明确表示要以展现历史真相为目标，力求做到不偏不倚。[①]施密特的表态并不是一纸空言。在开篇解释纯洁派的起源时，他就借由对文献的解读表达了与先辈教友完全不同的观点，认为纯洁派是起源于欧洲东部的二元论者，因而在本质上是站在基督教对立面的，是具有破坏性的异端教派。[②]然而与此同时，他也表现出对这个曾经遭到残酷镇压的群体的怜悯和同情，认为虽然"无论从哲学还是信仰层面来说，纯洁派的教义都是错误的；但我们应该对此保持尊重，因为它是人们需要信仰生活和自由的体现，是个人理性和情感对施加于信仰之上的外部权威的抗争，是身处中世纪混乱中的人们解决人类心灵面对的最困难问题，冀望过上更加完美纯净生活的大胆尝试"。[③]简言之，这些教派分子的确有罪，而且应该为此接受惩罚，但他们的最终目标不是为恶，而是在追求善，所以并非不可饶恕。

从表面来看，施密特对纯洁派的态度无疑是稍显矛盾的，不过这种矛盾与他研究中世纪异端过程时的思想演变却是相一致的。事实上，施密特的最初想法与大多数新教学者并无不同，他天然地认为"阿尔比派、韦尔多派和那些神秘主义者都是教皇权威的对抗者，虽然在教义和规则方面存在巨大差异，但他

[①] Charles Schmidt, *Histoire et doctrine de la secte des cathares ou albigeois*, tome 1 (Paris-Genève : J.Cherbuliez, 1849), Préface.

[②] 施密特拒绝接受纯洁派的二元论思想直接承自摩尼教的观点，他认为这些观念是从斯拉夫国家开始流传的，更多受到鲍格米勒派和保罗派的影响。

[③] Charles Schmidt, *Histoire et doctrine de la secte des cathares ou albigeois*, tome 1, Préface, p. IX .

们仍应被视为路德和加尔文的先驱"。[①] 为了证实这样的想法，施密特才产生了研究宗教改革"前奏"的打算。然而现实情况显然出乎他的预料，越是切近地考察中世纪异端，他便越发直观地感受到这些群体与新教之间的关系有待商榷，因而他很难如前人般以一种笃定的姿态将新教历史上溯到中世纪。在评论几位新教作者关于纯洁派由来的观点时，施密特指出，宣称纯洁派和新教有相同的教义信条，并将之视为 16 世纪之前的教会改革者，只能说明这些作者对"新教有相当奇怪的无知"。而在这个问题上，他的看法是，"无论发现纯洁派与我们的信仰存在一致性并为他们辩白以应对敌人的指控让人多么愉悦，我们都不应违背历史真相。即便以自由和人道的名义反对中世纪教会对这个教派采取的暴力，我们也必须认识到，纯洁派的思想体系是何等违背基督教信仰和真正哲学的存在"。[②] 查理·施密特的观点并没有得到所有历史学者的认同（许多有关纯洁派的问题甚至到 20 世纪仍悬而未决），但他务实求真的态度和细致的文献讨论与文本分析的确令人印象深刻，也使这部作品甫一出版便获得众多学者的认可。甚至半个世纪后，学者们依然对他所做的工作表示钦佩，并认为《纯洁派或阿尔比派的学说与历史》仍是当时纯洁派研究领域最重要的著作。[③] 而这部作品受到

---

① Charles Schmidt, *Les seigneurs, les paysans et la propriété rurale en Alsace au Moyen Âge* (Paris et Nancy : Berger-Levrault et Cie, 1897), Préface (écrite par Christian Pfister), p.XXI.

② Charles Schmidt, *Histoire et doctrine de la secte des cathares ou albigeois*, tome 2, p.270.

③ Charles Schmidt, *Les seigneurs, les paysans et la propriété rurale en Alsace au Moyen Âge*, Préface, p. VI ; Yves Dossat, « Un initiateur : Charles Schmidt », *Cahiers de Fanjeaux* 14 (1979) : 163–184.

如此推崇的一个重要原因，便在于施密特的著述方式和原则与彼时的史学发展方向保持了高度一致。

19世纪后期，受孔德实证主义和德国历史主义的影响，法国学术界也在呼吁一种新的历史科学，当时的领军人物加布里埃尔·莫诺（Gabriel Monod）在1876年《历史评论》（*Revue historique*）的第一期上撰文倡导以一种新的方法和意识进行历史研究。所谓新方法要求历史学家更加审慎地对待档案和文献，专注"文献的出版、对史料的批评、耐心细致的研究"，而"新的意识"则强调历史学家的自省，因为他们的职责"首先应该是解释和理解，而不是称赞或谴责"。[①] 以这样的标准而言，《纯洁派或阿尔比派的学说与历史》无疑是具有先锋意义的，而作为第一位以现代史学精神打破纯洁派—新教谱系的新教史家，查理·施密特研究的典范性价值同样不可低估。

数年后，另一位新教神学家、法兰西学院第一位宗教史讲席教授阿尔伯特·雷维尔（Albert Réville, 1826—1906）就纯洁派问题表达了相似的观点。1874年，雷维尔在《两个世界》杂志（*Revue des deux mondes*）发表题为《阿尔比派》的文章，总结概括了此前学者对这一教派的研究，特别是评述了拿破仑·佩拉颇负盛名的著作《阿尔比派的历史》。[②] 在文章中，雷维尔对佩拉将纯洁派与新教混为一谈的做法提出批评，他认为纯洁派本质上

[①] Gabriel Monod, « Du progrès des études historiques en France depuis le XVIe siècle », *Revue historique* 1 (1876) : 5–38；〔法〕克里斯蒂昂·德拉克鲁瓦、〔法〕弗朗索瓦·多斯、〔法〕帕特里克·加西亚：《19—20世纪法国史学思潮》，顾杭、吕一民、高毅译，商务印书馆，2016，第107—108页。

[②] Albert Réville, « Les albigeois », *Revue des deux mondes* (1874) : 42–76.

是二元论主义者，因此其信仰与罗马教会和新教都是不同的。对于佩拉等新教学者因中世纪压抑的宗教环境而促生改革思潮的观点，雷维尔没有直接加以否定。在他看来，当时的基督教信仰领域确实需要改革，不过改革方式并不拘于一种，比如可以像明谷的圣贝尔纳一样进行制度性改革，也可以"抛开教条和奥义，只凭借普通的良心"，让"基督信仰的教导回到最初的朴实无华，回到基督本人传扬的道德"。然而遗憾的是，纯洁派却重拾了"受到教会申斥的那些古老观念"，借以攻击"一个窃取了权力的等级体系"，这样的选择不仅不可取，而且大错特错。毕竟他们宣扬的是与古代异端——尤其是摩尼教——脱不开关系的二元论思想，因此更应该被看作古代异端的承继者，无论如何都不应成为改革教会的先驱。

雷维尔并非不理解此前新教学者将纯洁派纳入新教谱系的"良苦用心"。他坦言，"新教徒很容易与韦尔多派或里昂穷人派产生共鸣，因而试图把阿尔比派纳入自身的精神谱系，为此他们甚至常常不惜抹去或模糊这个已经消失的教派所保有的最明显且不同寻常的东西。而天主教学者则因为希望淡化教会曾让这些不幸的人遭受恐怖暴力的印象，也愿意夸大纯洁派信仰体系中罪恶可憎的方面。由此，在前者看来，阿尔比派几乎就是较早出现的加尔文派，而对后者而言，他们只是古老的摩尼教的可怕残余，是最危险堕落的群体，强力摧毁他们们是让民众获得救赎的重要手段"。[①]一位新教牧师能够对纯洁派和新教的信仰关联问题做出如此冷静客观的分析，这在一个世纪之前几乎是难以想象的。但19世纪信仰对学术影响力的逐渐减弱和"科学"历史学声音的

[①]　Albert Réville, « Les albigeois », *Revue des deux mondes* (1874) : 42–76.

高涨，使许多学者不得不重新审视他们的知识基础，并很快发现一些看似牢固的认知其实并没有那么真实可信，于是颇具解构意味的研究开始大量出现，纯洁派与新教之间曾不断被提及加固的谱系关系则变成了他们分解的对象之一。

从 19 世纪末到 20 世纪上半叶，法国出现了声势浩大的反教权运动。人们或抵触与宗教信仰和基督教会有关的事物，或将它们漠然置之，其中也包括纯洁派这段历史。当然，反教权人士有时也会提及阿尔比十字军，以便在谴责天主教会残酷暴力时增强说服力，但对他们而言，纯洁派可资利用的价值只在于其受害者的身份，至于他们由什么人组成，信奉哪种教义，为何会引发十字军讨伐，就都是无关紧要的细枝末节。虽然如此，一些信仰虔诚或对纯洁派充满好奇的知识分子仍在尽力搜集各种资料（尤其是出自异端之手的文献和宗教裁判所的审判记录），并在充分整理和爬梳文献的基础上，继续推进对纯洁派的研究。需要指出的是，查理·施密特的著作发表后，学者们在纯洁派历史的许多问题上虽仍有争议，但大多逐渐接受了以下事实：纯洁派是源于东方的二元论教派，他们信奉的教义与韦尔多派并不相同，而且这一群体在宗教改革之前就已消失无踪。由此，纯洁派与新教之间的关联谱系问题已不再具有广泛的"正当性"，取而代之的则是以文献为基础的对纯洁派本身的关注和专门研究。

在这方面，马利 - 让 - 塞莱斯廷·杜埃（Marie-Jean-Célestin Douais, 1848—1915）应被视为先驱。他是一位多产的天主教历史学家，主要关注图卢兹历史（他曾在图卢兹担任历史教师）和阿尔比十字军战争，并为此梳理了许多档案文献。[①]1879 年，杜埃发表了专研纯洁派的第一本著作《阿尔比派：起源与 12 世纪的教会斗争》(*Les albigeois, leurs origines, action de l'Église au XIIe siècle*)。他在书中引述大量文献，力图证明"阿尔比派完全就是二元论的信奉者"，"虽然在所犯错误方面存在不同，出现时间和地点也不一样，但其教义与摩尼教学说的相似性足以证明他们之间存在传承关系"。[②]虽然不断重提并坚信阿尔比派源自摩尼教的做法常常因为疑似为十字军提供合理化辩护而受到诟病，但杜埃对文献的重视和使用还是为他赢得了诸多赞誉。

这一时期，与杜埃一样注重借助文献资料探讨纯洁派问题的学者不在少数。图卢兹学者、铭文学院教授爱德华·杜洛利埃（Édouard Dulaurier, 1807—1881）以长文讨论纯洁派历史时就表示，他的主要目标是根据一些鲜为人知的档案资料完善或修正施密特关于纯洁派的看法，尤其是纯洁派与韦尔多派以及新教之间的关系。依据他的研究，纯洁派的观念的确传自摩尼教，因而注重冥想，具有秘传特性，不过韦尔多派却不一样，他们与新教都受到"理性精神感召"，与纯洁派和摩尼教是天然对立的关系。[③]同样对查理·施密特的解释有异议并且致力于用文献予以驳斥的还有新教史家查理·莫利尼耶（Charles

---

① 马利－让－塞莱斯廷·杜埃写作并发表、出版了不少文章和书籍，内容大多涉及阿尔比派、宗教裁判所以及布道兄弟会等，相关信息参见 Pierre de Berne-Lagarde, *Bibliographie du catharisme languedocien* (Toulouse : Institut des Etudes Cathares, 1957), pp.23–24。

② Marie-Jean-Célestin Douais, *Les albigeols, leurs origines, action de l'Église au XIIe siècle* (Paris : Didier et Cie, 1879), Avant-propos, pp.ii-iii.

③ Édouard Dulaurier, « Les Albigeois ou les Cathares du midi de la France », *Le cabinet historique* (1880) : 5–207.

Molinier, 1843—1911）。在研究宗教裁判所的博士学位论文中，莫利尼耶明确反对对纯洁派与新教之间的承继关系进行简单否定。他承认，"在许多基督徒——施密特并不想承认——的信条中，绝大多数无论从哲学还是神学层面与新教都是不同的"，但至少"纯洁派追求的目标与新教是一致的，都是要跟罗马教会分道扬镳。（而且）在他们之后，欧洲持续经历了三百年的宗教改革，直到实现最后也是最好的结果"。莫利尼耶认为，从这个意义上来说，宗教改革的胜利应该被视为一种自 12 世纪以后便"再未缺席的针对罗马教会的反叛精神"的胜利，而纯洁派"代表着这一历程的第一个阶段，是威克里夫、约翰·胡斯、路德和加尔文无可争议的先辈"。[①] 这位新教史家的研究无论意图还是思考路径其实仍带有明显的教派色彩，但其论述绝不是简单建立在对新教的热爱和坚定支持基础上的，他对数量巨大的宗教裁判所档案的归类、介绍、使用和分析才是使他收获赞誉和认同的主要原因。

　　整个 20 世纪，随着更多纯洁派相关历史文献的汇编出版，无论是历史学者还是史学爱好者都对这个中世纪的"异端"产生了浓厚的兴趣，大量专著集中出现，逐渐揭开了这些曾经无声而神秘的人群的面纱。当然，学者们在许多问题上存在分歧和争议，但这并不妨碍纯洁派历史的传播进入大众化阶段。由此我们看到，一方面在公众领域，一些真假交织的纯洁派神话出现在人们面前；另一方面，在学术领域，纯洁派研究在法国甚至欧洲也

---

① Charles Molinier, *L'Inquisition dans le Midi de la France au XIIIe et au XIVe siècle, étude sur les sources de son histoire*, thèse pour le doctorat ès-lettres présentée à la faculté de Paris (Toulouse : Privat, 1880), Introduction, xiv-xv.

迎来了新的发展。

在法国，历史学者德奥达·罗什（Déodat Roché, 1877—1978）从 20 世纪初便开始研究纯洁派的思想来源。[1]他于 1948 年创办了《纯洁派研究手册》（Cahiers d'Études Cathares），此后更是建立了"纯洁派纪念与研究协会"（Société du souvenir et des études cathares），与世界范围内的纯洁派研究者展开讨论。同一时期，他的朋友、"奥克语研究协会"成员勒内·内利（René Nelli, 1906—1982）也将研究重点放在了与他的家乡卡尔卡松有紧密关联的纯洁派的历史上。[2]1981 年，内利在卡尔卡松创建"纯洁派研究中心"（Centre d'études cathares），同时创办专研型杂志《异端》（Heresis）。很快，"纯洁派研究中心"和《异端》杂志就成为纯洁派和中世纪异端研究的汇集地，某种程度上甚至引领了法国和世界范围内异端研究的发展。从这个意义上来说，尽管德奥达·罗什和勒内·内利的著作因为不时凸显纯洁派信仰的秘传和灵知特征而常常不被看作严格意义上的历史研究，但他们的创制无疑为纯洁派研究开创了一个新的局面。

在法国逐渐兴起纯洁派研究热潮的同时，其他国家的学者也对这个法国中世纪著名的异端及其历史表现出浓厚的兴趣。

---

[1] Déodat Roché, *Le Catharisme. Son développment dans le Midi de la France et les Croisades contre les Albigeois* (Carcassonne : Imprimerie Gabelle, 1937); Déodat Roché, *L'Église Romaine et les Cathares Albigeois* (Arques : Édition des Cahiers d'Études Cathares, 1957).

[2] René Nelli, *La Vie quotidienne des Cathares du Languedoc au XVIIe siècle* (Paris : Hachette, 1969); René Nelli, *Les cathares* (Paris : Grasset, 1972); René Nelli, *La Philosophie du catharisme* (Paris : Payot, 1975); René Nelli, *Le Phénomène cathare : perspectives philosophiques et morales* (Toulouse : Privat, 1988).

在意大利，罗马大学教授拉乌尔·马塞利（Raoul Maselli，1917—1984）从 20 世纪 60 年代开始就不断发文讨论纯洁派、韦尔多派以及朗格多克地区的宗教运动。在德国，中世纪史研究者阿尔诺·柏斯特 1953 年便出版了《纯洁派》（*Die Katharer*）一书，并在欧洲大获成功，直至今日仍是研究这一主题的经典之作。这本著作的成功，一方面当然源于作者以大量文献为基础对纯洁派及其历史做出的细致分析，另一方面则是因为柏斯特在书的第一部分以十分精辟的文字指出了之前时代人们在纯洁派问题上产生的误解和迷思，比如纯洁派与新教之间所谓的谱系关系。在柏斯特看来，纯洁派本应存在于被搁置的文献里，或是尘封在人们的记忆中，但"宗教改革和基督教世界新的分裂（却）将它从遗忘中唤回。自 1559 年开始，围绕唯一普世教会的争论使两个阵营都将自身视为基督的教会而将对手看作撒旦的会堂，教会历史成了他们对抗的武器库"，结果便是"在新教徒的解释中，纯洁派是原始教会的历史见证者，但天主教徒却认为他们是使徒们曾与之斗争的魔鬼教会的门徒"。[1] 由此，纯洁派－新教谱系的建构性不言而喻。然而这种被制造出来的谱系为何能够长久流传于文人甚至公众中间呢？柏斯特给出的解释简单而直接。他表示，在理性和启蒙的时代，当"历史知识问题（能够）摆脱信仰影响"时，人们本可以揭示出这些所谓异端的本质，但事实是，"现代文化对纯洁派的判断并不比之前不同教派给出的更高明，它（其实）只是接受了过去的观念"。[2] 可见，在这位德国学者眼中，纯洁派

---

[1] Arno Borst, *Les cathares*, p.29.

[2] Arno Borst, *Les cathares*, p.34, 37.

研究之所以在 18、19 世纪进展缓慢，其中最主要的一个原因便是思想文化和研究领域的怠惰因循，而这正是 20 世纪的学术研究力图改变的局面和状态。

20 世纪 50 年代之后，在法国，以纯洁派为主题的严肃历史研究蓬勃发展起来。中世纪史研究者克里斯蒂娜·图泽利尔（Christine Thouzellier, 1902—1982）不仅翻译出版了新发现的出自纯洁派和韦尔多派异端之手的文献，[①]还以此为基础，连续发表了许多关于这一主题的论著。另一位学者让·迪韦努瓦也在爬梳、翻译诸多文献的基础上，对纯洁派和宗教裁判所研究作出了卓越贡献。由他整理出版的《帕米耶主教雅克·富尼埃宗教裁判所记录》[②]和他的两卷本著作《纯洁教派》[③]几乎是后来研究者讨论纯洁派的必备指南。与此同时，埃马纽埃尔·勒华拉杜里同样根据相关手稿文献完成了《蒙塔尤》的创作。

20 世纪 70 年代以后，法国涌现出一批专研纯洁派的历史学者，他们——与其他对纯洁派感兴趣的文人学者一起——通过各自的著述在学界和媒体不断发声，使公众对纯洁派的了解

[①] *Une somme anticathare. Le « Liber Contra Manicheos » de Durand de Huesca*, texte inédit publié et annoté par Christine Thouzellier (Louvain : Spicilegium sacrum Lovaniense, 1964) ; *Livre des deux principes*, introduction, texte critique, traduction, notes et index de Christine Thouzellier (Paris : Éditions du Cerf, 1973) ; *Rituel cathare*, introduction, texte critique, traduction et notes par Christine Thouzellier (Paris : Éditions du Cerf, 1977).

[②] Jacques Fornier, *Le Registre d'inquisition de Jacques Fournier, évêque de Pamiers, 1318–1325*, manuscrit latin no 4030 de la bibliothèque vaticane, édité par Jean Duvernoy (Toulouse : Privat, 1965).

[③] Jean Duvernoy, *Le catharisme : la religion des cathares*; Jean Duvernoy, *Le catharisme : L'histoire des cathares* (Toulouse : Privat, 1979).

日深，而纯洁派也一度成为法国中世纪历史研究中最具吸引力的论题之一。当然，这些学者的研究和解读各有偏重和特色。比如以叙事和文笔见长的米歇尔·罗克贝尔就热衷于描绘纯洁派时期的政治和社会生态。他的五卷本作品《纯洁派之诗》[①]以丰富的资料和生动的语言巨细靡遗地记述了近3个世纪内的纯洁派历史，甫一出版便为作者赢得法兰西学术院的"戈贝尔大奖"（Grand Prix Gobert）。在罗克贝尔笔下，纯洁派就是由法国北方骑士阶层以十字军为名发动的一场著名的残酷战争的借口，而法国南方图卢兹伯爵领地封建纽带的松散则为纯洁派的传播和十字军的侵入提供了"助力"。显然，相对于对纯洁派自身历史的讨论，罗克贝尔更关注的是这个异端事件及其引发的战争背后的政治和社会意涵。与罗克贝尔不同，《异端》杂志创办人之一安娜·布勒农更多以异端文献为依据，勾勒纯洁派生活的思想和文化环境。[②]她在著作的字里行间常常流露出对这些基督教苦行主义者的同情。在她看来，纯洁派信徒选择异端思想，就如同天主教徒选择罗马教会，是有意识和自愿的，而造成这种局面的主要原因就在于中世纪罗马教会的腐败堕落和不

[①]　Michel Roquebert, *L'épopée cathare : I. L'invasion 1198–1212* (Toulouse : Privat, 1970);Michel Roquebert,*L'épopée cathare : II. 1213–1216, Muret ou la dépossession*(Toulouse : Privat, 1977);Michel Roquebert,*L'épopée cathare : III. 1216–1229, Le lys et la croix* (Toulouse : Privat,1986); Michel Roquebert, *L'épopée cathare : IV. Mourir à Montségur* (Toulouse : Privat, 1989); Michel Roquebert, *L'épopée cathare : V. Les cathares : de la chute de Montségur aux derniers bûchers, 1244–1329* (Paris : Perrin, 1998).

[②]　Anne Brenon, *Le vrai visage du catharisme* (Portet-sur-Garonne : Loubatière, 1988); Anne Brenon, *Les femmes cathares* (Paris : Perrin, 1992); Anne Brenon, *Les cathares. Pauvres du Christ ou apôtres de Satan?* (Paris : Gallimard, 1996), etc.

容异己。可以看出，无论是罗克贝尔对纯洁派事件的全面描述还是布勒农从思想层面给出的解读，这些历史学者都以留存或被发现的文献为依据，试图展现纯洁派时期法国（尤其是南部）的政治、社会和文化图景。在这些图景中，纯洁派或有东方基督教派门徒的身份，或是罗马化的二元论者，其出现或为天性使然，或由社会和宗教环境导致，而他们激起的冲突、战争及其后果则成为影响法国中世纪历史进程的一个关键节点。

　　不过这种颇具正统色彩的研究不久就受到了怀疑主义的冲击。以让-路易·比热（Jean-Louis Biget）、莫妮克·泽娜（Monique Zerner）等为代表的学者对学界惯常使用的文献——尤其是出自教会人士之手的文献——的可靠性提出了质疑。[①]他们指出，一直以来，如纯洁派一般的异端分子之所以"恶名昭著"，特别容易引发民众的反感与憎恶，在某种程度上与罗马教会为了解决内部分歧，长期着意渲染持异议者的危险性和危害是分不开的，而这种"别有用意的谋思"势必影响甚至会直接"生产"出饱含偏见的文献。比如在许多文献的记述中，纯洁派往往恶毒狡猾、善于蛊惑人心，其追随者即使无知单纯，也必然狭隘贪婪、不敬神灵，他们的邪恶思想"如瘟疫般在人群中迅速蔓

---

① Monique Zerner dir., *Inventer l'hérésie ? Discours polémiques et pouvoirs avant l'Inquisition* ; Jean-Louis Biget, *La France médiévale* (Paris : Hachette, 2000); Mark Gregory Pegg, "On Cathars, Albigenses, and good men of Languedoc", *Journal of Medieval History* 27/2 (2001) : 181–195; Julien Théry, « L'hérésie des bons hommes : comment nommer la dissidence religieuse non vaudoise ni béguine en Languedoc (XIIe début du XIVe siècle)? », *Heresis* 36 37 (2002) : 75–117 ; Mark Gregory Pegg, "Heresy, good men, and nomenclature", pp.227–239; Jean-Louis Biget, *Hérésie et inquisition dans le Midi de la France* (Paris : Picard, 2007).

延"，很快就在法国南部建立起规模庞大、组织严密的社群体系，危及所有基督徒的命运。以这样的情况来看，罗马教会迫害的不断升级与最终决定使用暴力消灭异端似乎就显得极为合情合理。但如若所有这些信息都出自教会神职人员驳斥异端的训诫和宗教裁判所对嫌疑人的审查报告，亦即出自与异端天然对立的仇敌之手，那么这些文献以及它们所讲述的故事还值得信赖吗？换言之，纯洁派真的像罗马教会宣扬的那样邪恶可怕吗？教会记载是否可能存在虚假的指控呢？在这些问题的推动下，不少学者开始以更为严苛的标准重新审视和解读资料文献，从权力和文本的关系——而不是单纯依据文献——来讨论异端的生存环境以及他们的思想状况，甚至用"制造异端"一词来揭示其中的内在机制。

这样颇具解构意味的说法自然引发了一些争议，但不可否认的是，它的确为"异端"研究提供了另一种视角，有助于我们更加全面地评估"异端"现象。而正是在所有研究、讨论纯洁派历史的学者的共同努力下，这一群体的轮廓和面目才变得越来越清晰。尽管纯洁派的故事仍在大众层面流传，但一些并无根据的想象中的建构——如纯洁派与新教之间的谱系关系——已经随纯洁派研究的深入和成熟渐渐退出历史舞台。从这个意义上来说，纯洁派无疑迎来了自己的历史时代。

小结　回忆异端：真相与被转译的历史

　　如果不是新教与天主教在信仰和信念问题上的长期对立迫使双方不可避免地针锋相对，由新教学者塑造的纯洁派虔信圣洁的正面形象或许很快便会湮灭。但事实上，纯洁派这一形象以及新教构建的纯洁派—新教谱系非但没有消失，反而持续不断出现在众多写作者的叙述中，并最终构成了现代社会对纯洁派多重认知的重要基础。由此可见，一种历史叙事不仅是特定时代和社会环境的产物，更可能因为某些因素（如群体或空间认同）的作用而超越原有语境，成为一个不断被转译以适应新的情境、同时也生成新的意义的话语体系。

　　从传统实证主义的视角来看，16 世纪以后的纯洁派叙事对历史真相的背离如此显明昭著，以至于它已成为历史学家探寻真相的一大障碍，因此不应在历史研究中占据位置。[①] 然而，从另一个角度来说，探寻这些叙事的书写逻辑及其背后的影响因素，

---

　　① 这是中世纪史学者弗洛里安·马泽尔（Florian Mazel）在 2007 年与牧师米歇尔·雅斯和罗兰·布班（Roland Poupin）就纯洁派与新教的关系问题进行的公开辩论［相关文章发表在 2007 年《改革报》（Réforme）第 3240 和 3243 期］中所持的观点，也是从实证角度思考这一问题的许多历史学家的普遍共识。

又何尝不是在揭示另一种真相呢？正如昆廷·斯金纳（Quentin Skinner）在论及基思·托马斯（Keith Thomas）的《宗教与魔法的衰落》时所指出的，尽管那些过去被普遍接受的信仰在今天看来明显是错误甚至荒谬的，但如托马斯所言，事实便是这些信仰在过去曾被许多有识之士视为正确，而历史学家的任务则是解释为何会出现这样的情况。[①]

新教叙事中的纯洁派是"福音的宣扬者和殉道者"，是身处过去的新教徒，这一点在 16 世纪末已成为新教知识群体的共识。到了 17 世纪，虽然新教已不再需要竭力证明自身存在的合理性，但对生存空间和安全的考量依然深刻影响了新教作者的书写选择。相对宽松的社会和政治环境推动了新教组织的规范化发展，纯洁派正面形象的持续塑造和广泛传播也得到了稳定的制度支持。与此同时，天主教作者们仍在不断传扬纯洁派的正统叙事，试图瓦解新教徒制造的"虚假历史"，波舒埃的《新教教会变迁史》便是其中最典型也最为成功的代表。纯洁派的两种叙事自此进入了竞争共存的时代。尽管有着明显的矛盾对立，但很难说哪种叙事占据主流位置，因为无论作者还是读者，在评判这些叙事时都是以信仰而非事实为标准。

18 世纪以降，随着信仰与生活实践的逐渐脱离，人们对纯洁派的关注也逐渐减弱。不过，作为法国历史的重要章节，纯洁派的不同叙事依然在各种历史文本中流传，而且随着各种政治和社会思潮的兴起被调整和重塑，具有神话色彩和各类象征意义的纯洁派形象不断涌现。受启蒙思想影响的作者视纯洁派为暴力狂

---

① Quentin Skinner, *La vérité et l'historien*, traduit et présenté par Christopher Hamel (Paris : Éditions de EHESS, 2012), pp.42–43.

热的牺牲品，阿尔比十字军的历史甚至令部分天主教作者引以为耻。神秘主义者则从纯洁派的隐秘处境中窥见了"上帝和命运的启示"，因此更加致力于渲染这一信仰的古老奥义。在浪漫主义者那里，纯洁派被描绘成了"被献祭的英雄"，他们的历史就像一首哀歌，低沉悲怆。而在自由主义者眼中，纯洁派坚定地反抗暴力权威、追求自由，无疑是天选的"文明之子"。此外，自18世纪出现的南方主义者从纯洁派历史中看到的则是，原本先进繁盛犹如天堂的南方社会被北方政权"入侵"之后的惨状，南方一直以来的落后弱势似乎就此寻到了根源，而纯洁派替罪羔羊的角色也在其中得到了确认。

历史叙事不断经历编码转译的特质在这一时期达到了极致。作者们从过去叙事中抽取不同元素述说阐发，塑造出各种纯洁派形象，以承载时代和自身的观念和信仰。这样的叙事固然忽视甚至遮蔽了事实真相，却也折射出书写背后复杂的情境和思想结构，无疑可以成为"文化和思想史家"[①]探究另一种历史的完美工坊。

[①] Quentin Skinner, *La vérité et l'historien*, p.41.

结　语

　　本书关于纯洁派"历史"的讨论至此需告一段落。当然，"历史"从来都是常写常新的，因此这里的完结只是就本书讨论范围和研究目标的收束而言。纯洁派的真实面貌及其历史至今仍是史学研究中一个有待继续挖掘和探索的领域，但在日常生活和大众情境中，有关纯洁派的基本认知其实早已定型并广为流传。这些认知几乎全部依赖于过去——尤其是 20 世纪之前——的历史书写和叙述，即便 20 世纪下半叶以来，更具科学性的关于纯洁派的历史研究取得了诸多成就，也未能真正撼动此前的既有观念。从这个意义上来说，当下人们的纯洁派认知，他们所拥有的关于纯洁派的"知识"，很大程度上来自不被当代史学研究者认可、缺乏真确性或科学性的"历史"。但恰恰是这些不够科学却深刻影响大众认知的"历史"，为我们重新审视和反思历史的书写制作过程提供了契机，本书的研究正是在此基础上展开的。

　　"历史从头到尾就是文字书写"，[①] 保罗·利科的这句总结简短有力，不仅道出了历史作为文字记录的语言特征，更揭示了书写与叙事在历史构建中的关键作用。历史的形成过程，从来不是对真实发生过的过去的发现和复原，而是一场深受时代、事件、

---

① 〔法〕保罗·利科：《记忆，历史，遗忘》，第 177 页。

身份、文化和知识背景影响的实践活动。书写者通过叙述陈说往事和他们对这些往事的理解，但这些叙事更多展现的是各种因素交织互动的写作情境。这一点在理论研究领域已得到广泛讨论。然而，要深入探究这些因素是如何介入作者的写作，如何促成特定叙事的出现，又是以何种方式留存下来并产生影响的，我们就必须转向具体事件或主题，观察和梳理文本背后的复杂历史情境，并挖掘叙事本身所蕴含的塑成力量。

于此而言，纯洁派"历史"正是一个具有广泛意义和代表性的案例。纯洁派的出现与消亡只是法国整体历史发展过程中的一个短暂片段，它既无法与大革命这样具有决定性意义的历史事件相提并论，也缺乏如圣女贞德事迹那般高潮迭起、扣人心弦的传奇色彩，因此与历史中的诸多时刻和事件一样，极易被忽视和遗忘。然而与此同时，纯洁派曾引发基督教内部第一次也是唯一一次十字军战争，推动了臭名昭著的宗教裁判所的出现，并直接导致了法国南部地区的权力更迭，这些重要事件的深远影响又使这段过去不可能完全沉寂。其结果就是，尽管关于纯洁派的记忆没有如布汶之战那样被"精心维护"，[①]围绕它的回忆和叙述——无论写作者的意图如何——却从未中断。在这个过程中，纯洁派不断经历"复活"、重现，甚至在某些历史时刻深度参与了群体身份的构建和认同的形成，充分展示了历史叙事的力量。我们也由此获得了一个理想的尺度和视角，去观察叙事的生成演变，探索历史的形塑及其影响。

虽则如此，纯洁派"历史"的整体演变仍旧存在某些独特

---

① 〔法〕乔治·杜比：《布汶的星期天：1214 年 7 月 27 日》，梁爽、田梦译，北京大学出版社，2017，第 2 页。

之处，需要加以澄清。首先，如果有关纯洁派的叙述存在某种元叙事的话，那么纯洁派几乎从未脱离这种元叙事的影响。这里的"元叙事"，指的是基督教传统中根深蒂固的关于对与错、堕落与救赎的解释框架。纯洁派历史叙事中最为关键且影响深远的两种叙事——由罗马教会主导的初始叙事和宗教改革时期出现的新教叙事——无疑都脱胎于这一框架。前者塑造的纯洁派异端形象至今仍深植在大多数人的脑海中，而后者对纯洁派历史的重新审视和解读，则开启了人们认识这一群体的全新视角。在此之后，有关纯洁派的所有不同叙事几乎都源于对这两种叙事所进行的阐释和改造，即便是那些基于政治和文化理念讲述纯洁派历史的文本，也很少能完全摆脱这一始终存在的善恶二元对照。从深层结构上来看，它们都可以被视作基督教解释体系的变体。而究其原因，一方面固然是作为信仰群体的纯洁派与基督教之间的天然联系，使后者必然成为理解纯洁派无可替代的参照；另一方面则是由于，从中世纪直到今天，基督教信仰一直是法国民众认识和理解世界的重要底色，无论是否是信徒，这种源出基督教的典型模式都是他们最熟悉也最容易接纳的认知方式。换言之，人们生活在由某种模式赋予意义的世界中，他们的思考自然沾染着其中蕴含的价值观和思维方式，对世界的认知和解读也就不可避免地与这一模式同出一源。

　　然而，即使受到相同深层模式的影响，纯洁派的各种叙事依然呈现出不同的面貌。这种现象的出现，当然与时代变迁所造成的政治、社会状况与群体处境的变动息息相关，但除此之外，还需注意的是，这些叙事都与空间、地点存在着不同程度的关联。这里所说的，不仅是19—20世纪南方主义者出于文化、政治原因，为强调和推崇地区历史和记忆而建构出的与地方性紧密相连的纯洁派形象，也包括在此前时代的叙事中并不显明的空间因素。比如在中世纪，在如何看待阿尔比战争的问题上，来自北方的皮埃尔修士的态度就与《阿尔比战争之歌》的两位南方作者以及皮伊洛朗的纪尧姆存在微妙差异。如果说皮埃尔是基于信仰正义而全力支持战争的话，后面三位作者虽然也赞同教会的举动，却不时流露出伤感乃至悲痛的情绪，这与他们的空间归属是明确相关的。再如，尽管宗教改革期间纯洁派的"复活"和"新生"是天主教和新教两大信仰阵营思想斗争的产物，但其中同样不乏空间因素的影响。譬如较早关注纯洁派历史的天主教文人让·盖伊是图卢兹高等法院的检察官；极力鼓吹以阿尔比十字军为榜样消灭异端的阿尔诺·索尔班神父本就出身朗格多克地区，在图卢兹得到神学学位后，也一直在这一地区担任神职；而坚定为纯洁派正名的新教牧师让·沙萨尼翁，其任职地蒙彼利埃亦是曾遭阿尔比战争破坏的地区。虽然我们难以确切知道地域"重合"究竟在何种程度上影响了这些写作者观念的形成，但其关联绝非无关紧要。正如阿莱达·阿斯曼（Aleida Assmann）所言，地点是具有"特殊的记忆力和联系力"的，它们不仅"能够通过把回忆固定在某一地点的土地之上，使其得到固定和证实"，还体现了一种"比起个人的甚至以人造物为具体形态的时代的文化的短暂回忆来说都更加长久"的延续，[①] 历史和情感因此在地点中传承。而这些地点不光映照着过去，也连接着现实。很难想象，1568 年图卢兹天主教徒在与新教徒的冲突中呼唤一场新的"十字军"，

---

① 〔德〕阿莱达·阿斯曼：《回忆空间：文化记忆的形式和变迁》，潘璐译，北京大学出版社，2016，第 344 页。

只是一种偶然。

不过，在现实中，历史还是很少以强势的姿态介入社会生活，在更多情况下，它只是凭借"知识"的塑造和传承，构建着人们对过去的认知，悄无声息地影响着他们的观念和行动。在这一过程中，知识精英无疑起到了关键作用：正是通过他们的传达和转化，过去才得以成为特定的"历史知识"，并被社会广泛接受和认同。纯洁派各种叙事的出现与持续存在，尤其是宗教改革时期形成的纯洁派 – 新教谱系关系，便是这种运转机制的典型产物。从历史的实在性角度来看，纯洁派 – 新教谱系无异于无中生有的想象，然而这样毫无依据的想象却能够作为一种确定的历史流传数个世纪，这与新教知识群体——改革家、牧师、贵族和参与论辩的文人等的不懈努力是分不开的。他们对纯洁派性质的重新界定创造性地为宗教改革的合法性扫清了障碍，而频繁的论辩和出版活动则使这些理念逐渐嵌入人们的认知框架，成为他们思考和行为的思想基础。就此而言，作为知识创造者和主流文化引领者，知识精英的作用是毋庸置疑的。当然，精英在知识领域的主导性作用并不意味着普通民众全然被排除在外。虽然这一群体很少直接从文本阅读中获取信息，但新教与天主教之间的斗争论战、教会的礼拜仪式和讲道、人们茶余饭后的闲谈话题均可能涉及与之相关的内容，久而久之，纯洁派的故事及它与新教之间的谱系关系便逐渐融入日常生活的语境，成为记忆的一部分，并影响人们对自身与教会关系的理解。这种情况并不是特例，大多时候，历史就是以这样一种隐然渐进的方式发挥作用的，虽然常常微弱不显，这些叙事却潜移默化地参与塑造着整个社会的历史观念和文化认知，展现出深远而持久的力量。

19 世纪以后，纯洁派－新教谱系关系已经极少在历史研究中出现，但正如伊夫·克鲁姆纳盖尔（Yves Krumenacker）所言，这一谱系或许仍有十分"光明"的前景，因为它已深深融入关于纯洁派的各种神话当中。[①]对于公众来说，这些神话虽然混杂了事实和想象，却有明确的指向和意涵，因此往往比充满不确定性的历史更具吸引力。其结果就是，"与光明和自由相伴的神圣的异端"纯洁派，很可能将继续留存在人们的认知和记忆当中。那么，历史学者是否应该包容这种情况以满足公众需求呢？玛格丽特·麦克米伦（Margaret MacMillan）的回答是否定的，她呼吁当代历史学家应"尽最大努力来提高公众对历史丰富性和复杂性的认识"，并"驳斥那些公共领域中片面的甚至错误的历史叙述"。[②]而要实现这一目标，则需要历史学者深入检视过去的叙事，揭示其背后的动力、倾向、表现和演化。唯其如此，历史才能以最本质的状态呈现在人们面前，帮助人们探寻更为可靠的真相。

---

① Yves Krumenacker, « La généalogie imaginaire de la Réforme protestante », p.289.

② 〔加〕玛格丽特·麦克米伦：《历史的运用与滥用》，孙唯瀚译，广西师范大学出版社，2021，第 50 页。

参考文献

文献（此处指文章中用作分析对象的 16—19 世纪著作）

ALLIX, Pierre, *Somes Remarks Upon the Eccesiastical History of the Ancient Churches of Piemont* (Londres : Richard Chiswell, 1690).

ALLIX, Pierre, *Remarks upon the Ecclesiastical History of the Ancient Churches of Albigenses* (Londres:Richard Chiswell, 1692).

ARNAUD, Henri, *Histoire de la glorieuse rentrée des vaudois* (s.l., 1710).

AUGER, Emond, *Le Pédagogue d'armes, pour instruire un prince chrétien à bien entreprendre et heureusement achever une bonne guerre, pour estrevictorieux de tous les ennemis de son Estat et de l'Églisecatholique, dédié au Roy par M. Emond Auger, de la Compagnie de Jésus* (Paris : Sébastien Nivelle, 1568).

AYMON, Jean, *Tous les synodes nationaux des églises réformées de France* (La Haye : Charles Delo, 1710).

BASNAGE (de Beauval), Jacques, *Histoire de la Religion des eglises reformees* (Rotterdam : Abraham Acher, 1690).

BAYLE, Pierre, *Critique generale de l'Histoire du Calvinisme de Mr. Maimbourg* (Ville-Franche : Pierre le Blanc, 1682).

BAYLE,Pierre, *Dictionnaire historique et critique*, 4e édition, revue, corrigée et augmentée avec la vie de l'auteur par Pierre des Maizeaux (Amsterdam : P.Brunel et al., 1730).

BENOIST, Élie, *Histoire de l'Édit de Nantes* (Delft : Adrien Beman, 1693).

BERTRAND, Nicolas, *Les Gestes des Tolosains, & d'autres nations de l'environ…* (Toulouse :Colomiez Jacques, 1555).

BLANC, Pierre-Simon, *Cours d'histoire ecclésiastique : Introduction à l'étude de l'histoire ecclésiastique formant le complément de toutes les Histoires de l'Église* (Paris : Librairie Jacques Lecoffre, 1869).

BONNECHOSE, Émile de, *Histoire de France, ou exposé des faits principaux accomplis dans cette contrée depuis l'invasion des francs sous Clovis jusqu'à l'avènement de Louis-Philippe 1er*, 2 vols (Paris : Firmin Didot frères et L. Hachette, 1834).

BONNECHOSE, *Les réformateursavant la Réforme XVe siècle : Jean Hus et le concile de Constance*, 2 vols (Paris : AB. Cherbuliez et CIE, 1845).

BOSSUET, Jacques Bénigne, *Histoire des variations des églises protestantes* (Paris : Veuve de Sebastien Mabre-Cramoisy, 1688).

BOURBON, Étienne de, *Anecdotes historiques légendaires et apologues tirés du Recueil inédit d'Étienne de Bourbon*, publié par Albert Lecoy de la Marche (Paris :Henri Loones, 1877).

BULLINGER, Heinrich, *Confession et simple exposition de la vraye foy & articles catholiques de la pure religion chrestienne* (Genève : François Perrin pour Jean Durand, 1566).

CARION, Johannes Carion, MÉLANCHTHON, Philippe et PEUCER, Kaspar, *Chronique et histoire universelle*, 2 vols (s.l. [Genève] : Jean Berjon, 1580).

CATEL, Guillaume, *Histoire des comtes de Toulouse* (Toulouse :Pierre Bosc Marchand Libraire, 1623).

CHASSANION, Jean, *Histoire des Albigeois, touchant leur doctrine & religion, contre les faux bruits qui ont eté semés d'eux...* (Genève : Pierre de Sainctandré, 1595).

CLAUDE, Jean, *Reponse aux deux traitez intitulez La perpetuite de la foy de l'Eglise catholique touchant l'eucharistie* (Paris :Anthoine Cellier, 1665).

COEFFETEAU, Nicolas,*Response au livre intitulé Le Mystère d'Iniquité, du sieur Du Plessis* (Paris :Sebastien Carmoisy, 1614).

CRESPIN, Jean, *Le livre des martyrs* (Genève : J.Crespin, 1554).

CRESPIN, Jean, *Recueil de plusieurs personnes qui ont constamment enduré la mort pour le Nom de nostre Seigneur Jesus Christ, depuis Jean Wideff& Jean Hus jusques à ceste année presente* (Genève : Jean Crespin, 1555).

CRESPIN, Jean, *Histoire des vrays Tesmoins de la verite de l'Evangile, qui de leur sang l'ont signée, depuis Jean Hus jusques au temps present* (Genève :Jean Crespin, 1570).

CRESPIN, Jean et GOULART, Simon, *Histoire des martyrs persecutez et mis a mort pour la verité de l'Evangile, depuis le temps des Apostres jusques à l'an 1574* (Genève :Eustache Vignon, 1582).

CRESPIN, Jean et GOULART, Simon, *Histoire des martyrs persecutez et mis a mort pour la verité de l'Evangile, depuis le temps des Apostres jusques à present* (Genève : Pierre Aubert, 1619).

D'AUBIGNÉ, Jean Henri Merle, *Histoire de la Réformation du seizième siècle* (Paris : Firmin Didot Frères, 1842).

D'AUBIGNÉ, Théodore Agrippa, *Histoire universelle*, 3 tomes

(Amsterdam : Les heritiers de Hier. Comelin, 1626).

DE BÈZE, Théodore, *Les vrais pourtraits des hommes illustres*, traduit du latin en français par Simon Goulart (Genève : Jean de Laon, 1581).

DE LA FAILLE, Germain, *Annales de la ville de Toulouse* (Toulouse : G.L.Colomyés, 1701).

DE RUFFI, Antoine, *Histoire de la ville de Marseille*, 2er édition (Marseille : Henri Matel, 1696).

DE THOU, Jacques-Auguste, *Histoire universelle de Jacques-Auguste de Thou depuis 1543 jusqu'en 1607*, 16 vols (Londres : s.n., 1734).

DE VIC, Claude et VAISSÈTE, Joseph, *Histoire générale de Languedoc*, 5 tomes (Paris : Jacques Vincent, 1730–1745).

DIDEROT et ALEMBERT, *Encyclopédie, ou Dictionnaire raisonné des sciences, des arts et des métiers*, 28 vols (Paris :Briasson et al., 1751–1772).

DOUAIS, Célestin, *Les albigeois, leurs origines, action de l'Église au XIIe siècle* (Paris : Didier et Cie, 1897).

DOUAIS,Célestin, *Documents pour servir à l'histoire de l'Inquisition*, 2 vols (Paris : Librairie Renouard, 1900).

DRELINCOURT, Charles, *Dialogues familiers sur les principales objections des missionnaires de ce temps* (Genève : Pierre Chouët, 1648).

DU TILLET, Jean, *Pour la majorité du Roy tres chretien, contre les escrits de rebelles* (Paris : Guillaume Morel, 1560).

DU TILLET, Jean, *Pour l'entiere majorité du Roy tres chretien, contre le legitime conseil malicieusement inventé par les rebelles* (Paris :Guillaume Morel,1560).

DU TILLET, Jean, *Advertissement a la Noblesse, tant du party du Roy, que des Rebelles & Conjurez* (Lyon : Michel Jove, 1568).

DU TILLET, Jean, *Advertissement a la Noblesse,tant du party du Roy, que des Rebelles & Conjurez* (Paris : Jean Poupy, 1574).

DU TILLET, Jean, *Sommaire de l'histoire de la guerre faicte contre les hérétiques albigeois, extraite du Tresor des Chartres du Roy par feu Jehan du Tillet* (Paris : Robert Nivelle, 1590).

ECK, Johannes, *Enchiridion locorum communium adversus Lutherum & alios hostes ecclesiae* (s.l., 1536).

FAURIEL, Claude, *Histoire de la Gaule Méridionale sous la domination des conquérants Germains*, 3 vols (Paris : Paulin, 1836).

FLACIUS ILLYRICUS, Matthias, *Catalogus Testium Veritatis qui ante nostram Pontifici Romano ejusque erroribus reclamaverunt* (Basileae : Oporinus, 1556).

FLEURY, Claude, FABRE, Jean-Claude et GOUJET, Claude-Pierre, *Histoire ecclésiastique*, 36 vols (Paris : Le Mercier et al., 1713–1738).

FORMEY, Jean Henri Samuel, *Abrégé de l'histoire ecclésiastique* (Amsterdam : J. H. Schneider, 1763).

FORNIER, Jean, *Histoire des Guerres faites en plusieurs lieux de la France, tant en Guyenne & Languedoc contre les hérétiques, qu'ailleurs contre certains ennemis de la Couronne; & de la conquête de la Terre-Sainte, & tout ce qui est advenu en France digne de mémoire, depuis l'an 1200 jusqu'en 1311* (Toulouse : J.Colomies, 1562).

FOXE, John, *Commentarii rerum in Ecclesia gestarum, maximarumque per totam Europam persecutionum a Vviclevi temporibus ad hanc iusque aetatem description* (Argentorati: excudebat V. Rihelius,1554).

FOXE, John, *Actes and Monuments* (London: John Daye, 1563).

GALAUP DE CHASTEUIL, Pierre de, *Discours sur les arcs triomphaux dressés en la ville d'Aix* (Aix : Jean Adibert, 1701).

GAY, Jean, *L'histoire des schismes et heresies des albigeois, conforme à celle du present; par laquelle appert que plusieurs grands Princes, & Seigneurs sont tombez en extreme desolation & ruynes, pour auoir fauorisé aux Heretiques* (Paris : Gaultier, 1561).

GHEUSI, Pierre-Barthélemy, *Montsalvat, roman historique en troisactes et quatre tableaux* (Paris : Ernest Flammarion, 1900).

GILLES, Pierre, *Histoire ecclesiastique des eglises reformees, recueillies en quelques valees de Piedmont, & circonvoisines, autrefois appelees Eglises Vaudoises, commençant des l'an 1160 de notre Seigneur, & finissant en l'an mil six cents quarante trois* (Genève : Jean de Tournes, 1644).

GRENIER, Nicolas, *Le bouclier de la foy, en forme de dialogue, extraict de la saincte escriture, & des sainctz peres & plus anciens docteurs de l'Eglise : dedié au Roy de France treschrestien. Revue & augmenté par l'Autheur outre les precedentes impressions* (Paris :Jehan Ruelle, 1568).

GUIZOT, François, *Mémoires pour servir à l'histoire de mon temps* (Paris : Michel Lévy frères, 1858–1867).

HAINAUT, Jean de, *L'Estat de l'esglise avec le discours des temps depuis les Apostres jusques au present* (s.l.[Genèvc], 1556).

HAINAUT, Jean de, *L'estat de l'esglise avec les discours des temps, depuis les Apostres, sous Neron, jusques à present, sous Charles V* (s.l., 1557).

HAINAUT,Jean de, *L'Estat de l'esglise dez le temps des apostres, jusques à l'an present, augmenté & reveu tellement en cette edition, que ce qui concerne le siege Romain, & autres Royaumes depuis l'Eglise primitive jusques à ceux qui regnent aujourd'hui* (s.l.[Genève],1562).

JULIA, Henri, *Histoire de Béziers, ou recherches sur la province de Languedoc* (Paris : Maillet, 1845).

JURIEU, Pierre, *Histoire du calvinisme, & celle du papisme mises en parallèle* (Rotterdam : Reinier Leers, 1683).

JURIEU,Pierre, *Le vray système de l'Eglise & la veritable analyse de la foy* (Dordrecht : La Veuve de Caspar & Theodore Goris, 1686).

LA POPELINIÈRE, Henri Lancelot Voisin de, *Histoire de France enrichie des plus notables occurances survenues ez Provinces de l'Europe et pays voisins, soit en paix soit en guerre : tant pour le fait seculier qu'ecclesiastic : depuis l'an 1550 jusques a ces temps* (La Rochelle : Araham H.,1581).

LANGLOIS, Jean-Baptiste, *Histoire des Croisades contre les Albigeois* (Rouen : Nicolas Le Boucher, 1703).

LÉGER, Jean, *Histoire generale des Eglises Evangiliques des Vallees de Piémont; ou Vaudoises* (Leyde : Jean Le Carpentier, 1669).

LELONG, Jacques et DE FONTETTE, Fevret et al.,*Bibliothèque historique de la France*, 5 tomes (Paris : Jean-Thomas Herissant, 1768–1778).

LIMBORCH, Philippus van, *Historia Inquisitionis. Cui subjungitur Liber Sententiarum Inquisitionis Tholosanae ab anno Christi 1307 ad annum 1323* (Amsterdam : Henricum Wetstenium, 1692).

LIMBORCH, Philip van, *The History of the Inquisition*, translated into English by Samuel Chandler (London: J. Gray, 1731).

MAIMBOURG, Louis, *Histoire du Calvinisme* (Paris : SebastienMabre-Cramoisy, 1682).

MARNIX, Philippe de, *Le tableau des differens de la Religion : traictant de l'Eglise, du nom, definition, marques, Chefs, Proprietés, Conditions, Foy, & Doctrines d'icelle* (Leyden : Jean Doreav, 1602).

MARY-LAFON, *Histoire politique, religieuse et littéraire du Midi de la France, depuis les temps les plus reculés jusqu'à nos jours*, 4 vols (Paris : Paul Mellier, 1845).

MÉLANCHTHON, Philippe, *De la puissance et authorité de la saincte Eglise chrestienne, et comment elle peut estre congneuë par la Parolle de Dieu, translaté de latin en françois* (Genève : Jean Girard, 1543).

MÉNARD, Léon, *Histoire civile, ecclésiastique et littéraire de la ville de Nismes*, 7 vols (Paris : Hugues-Daniel Chaubert, 1744–1758).

MILLOT, Claude-François-Xavier, *Éléments de l'histoire de France, depuis Clovis jusqu'à Louis XV* (Paris : Durand neveu, 1768).

MISTRAL, Frédéric, *Calendau, pouèmo nouvèu*, avec traduction (Avignon : J. Roumanille, 1867).

MOLINIER, Charles, *L'Inquisition dans le Midi de la France au XIIIe et au XIVe siècle, étude sur les sources de son histoire*, thèse pour le doctorat ès-lettres présentée à la faculté de Paris (Toulouse : Privat, 1880).

MONASTIER, Antoine, *Histoire de l'Église vaudoise depuis son origine et des vaudois du Piémont jusqu'à nos jours* (Toulouse :Tartanac,

1847).

MONLUC, Blaise de, *Commentaires de Messire Blaise de Monluc, mareschal de France* (Bourdeaus : S.Millanges, 1592).

Moréri, Louis, *Le grand dictionnaire historique ou le mélange curieux de l'Histoire sacrée et profane*, 10 vols (Paris : Les librairesassociés, 1759).

MORNAY, Philippe de, *Traicte de l'Eglise auquel sont disputees les principalles questions, qui ont esté meuës sus ce point en notre temps* (London : Thomas Vautrollier, 1578).

MORNAY, Philippe de, *Le Mystère d'Iniquité, c'est-à-dire de l'Histoire de la Papauté, par quels progreselle est montée à ce comble, et quelles oppositions les gens de bien lui ont fait de temps en temps. Et où sont aussi défendus les droits des empereurs, Rois et Princes chrestiens contre les assertions des cardinaux Bellarmin et Baronius* (Saumur : Thomas Portau, 1611).

MORNAY, Philippe de et ARBALESTE, Charlotte (Madame de Mornay), *Mémoires et correspondance de Duplessis-Mornay* (Paris : Treuttel et Würtz, 1824).

MOSHEIM, Johann Lorenz von, *Histoire ecclésiastique ancienne et moderne, depuis la naissance de Jesus-Christ jusqu'au commencement du XVIIIe siècle*, traduite de l'original latin (en anglais), avec des notes & des tables chronologiques par Archibald Maclaine et de l'anglais en français, sur la seconde édition revue & augmentée de notes, de plusieursappendis& d'un index très exacte par M. *****, 6 vols (Maestricht : Jean-EdmeDufour& Philippe Roux, 1776).

MOUCHY, Antoine de, *Response a quelque apologie que les heretiques ces jours passés ont mis en avant sous ce titre : Apologie ou deffense des bons Chretiens contre les ennemis de l'Eglise catholique* (Paris : Claude Fremy, 1558).

MOULIGNIER, Pierre-Henri, *Les albigeois*, thèse historique à la faculté de théologie de Montauban (Montauban : Forestié père et fils et Comp.ie, 1846).

NICOLE, Pierre, *Préjugés légitimes contre les Calvinistes* (Paris : La Veuve de Charles Savreux, 1671).

NOGUIER, Antoine, *Histoire Tolosaine* (Tolose : G. Boudeville, 1556).

NOGUIER, Antoine, *Tiers livre de l'Histoire Tolosaine* (Tolose : G. Boudeville, 1557).

PAPON, Jean-Pierre, *Histoire générale de Provence* (Paris : Moutard, 1777).

PARCTELAINE, Antoine Quatresoux de, *Histoire de la guerre contre les albigeois* (Paris : La librairie universelle, 1833).

PELADAN, Joséphin, *Le Secret des Troubadours, De Parsifal à Don Quichotte* (Paris : E. Sansot et Cie, 1906).

PERRIN, Jean-Paul, *Histoire des vaudois, divisee en trois parties* (Genève : Matthieu Berjon, 1618).

PEYRAT, Napoléon, *Histoire des albigeois : les albigeois et l'Inquisition* (Paris : Librairie internationale, 1870).

PLUQUET, François-André-Adrien, *Mémoires pour servir à l'Histoire des égarements de l'Esprit humain par rapport à la religion chrétienne, ou Dictionnaire des hérésies, des erreurs et des schismes* (Paris : Nyon et al., 1762).

PORTAL, Frédéric de, *Les descendants des albigeois et des huguenots, ou Mémoires de la famille de Portal* (Paris : Ch. Meyrueis, 1860).

SACONAY, Gabriel de, *De la Providence de Dieu sur les Roys de France treschrestiens, par laquelle sa sainte religion Catholique ne defaudra en leur Royaume, et comme les Gotz Arriens, & les Albigeois, en ont esté par icelle dechassés* (Lyon : Michel Jove,1568).

SAINCTES, Claude de, *Discours sur le saccagement des églises catholiques par les heretiques anciens et nouveaux calvinistes* (Paris : Claude Fremy,1562).

SLEIDAN, Jean, *Histoire de l'estat de la religion, et republique, sous l'Empereur Charles V* (Genève : Jean Crespin et Nicolas Barbier, 1557).

SLEIDAN, Jean, *Commentaires touchant les quatres principaux empires du monde*, in *Les histoires de I. Sleidan* (Genève : Jean de Tournes, 1599).

SORBIN, Arnaud, *Conciles de Tholose, Besiers et Narbonne, ensemble les ordonnances du Comte Raimond, fils de Raimond, contre les Albigeois...* (Paris : Guillaume Chaudiere, 1569).

SORBIN, Arnaud, *Histoire des albigeois et gestes de noble Simon de Montfort* (Paris : Guillaume Chaudiere, 1569).

SORBIN, Arnaud, *Homélies sur l'interprétation des dix commandements de la loy* (Paris : Guillaume Chaudiere,1570).

RACINE, Bonaventure, *Abrégé de l'histoire ecclésiastique, contenant les événemens considérables de chaque siècle; avec des réflexions*, 13 vols (Cologne [Utrecht] : Aux dépens de la Compagnie, 1748–1754).

RAEMOND, Florimond de, *L'histoire de la naissance, progrez et decadence de l'heresie de ce siecle* (Paris : La Veuve Guillaume de la Noue, 1610).

RAYNAL, Jean, *Histoire de la ville de Toulouse* (Toulouse : Jean-François Forest, 1759).

RIVET, André, *Remarques et considérations sur la response de F. Nicolas Coeffeteau moine de la secte de Dominqiue, au livre de Messire Philippe de Mornay...* (Saumur :Thomas Portau, 1617).

ROCHEGUDE, Henri de, *Parnasse occitanien ou choix de poésies originales des Troubadours* (Toulouse :Benichet Cadet, 1819).

ROTIER, Esprit, *Antidotz, et regimes contre la peste d'heresie, & erreurs contraires à la Foy catholique* (Paris : Nicolas Chesneau, 1558).

ROTIER,Esprit,*Responce aux blasphemateurs de la saincte Messe* (Paris : Jacques Kerver, 1563).

SALVAN, Abbé, *Histoire générale de l'Église de Toulouse, depuis les temps les plus reculés jusqu'à nos jours*, 4 vols (Toulouse :Delboy, 1856–1861).

SCHMIDT, Charles, *Histoire et doctrine de la secte des cathares ou albigeois* (Paris-Genève : J.Cherbuliez, 1849).

SCHMIDT,Charles, *Les seigneurs, les paysans et la propriété rurale en Alsace au Moyen Âge* (Paris-Nancy : Berger-Levrault et Cie, 1897).

SISMONDI, Jean Charles Léonard Simonde de, *Histoire des français*, 31 vols (Paris : Treuttel et Würtz, 1821–1844).

THIERRY, Augustin, *Histoire de la conquête de l'Angleterre par les Normands, de ses causes et de ses suites jusqu'à nos jours, en Angleterre, en Ecosse, en Irlande et sur le continent*, 4 vols〔Paris : Firmin-Didot (frère et fils), 1825〕.

THIERRY,Augustin, *Lettres sur l'Histoire de France* (Paris : Sautelet, Ponthieu, 1827).

THIERRY, Augustin, *Dix ans d'études historiques* (Paris : Just Tessier, 1835).

VIGNIER, Nicolas, *Recueil de l'histoire de l'Eglise, depuis le Baptesme de nostre Seigneur Jesus Christ, jusques à ce temps* (Leyden : Christoffle de Raphelengien, 1601).

VIGNIER, Nicolas, *Sommaire de l'histoire des Francois, recuilly des plus certains aucteurs de l'ancienneté, & digeré selon le vray ordre des temps en quatre livres, avec un traité de l'origine, estat&demeure des François* (Paris : Sebastien Nivelle, 1579).

VIGNIER, Nicolas (fils), *Theatre de l'antechrist, auquel est respondu au cardinal Bellarmin, au sieur de Remond, à Pererius, Ribera, Viegas, Sanderus & autres qui par leurs ecrits condamnent la doctrine des Eglises Reformees sur ce sujet* (Saumur: Thomas Portau, 1610).

VIGNIER, Nicolas (fils), *Theatre de l'antechrist,auquel est respondu au cardinal Bellarmin,au sieur de Remond,Ribera,Viegas, Sanderus & autres qui par leurs ecrits condamnent la doctrine des Eglises Reformees sur ce sujet*(Genève : Philippe Albert, 1613).

VIRET, Pierre, *De l'estat, de la conférence, de l'authorité, puissance, prescription et succession, tant de la vraye que de la fausse Église, depuis le commencement du monde et des ministres d'icelles et de leurs vocations et degrez* (Lyon : Claude Senneton, 1565).

VOLTAIRE, *Essay sur l'histoire générale et sur les mœurs et l'esprit des nations; depuis Charlemagne jusqu'à nos jours*, 17 vols (s.l. [Genève], 1756).

ZWINGLI, Ulrich, *Brieve et Claire exposition de la foy chrestinne* (Genève : Jean Michel, 1539).

文献翻译与汇编

Enquête de Bernard de Caux - Bas-Quercy, Toulousain (Doat XXII) ; Registre de Pons de Parnac et autresinquisiteurs de Toulouse (Doat XXV et XXVI ff°1–79),traduit par Jean Duvernoy, Jean Duvernoy - Hérésies médiévales - Sources et inédits (free.fr).

Mémoires de Condé, servant d'éclaircissement et de Preuves à l'Histoire de M. de Thou［Londres et Paris : Rollin (fils), 1743］.

BERNARD (de Clairvaux), *Sermons sur le Cantique* (Paris :Cerf, 2003).

BOURQUELOT, Félix éd., *Collection de documents inédits sur l'histoire de France*, 2 vols (Paris : Imprimerie impériale, 1857).

CAHIER, Gabriella et al., *Registres de la Compagnie des Pasteurs de Genève*, 13 vols (Genève : Droz, 1962–2001).

CALVIN, Jean, *Institution de la religion chrétienne* (Paris : C. Meyrueis, 1859).

CALVIN, Jean, *Institution de la religion chrétienne (1541)*, éditée par Olivier Millet, 2 tomes (Genève : Droz, 2008).

DE BÈZE,Théodore, *Correspondance de Théodore de Bèze* (Genève : Droz, 2000).

FAURIEL, Claude trad., *Histoire de la croisade contre les hérétiques albigeois,écrite en vers provençaux par un poète contemporain* (Paris : Imprimerie royale, 1837).

FORNIER,Jacques, *Le Registre d'inquisition de Jacques Fournier, évêque de Pamiers, 1318–1325*, traduit par Jean Duvernoy (Paris : Mouton, 1978).

HEFELE, Charles-Joseph, *Histoire des Conciles d'après les documents originaux*, traduit par Henri Leclercq, 11 vols (Paris :Letouzey et Ané, 1907–1952).

GUI, Bernard, *Le livre des sentences de l'Inquisition Bernard Gui (1308–1323)*, édité et traduit par Annette Pales-Gobilliard (Paris : CNRS, 2002).

GUIDONIS, Bernard, *Manuel de l'inquisiteur*, édité et traduit par G. Mollat, (Paris : Librairie ancienne Honoré Champion, 1926).

GUILLAUME (de Puylaurens), *Chronique de Maitre Guillaume de Puylaurens*, trad. du latin par Charles Lagarde (Béziers : Imprimerie de J. Delpech, 1864).

GUILLAUME (de Puylaurens), *Chronique, 1203–1275*, édition et traduction par Jean Duvernoy (Paris : Édition du centre nationale de la recherche scientifique, 1976).

GUILLAUME (de Tudèle) et son continuateur anonyme, *La chanson de la croisade albigeoise*, éd. et trad. par Eugène Martin-Chabot (Paris : Société d'édition « les belles lettres », 1972–1976).

LUTHER, Martin et MICHELET, Jules, *Mémoires de Luther écrits par lui-même* (Paris : Hachette,1837).

LUTHER, Martin, *Œuvres* (Genève : Labor et Fides, 1966).

MIGNE, Jacques-Paul éd., *Patrologia latina* (Paris : Migne, 1844–1865).

PIERRE (des Vaux-de-Cernay), *Histoire Albigeoise*, traduit par Pascal Guébin et Henri Maisonneuve (Paris : Librairie philosophique J.Vrin, 1951).

SMITH, Preserved et JACOBS, Charlesed., *Luther's correspondence and other contemporary letters*, 2 vols (Philadephia: Lutheran

Publication Society, 1913–1918).

STEVENSON, Joseph,ed., *Calendar of State Papers. Foreign series, of the reign of Elizabeth, 1561–1562*, vol.4 (London, 1866), http://www.british-history.ac.uk/cal-state-papers/foreign/vol4 .

ZOLA, Émile, *Œuvres complètes*, sous la direction d'Henri Mitterand (Paris : Cercle du livre précieux, 1966–1969).

外文资料（法、英、德）

ABRY, Chritian, JOISTEN, Alice, « Béatrice de Planissoles et les théories populaires de la génération en Europe », *Heresis* 35 (2001) : 129–137.

ALPHANDÉRY, Paul et DUPRONT, Alphonse, *La chrétienté et l'idée de croisade* (Paris : Albin Michel, 1995).

ANATOLE, Christian, « Un ligueur : Jean de Cardonne, du collège de Rhétorique au Capitole », dans *Arnaud de Salette et son temps : le Béarn sous Jeanne d'Albret*. Actes du colloque international d'Orthez, février 1983 (Orthez : Pernoste, 1984), pp.359–369.

AUDISIO, Gabriel, *Les Vaudois du Luberon : une minorité en Provence (1460–1560)* (Mérindol : Association d'Etudes vaudoiscs et historiques du Lubéron, 1984).

AUDISIO,Gabriel, « Nommer l'hérétique en Provence au XVIe siècle », dans Robert Sauzet éd., *Les frontières religieuses en Europe du XVe au XVIIe siècle* (Paris : ÉditionVrin, 1992), pp. 17–26.

AUDISIO,Gabriel, *Les Vaudois : Histoire d'une dissidence (XIIe - XVIe siècle)* (Paris : Fayard, 1998).

AURELL, Martin, « Les Sources de la croisade albigeoise : bilan et problématiques », dans M. Roquebert, P. Sánchez dir., *La Croisade albigeoise*, colloque international du C.E.C en 2002 (Carcassonne, 2004), pp.21–38.

AURELL, Martin dir., *Les Cathares devant l'histoire : mélanges offerts à Jean Duvernoy* (Cahors : l'Hydre, 2005).

AUVRAY, Lucien, *Les registres de Grégoire IX* (Paris : Ernest Thorin, 1890).

BACKUS, Irena, *Historical Method and confessional identity in the era of the Reformation (1378–1615)* (Leiden: Brill, 2003).

BACKUS,Irena et al. éds., *L'argument hérésiologique, l'Église ancienne et les Réformes XVIe-XVIIe siècles*, actes du colloque de Tours, 10–11 septembre 2010 (Paris : Beauchesne, 2012).

BAKER, Derek ed., *Schism, heresy and religious protest* (Cambridge: Cambridge University Press, 1972).

BARNETT, S.J., « Where was your church before Luther? Claims for the antiquity of protestantism examined » , *Church History* 68/1 (1999): 14–41.

BARONI, Victor, *La Contre-Réforme devant la Bible : la question biblique* (Lausanne : La Concorde, 1943).

BARRIERE, Pierre, « Les Académies et la vie intellectuelle dans la société méridionale au XVIIIe siècle » , *Annales du Midi* 62/12 (1950) : 341–350.

BÉDOUELLE, Guy, « Les albigeois, témoins du véritable évangile: l'historiographie protestante du XVIe et du début du XVIIe siècle » , *Cahiers de Fanjeaux* 14 (1979) : 47–70.

BELGRADO, Anna Minerbi, *L'avènement du passé : la Réforme et l'histoire* (Paris : Honoré champion, 2004).

BERKVENS-STEVELINCK, Christiane, « Philippus Van Limborch et son *Histoire de l'Inquisition* » , *Heresis* 40 (2004): 155–165.

BERLIOZ, Jacques, « Exemplum et histoire : Césaire de Heisterbach (v.1180-v.1240) et la croisade albigeoise » , *Bibliothèque de l'école des chartes* 147 (1989) : 49–86.

BERLIOZ,Jacques,« *Tues-les tous, Dieu reconnaîtra les siens* » . *La croisade contre les Albigeois vue par Césaire de Heisterbach* (Portet-sur-Garonne : Loubatières, 1994).

BERLIOZ, Jacques dir., *Le pays cathare. Les religions médiévales et leurs expressions méridionales* (Paris : Seuil, 2000).

BERNARD-GRIFFITHS, Simone et al. éds., *Images de la Réforme au XIXe siècle*, actes du colloque de Clermont-Ferrand, 9–10 novembre 1990 (Paris : Belles Lettres, 1992).

BERNE-LAGARDE, Pierre de, *Bibliographie du catharisme languedocien* (Toulouse : Institut des étudescathares, 1957).

BESSON, Louis, *Vie du cardinal de Bonnechose, archevêque de Rouen*, 2 vols (Paris : Retaux-Bray, 1887).

BIGET, Jean-Louis, « Mythographie du Catharisme (1870–1960)》 , *Cahiers de Fanjeaux* 14 (1979) : 271–342.

BIGET,Jean-Louis, «"Les Albigeois" : remarques sur une dénomination » , dans Monique Zerner dir., *Inventer l'hérésie ? : Discours polémiques et pouvoirs avant l'Inquisition* (Nice : Centre d'études médiévales, 1998), pp.219–156.

BIGET,Jean-Louis, « Réflexions sur « l'hérésie » dans le Midi de la France au Moyen Âge » , *Heresis* 36–37 (2002) : 29–74.

BIGET,Jean-Louis, *Hérésie et inquisition dans le midi de la France* (Paris : Picard, 2007).

BIGET,Jean-Louis, « L'Inquisition du Languedoc, entre évêques et

Mendiants (1229–1329)》, *Cahiers de Fanjeaux* 42 (2007) : 121–163.

BIGET,Jean-Louis, « Les Dominicain, les hérétiques et l'Inquisition en Languedoc », *Comptes rendus des séances de l'Académie des Inscriptions et Belles-Lettres* 159/4 (2015) : 1661–1672.

BIGET,Jean-Louis, « Catharisme et cathares en Languedoc », *Clio voyages culturels* (2018): 1–5.

BILLER, Peter, *The Waldenses, 1170–1530: between a religion order and a church* (Aldershot: Ashgate, 2001).

BILLER,Peter, "Goodbye to Waldensianism?", *Past & Present* 192 (2006): 3–33.

BLACKBURN, William Maxwell, *Ulrich Zwingli, the Patriotic Reformer: A history* (Philadelphia: Presbyterian board of publication, 1868).

BLANC, Pierre-Simon, *Cours d'histoire ecclésiastique : Introduction à l'étude de l'histoire ecclésiastique formant le complément de toutes les Histoires de l'Église* (Paris : Librairie Jacques Lecoffre,1869).

BOHLER, Danièle et MAGANIEN-SIMONIN, Catherine éds., *Écriture de l'histoire (XIVe - XVIe siècle)*, actes du colloque du Centre Montaigne, Bordeaux 19-21 septembre 2002(Genève : Droz, 2005).

BOISSON, Didier et DAUSSY, Hugues, *Les protestants dans la France moderne* (Paris :Belin, 2006).

BOISSON, Didier et KRUMENACKER, Yves éds., *La coexistence confessionnelle à l'épreuve : études sur les relations entre protestants et catholiques dans la France moderne*, journée d'étude tenue à Lyon le 30 septembre 2006 (Lyon : Université Jean-Moulin

Lyon III, 2009).

BORELLO, Céline, *Les protestants de Provence au XVIIe siècle* (Paris : Honoré Champion, 2004).

BORST, Arno, *Les cathares*, trad. et postface de Ch. Roy (Paris : Payot, 1974).

BOST, Hubert, *Théologie et histoire : au croisement des discours* (Paris : Cerf, 1999).

BOURDÉ, Guy et MARTIN, Hervé, *Les écoles historiques* (Paris : Seuil, 1983).

BRENON, Anne, *Le vrai visage du catharisme* (Portet-sur-Garonne : Loubatières, 1990).

BRENON, Anne, *Les femmes cathares* (Paris : Perrin, 1992).

BRENON, Anne, « La lettre d'Evervin de Steinfeld à Bernard de Clairvaux de 1143 : un document essentiel et méconnu » , *Heresis* 25 (1995) : 7–28.

BRENON, Anne, *Les cathares. Pauvres du Christ ou apôtres de Satan?* (Paris : Gallimard, 1996).

BRENON, Anne, *Les archipels cathares, dissidence chrétienne dans l'Europe médiévale* (Cahors : Dire édition, 1997).

BRENON, Anne, *Les cathares, une Église chrétienne au bûcher* (Toulouse : Milan, 1998).

BRENON, Anne et TONNAC, Jean-Philippe de, *Cathares : la contre-enquête* (Paris : Albin Michel, 2008).

BRENON, Anne, *Le dernier des Cathares : Pèire Autier* (Paris : Perrin, 2016).

BRUNET, Serge, « « Confréries ligueuses, confréries dangereuses » : Fraternités de combat dans le Sud-Ouest de la France durant les

guerres de Religion», dans Marc Venard et Dominique Julia éds.,
Sacralités, culture et dévotion, bouquet offert à Marie-Hélène Froeschlé-Chopard (Marseille : La Thune, 2005), pp.129–170.

BRUNET,Serge, « *De l'Espagnol dedans le ventre !* 》 *Les catholiques du sud-Ouest de la France face à la Réforme (vers 1540–1589)* (Paris : Honoré Champion, 2007).

BRUNN, Uwe, « Cathari, Catharistæ et Cataphrygæ, ancêtres des cathares du XII e siècle? 》, *Heresis* 36–37 (2002) :183–200.

CABANEL, Patrick Cabanel et ROBERT, Philippe de Robert dir., *Cathares et camisards. L'oeuvre de Napoléon Peyrat, 1809–1881* (Montpellier : Les Presses du Languedoc, 1998).

CABRER, Martin Alvira, « La croisade des Albigeois : une armée gigantesque ? 》, dans Monique Bourin dir., *En Languedoc au XIIIe siècle. Le temps du sac de Béziers* (Perpignan : Presses universitaires de Perpignan, 2010), pp.163–189.

CAIRE-JABINET, Marie-Paule, *L'histoire en France du Moyen Âge à nos jours. Introduction à l'historiographie* (Paris: Flammarion, 2002).

CAMERON, Euan, *The Reformation of the Heretics: the Waldenses of the Alps, 1480–1580* (Oxford: Clarendon Press, 1984).

CAMERON,Euan, *The European Reformation* (Oxford: Clarendon Press, 1991).

CAMERON,Euan, "Medieval heretics as protestant martyrs", in Diana Wood ed., *Martyrs and Martyrologies* (Cambridge, Massachusetts: Blackwell Publishers, 1993), pp. 185–207.

CAMERON,Euan, *Interpreting Christian History : the Challenge of the Churches' Past* (Oxford: Blackwell Publishing, 2005).

CARBONELL, Charles-Olivier, « D'Augustin Thierry à Napoléon Peyrat : un demi-siècle d'occultation (1820–1870)》, *Cahiers de Fanjeaux* 14 (1979) :143–162.

CARBONELL,Charles-Olivier, « Les historiens protestants libéraux ou les illusions d'une histoire scientifique (1870–1914)》, *Cahiers de Fanjeaux* 14 (1979) :185–198.

CARBONNIER, Jean, « De l'idée que le protestantisme s'est faite de ses rapports avec le catharisme, ou des adoptions d'ancêtres en histoire », *BSHPF* (1955) : 72–87.

CEVINS, Marie-Madeleine de et Matz, Jean-Michel dir., *Structures et dynamiques religieuses dans les sociétés de l'Occident latin (1179–1449)* (Rennes : Presses Universitaires de Rennes, 2010).

CHAIX, Paul, DUFOUR, Alain et al., *Les livres imprimés à Genève de 1550 à 1600* (Genève : Droz, 1966).

CHARTIER, Roger, "The two Frances: the history of a geographical idea", *Social Science Information* 17/4–5 (1978): 527–554.

CHAUNU, Pierre, *Le temps des Réformes* (Paris : Fayard, 1975).

CHAUNU,Pierre, *Histoire et imagination : la transition* (Paris : PUF, 1980).

CHENU, Christian,"Innocent III and the Case for War in Southern France in 1207 ", *Journal of Religious History* 35/4 (2011): 507–515.

CHIFFOLEAU, Jacques, « Note sur la bulle *Vergentis in senium*, la lutte contre les hérétiques du Midi et la construction des majestés temporelles », *Cahiers de Fanjeaux* 50 (2015) : 89–144.

CHRISTIN, Olivier, *Les Réformes : Luther, Calvin et les protestants* (Paris : Gallimard,1995).

CHRISTIN, Olivier, *Confesser sa foi: conflitsconfessionnels et identités religieuses dans l'Europe moderne, 16–17e siècles* (Seyssel : Champ Vallon, 2009).

CHRISTOPHE, Paul, *Vocabulaire historique de culture chrétienne* (Paris: Desclée, 1991).

CLOSON, Jules, « Wazon, évêque de Liège (1042–1048) 》, *Chronique Archéologique du Pays de Liège* (1937) : 56–70.

COTTRET, Bernard, *Histoire de la réforme protestante: Luther, Calvin, Wesley XVIe-XVIIIe siècle* (Paris : Perrin, 2001).

CRISTIANI, Léon, « Luther et la Faculté de théologie de Paris », *Revue d'histoire de l'Église de France* 120, (1946) : 53-83.

CROUZET, Denis, *Les guerriers de Dieu : la violence au temps des troubles de Religion (vers 1525-vers 1610)* (Syssel : Champ Vallon,1990).

CROUZET,Denis, *La genèse de la Réforme française, 1520–1562* (Paris : SEDES, 1996).

DANTÈS, Alfred, *Dictionnaire biographique et bibliographique* (Paris : Aug. Boyer et CIE, 1875).

DARRICAU, Raymond, « De l'histoire théologienne à la grande érudition : Bossuet (XVIe-XVIIIe siècle) 》, *Cahiers de Fanjeaux* 14 (1979) :85–118.

DAUSSY, Hugues, « L'instrumentalisation politique et religieuse de l'histoire chez Philippe Duplessis-Mornay », dans Danielle Bohler et Catherine Magnien Simonin éds., *Écriture de l'histoire (XIVe - XVIe siècle),* actes du colloque du Centre Montaigne (Genève : Droz, 2005), pp.471–484.

DAVIES, Joan, "Persecution and Protestantism: Toulouse, 1562–1575",

The Historical Journal 22/1 (1979): 31–51.

DAVIS, Natalie Zemon, "The rites of violence: religious riot in sixteenth-century France", *Past & Present* 59/1 (1973): 51–91.

DE LA GARANDERIE, M.-M. et PENHAM, D.F. éds., *Le passage de l'hellénisme au christianisme* (Paris : Belles-Lettres, 1993).

DELUMEAU, Jean, *Naissance et affirmation de la Réforme* (Paris : PUF, 1965).

DESGRAVES, Louis, *Répertoire des ouvrages de controverse entre catholiques et protestants en France*, 2 vols (Genève : Droz, 1984–1985).

DIEFENDORF, Barbara, "Prologue to a massacre: popular unrest in Paris, 1557–1572", *The American Historical Review* 90/5 (1985): 1067–1091.

DOMPNIER, Bernard, « L'histoire religieuse chez les controversistes réformés du début du XVIIe siècle. L'apport de Du Plessis Mornay et Rivet » , dans Philippe Joutard dir., *Historiographie de la Réforme* (Neuchâtel-Paris : Delachaux & Niestlé, 1977), pp.16–36.

DOMPNIER, Bernard, *Le venin de l'hérésie. Image du protestantisme et combat catholique au 17e siècle* (Paris : Centurion, 1985).

DONDAINE, Antoin, « Les actes du concile albigeois de Saint-Félix de Caraman : Essai de critique d'authenticité d'un document médiéval » , dans *Miscellanea Giovanni Mercati* (Città del Vaticano : Biblioteca Apostolica Vaticana, 1946), pp.324–355

DOSSAT, Yves, *Les crises de l'Inquisition toulousaine au XIIIe siècle (1233–1273)* (Bordeaux : Imprimerie Brière, 1959).

DOSSAT, Yves, « Les cathares dans les documents de l'Inquisition » , *Cahiers de Fanjeaux* 3 (1968) : 71–104.

DOSSAT,Yves, « La croisade vue par les chroniqueurs », *Cahiers de Fanjeaux* 4 (1969) : 221–259.

DOSSAT,Yves, « Un initiateur : Charles Schmidt », *Cahiers de Fanjeaux* 14 (1979) :161–184.

DROZ, Eugénie éd., *Chemins de l'hérésie, textes et documents*, 4 vols (Genève : Slatkine, 1970–1976).

DUBOIS, Claude-Gilbert, *La conception de l'histoire en France au XVIe siècle : 1560–1610* (Paris : A.G.Nizet, 1977).

DULAURIER, Édouard, « Les Albigeois ou les Cathares du midi de la France », *Le cabinet historique* (1880) : 5–19.

DUPRONT, Alphonse éd., *Genèses des temps modernes : Rome, les Réformes et le Nouveau Monde* (Paris : Gallimard et le Seuil, 2001).

DUPUIS, Albert, *Alain de Lille, études de philosophie scholastique* (Lille : L.Danel, 1859).

DURANTON, Henri, « Les Albigeois dans les histoires générales et les manuels scolaires du XVIe au XVIIIe siècle », *Cahiers de Fanjeaux* 14 (1979) :119–139.

DUVERNOY, Jean et THOUZELLIER, Christine, « Une controverse sur l'origine du mot "cathares"》, *Annales du Midi* 87/123 (1957) : 341–349.

DUVERNOY, Jean, « L'édition par Philippe de Limborch des sentences de l'Inquisition de Toulouse », *Heresis* 12 (1989): 5–12.

DUVERNOY, Jean, *Le catharisme : la religion des cathares* (Toulouse : Privat, 1976).

DUVERNOY, Jean, *Le catharisme : l'histoire des cathares* (Toulouse : Privat, 1979).

DUVERNOY, Jean, « Cathares et Vaudois sont-ils des précurseurs de la Réforme?》, *Etudes théologiques et religieuses* 62/3 (1987) : 377–384.

EL KENZ, David, *Les bûchers du roi : la culture protestante des martyrs (1523–1572)* (Seyssel : Champ Vallon, 1997).

ELYADA, Ouzi et LE BRUN, Jacques dir., *Conflits politiques, controverses religieuses : essais d'histoire européenne aux 16e -18e siècles* (Paris : EHESS, 2002).

FARGE, James Knox, *Orthodoxy and Reforme in Early Reformation France. The Faculty of Theology of Paris, 1550–1543* (Leiden : Brill,1985).

FEBVRE, Lucien,« Une question mal posée : les origines de la Réforme française et le problème des causes de la Réforme » , *Revue historique* 161/1 (1929) : 1–73.

FEBVRE, Lucien, *Au cœur religieux du XVIe siècle* (Paris : S.E.V.P.E.N, 1957).

FEUCHTER, Jorg, « Albigenser und Hugenotten » , in Günter Frank and Friedrich Niewöhner eds., *Reformer als Ketzer. Heterodoxe Bewegungen von Vorreformatoren* (Stuttgart et Bad-Cannstatt: Frommann-Holzboog, 2004), pp. 321–352.

FINOT, Jean-Pierre, *Notice sur Nicolas Vignier, docteur-médecin de Bar-sur-Seine et historiographe du roi* (Bar-sur-Seine : s.n., 1865).

FRAGONARD, Marie-Madelein, « Erudition et polémique : *Le Mystère d'iniquité* de Du Plessis-Mornay » , dans *Avènement d'Henri IV. Quatrième centenaire. Colloque IV : Les lettres au temps d'Henri IV*, actes du colloque de l'Association Henri IV, Agen-Nérac 18–20 mai 1990 (Pau: J. & D. éditions, 1991), pp.167–188.

FRASSETTO, Michael ed., *Heresy and the persecuting society in the Middle Age : essays on the work of R.I.Moore* (Leiden, Boston: Brill, 2006).

FRIESEN, Abraham, "Medieval heretics or forerunners of the reformation: the protestant rewriting of the history of medieval heresy", in Alberto Ferreiro ed., *The Devil, Heresy & Witchcraft in the Middle Ages: Essays in Honor of Jeffrey B. Russell* (Leiden-Boston-Koln: Brill,1998), pp. 165–189.

GARRISSON-ESTÈBE, Janine, *Histoire des protestants en France* (Toulouse : Privat,1977).

GARRISSON-ESTÈBE,Janine, *Les Protestants au 16e siècle* (Paris : Fayard, 1988).

GARRISSON-ESTÈBE, Janine, *Protestants du Midi : 1559–1598* (Toulouse : Privat,1980).

GEISENDORF, Paul-F., *Théodore de Bèze* (Genève : Labor et Fides, 1949).

GILLI, Patrick et THERY, Julien, « InnocentⅢ équipare le crime d'hérésie et le crime de lèse-majesté » , dans Patrick Gilli, Julien Théry éds., *Le gouvernement pontificale et l'Italie des villes au temps de la théocratie (fin XIIe-mi XIVe siècle)* (Montpellier : Presses universitaires de la Méditerranée, 2010), pp.553–561.

GILMONT, Jean-François, « Un instrument de propagande religieuse; les martyrologes du XVIe siècle » , dans *Sources de l'histoire religieuse de la Belgique : Moyen âge et temps modernes*, actes du colloque de Bruxelles 30 novembre-2 décembre, 1967 (Louvain : Publications Universitaires de Louvain, 1968), pp.376–388.

GILMONT,Jean-François, *Jean Crespin, un éditeur réformé du XVIe siècle* (Genève : Droz, 1981).

GILMONT, Jean-François éd., *La Réforme et le livre. L'Europe et l'imprimé (1517-vers 1570)* (Paris : Cerf, 1990).

GILMONT, Jean-François, « La naissance de l'historiographie protestante », in Andrew Pettegree ed., *The Sixteenth-Century French Religious Book* (Aldershot : Ashgate, 2001), pp.110–126.

GOGUEL, Georges-Frédéric, *La vie d'Ulric Zwingli, réformateur* (Paris : Marc Aurel, 1841).

GONNET, Giovanni, « Les relations des vaudois des Alpes avec les réformateurs en 1532 », *Bibliothèque d'Humanisme et Renaissance* 23/1 (1961) : 34–52.

GONNET, Giovanni et MOLNÁR, Amedeo, *Les Vaudois au moyen âge* (Turin : Claudiana, 1974).

GONNET, Giovanni, « Le cheminement des vaudois vers le schisme et l'hérésie (1174–1218) », *Cahiers de civilisation médiévale* 76 (1976) : 309–345.

GORDON, Bruce ed., *Protestant history and identity in sixteenth-century Europe* (Aldershot: Ashgate,1996).

GORDON, Bruce, "The changing Face of Protestant History and Identity in the Sixteenth Century", in Bruce Gordon ed., *Protestant History and Identity in Sixteenth-Century Europe*, volume 1: The medieval inheritance (Aldershot: Ashgate, 1996), pp.1–22.

GRAHAM-LEIGN, Elaine, *The Southern French Nobility and the Albigensian Crusade* (Woodbridge: The Boydell Press, 2005).

GRELL, Chantal dir., *Les historiographies en Europe de la fin du Moyen Âge à la Révolution* (Paris : Presses de l'Université Paris-Sorbonne, 2006).

GRUNER, Shirley M., "Political Historiography in Restoration France", *History and Theory* 8/3 (1969): 346–365.

GUENÉE, Bernard, *Histoire et culture historique dans l'Occident médiéval* (Paris : Aubier-Montaigne, 1980).

GUIRAUD, Jean, *Histoire de l'Inquisition au Moyen Âge : Cathares et Vaudois* (Paris : Picard, 1935).

HAAG, Eugène et Émile, *La France protestante, ou vies des protestants français qui se sont fait un nom dans l'histoire* (Paris : Joël Cherbuliez, 1858).

HALLMARK, R.E., "Defenders of the Faith : the Case of Nicole Grenie",*Renaissance Studies* 11/2 (1997): 123–140.

HARRISON, Robert, *Eckbert of Schönau's Sermones contra Kataros* (Ph. D. diss., Ohio State University, 1990).

HARRISON,Robert, "Eckbert of Schönau and Catharisme: A Reevaluation", *Comitatus: A Journal of Medieval and Renaissance Studies* 22/1 (1991): 41–54.

HAUSER, Henri, *La naissance du protestantisme* (Paris : Leroux, 1940).

HAUSSY, Christiane d' éd., *Orthodoxie et hérésie* (Paris : Didier-Érudition, 1993).

HAVET, Julien, « L'hérésie et le bras séculier au Moyen Âge jusqu'au treizième siècle », *Bibliothèque de l'école des chartes* 41 (1880) : 488–517, 570–607.

HERMINJARD, Aimé-Louis, *Correspondance des réformateurs dans les pays de langue française*, 9 vols (Genève : H.Georg ; Paris : Michel Levy frères, 1866–1897).

HIGMAN, Francis, *La diffusion de la Réforme en France, 1520–1565* (Genève : Labor et Fides,1992).

HOLLARD, Auguste, « Michel Servet et Jean Calvin » , *Bibliothèque d'Humanisme et Renaissance* 6 (1945): 171–209.

HOLT, Mack P.,*The French Wars of Religion, 1562–1629* (Cambridge: Cambridge University Press,1995).

HOLT, Mack P. ed., *Adaptations of Calvinism in Reformation Europe: Essays in Honour of Brian G. Armstrong* (Aldershot: Ashgate, 2007).

HUCHARD, Cécile, *D'encre et de sang: Simon Goulart et la Saint-Barthélemy* (Paris : Honoré Champion, 2007).

HUPPERT, George, *The idea of Perfect History. Historical Erudition and Historical Philosophy in Renaissance* (Chicago: University of Illinois Press, 1970).

JAS, Michel, *Braises cathares, filiation secrète à l'heure de la Réforme* (Portet-sur-Garonne : Loubatières,1992).

JAS, Michel, « L'orthodoxieprotestante, le rêve albigeois, Schmidt et Peyrat » , *Heresis* 7 (1994) : 97–117.

JAS, Michel, « Cathares et protestants: le colloque de Montréal » , *Heresis* 26–27 (1996) : 23–42.

JAS, Michel, POUPIN, Roland et MAZEL, Florian, « Les cathares, ancêtres des protestants? 》 , *Réforme*, no.3240, 27 septembre–3 octobre 2007 et no.3243, 18–24 octobre 2007.

JAS, Michel, *Cathares et Protestants, familles rebelles et histoire du Midi* (Sète : Nouvelles Presses du Languedoc, 2011).

JEAN-BARTHELEMY, Hauréau, « De quelques auteurs imaginaires » , *Comptes rendus des séances de l'Académie des inscriptions et Belles-Lettres* 15 (1871): 262–275.

JEANNET, Henri, « Nicolas Vignier : médecin et historiographe du roi » ,

Mémoire de la Société académique du département de l'Aube CIX (1978): 97–112.

JIMÉNEZ SANCHEZ, Pilar, *Les catharismes : modèles dissidents du christianisme médiéval, XIIe-XIIIe siècles* (Rennes : Presses universitaires de Rennes, 2008).

JOUTARD, Philippe dir., *Historiographie de la Réforme* (Neuchâtel-Paris : Delachaux &Niestlé,1977).

JOUTARD,Philippe, *La légende des Camisards : une sensibilité au passé* (Paris : Gallimard,1977).

KAISER, Wolfgang dir., *L'Europe en conflits : les affrontements religieux et la genèse de l'Europe moderne vers 1500-vers 1650* (Rennes : Presses Universitaires de Rennes, 2008).

KELLEY, Donald R.,"Jean du Tillet, archivist and antiquary",*The Journal of Modern History* 38/4 (1966): 337–354.

KELLEY, Donald R., *Fondations of Modern Historical Scholarship: Language, law and History in the French Renaissance* (New York, London: Columbia University Press, 1970).

KELLEY, Donald R., "Johann Sleidan and the origins of History as a Profession", *The Journal of Modern History* 52/4 (1980): 573–598.

KESS, Alexandra, *Johann Sleidan and the Protestant Vision of History* (Aldershot: Ashgate,2008).

KIENZLE, Beverly Mayne, "Henry of Clairvaux and the 1178 and 1181 Missions", *Heresis* 28 (1997): 63–87.

KRUMENACKER, Yves, *Des protestants au siècle des lumières : le modèle lyonnais* (Paris : Honoré Champion,2002).

KRUMENACKER,Yves, « La généalogie imaginaire de la Réforme protestante » , *Revue historique* 638/2 (2006) : 259–289.

KRUMENACKER,Yves, « La Réforme protestante à la recherche de ses ancêtres (16e–20e siècle)》, dans Pierre Ragon éd., *Les Généalogies imaginaires: Ancêtres, lignages et communautés idéales (16e–20e siècle)* (Rouen : Publications des Universités de Rouen et du Havre, 2007), pp. 21–32.

KRUMENACKER,Yves, *Calvin : au-delà des légendes*（Montrouge: Bayard, 2009）.

KRUMENACKER,Yves, « Des Vaudois aux huguenots. Une histoire de la Réformation », dans Philip Benedict, Hugues Daussy, Pierre-Olivier Léchot dir., *L'identité huguenote faire mémoire et écrire l'histoire (XVIe-XXe siècle)* (Genève : Droz, 2014), pp. 127–144.

KRUMENACKER,Yves et WANG, Wenjing, « Cathares, Vaudois, Hussites, ancêtres de la Réforme? » , *Chrétiens et sociétés* 23 (2016) : 133–162.

KURPIEWSKI, Christopher M.,"Writing beneath the shadow of heresy: the *Hisoria Albigensis* of Brother Pierre des Vaux-de-Cernay", *Journal of Medieval History* 31 (2005): 1–27.

LABROUSSE, Élisabeth, *Conscience et conviction, études sur le XVIIe siècle* (Paris : Universitas, 1996).

LACROIX, Albert et VAN MEENEN, François, *Notices historique et bibliographique sur Philippe de Marnix* (Bruxelles : Imprimerie de François von Meenen, 1858).

LAFONT, Robert, *Sur la France* (Paris : Gallimard, 1967).

LAFONT,Robert, *Les Cathares en Occitanie* (Paris : Fayard, 1982).

LAMBERT, Malcolm D., *Medieval Heresy: Popular Movements from the Gregorian Reform to the Reformation* (New York: Holmes and Meier, 1977).

LAPLANCHE, François, *L'Écriture, le sacré et l'histoire. Érudits et politiques protestants devant la Bible en France au XVIIe siècle* (Amsterdam-Maarssen : APA-Holland University Press, 1986).

LAURENT, Albaret, « Les Prêcheurs et l'Inquisition », *Cahiers de Fanjeaux* 36 (2001) : 319–341.

LEA, Henry Charles et REINACH, Salomon, *Histoire de l'Inquisition au Moyen Âge*, 2 vols (Sainte-Agnès : J.Millon, 1986–1988).

LE BRUN, Jacques, *La jouissance et le trouble. Recherches sur la littérature chrétienne de l'âge classique* (Genève : Droz, 2004).

LECLER, Joseph, *Histoire de la tolérance au siècle de la Réforme* (Paris : Albin Michel,1994).

LÉGLU, Catherine et al. ed., *The Cathars and the Albigensian Crusade: a Sourcebook* (London, New York: Routledge, 2014).

LE GOFF, Jacques dir., *Hérésies et sociétés dans l'Europe préindustrielle: 11e-18e siècles*, Communications et débats du colloque de Royaumont, 27–30 mai 1962 (Paris : La Haye, 1968).

LE GOFF, Jacques, *Histoire et mémoire* (Paris : Gallimard,1988).

LEMAÎTRE, Nicolas, *Saint Pie V* (Paris : Fayard,1994).

LENKER, John Nicholas ed., *Sermons of Martin Luther*, 8 vols (Grand Rapids: Baker Book House, 1983).

LÉONARD, Émile Guillaume, « Le protestantisme français au XVIIe siècle », *Revue historique* 200/2 (1948) : 153–179.

LEONARD, Émile Guillaume, *Histoire générale du protestantisme*, 3 vols (Paris : PUF, 1961–1964).

LE ROUX, Nicolas, *Les guerres de religion (1559–1629)* (Paris : Belin,2009).

LE ROY LADURIE, Emmanuel, *Montaillou, village occitan : de 1294–*

1324 (Paris : Gallimard,1985).

LESTRINGANT, Frank, *Lumière des martyrs, essai sur le martyre au siècle des Réformes* (Paris : Honoré Champion,2004).

LIENHARD, Marc, *Martin Luther : un temps, une vie, un message* (Genève : Labor et Fides,1991).

LYON, Gregory B., "Baudouin, Flacius, and the Plan for the Magdeburg Centuries", *Journal of the History of Ideas* 64/2 (2003): 253–272.

MADAULE, Jacques, *Le drame albigeois et le destin français* (Paris : Grasset, 1962).

MARTEL, Philippe, « Les historiens du début du XIXe siècle et le Moyen Âge occitan : Midi éclairé, Midi martyr ou Midi pittoresque » , *Romantisme* 35 (1982) : 49–72.

MARTEL,Philippe, *Les cathares et l'histoire : le drame cathare devant ses historiens : 1820–1992* (Toulouse : Privat,2002).

MAYEUR, Jean-Marie et PIETRI, Luce dir., VENARD, Marc éd., *Histoire du christianisme des origines à nos jours,* tome 7, De la Réforme à la Réformation (1450–1530) (Paris : Desclée,1994).

MCCAFFREY, Emily, "Memory and Collective Identity in Occitanie: The Cathars in History and Popular Culture", *History and Memory* 13/1 (2001): 114–138.

MCGRATH, Alister E., "Forerunners of the Reformation? A Critical Examination of the Evidence for Precursors of the Reformation Doctrines of Justification", *The Harvard Theological Review* 75/2 (1982): 219–242.

MENTZER, Raymond A., *Heresy Proceedings in Languedoc, 1500–1560* (Philadelphia: The American philosophical society, 1984).

MENTZER, Raymond A et SPICER, Andrew ed., *Society and Culture in the Huguenot World, 1559–1685* (Cambridge: Cambridge University Press, 2002).

MILLER, John dir., *L'Europe protestante aux XVIe et XVIIe siècles* (Paris : Belin,1997).

MILLET, Olivier éd., *Calvin et ses contemporains,* actes du colloque de Paris 1995 (Genève : Droz, 1998).

MILTON, Anthony, *Catholic and Reformed : The Roman and Protestant Churches in English Protestant Thought, 1600–1640* (Cambridge: Cambridge University Press,1995).

MINTON, Gretchen, *John Bale's 'The Image of Both Churches'* (Dordrecht: Springer, 2013).

MOMIGLIANO, Arnaldo, TACHET, Alain et al.trad., *Problèmes d'historiographie : ancienne et moderne* (Paris : Gallimard,1983).

MONOD, Gabriel, « Du progrès des études historiques en France depuis le XVIe siècle », *Revue historique* 1 (1876) : 5–38.

MONTER, William, « Les exécutés pour hérésie par arrêt du Parlement de Paris (1523–1560)》, *BSHPF* (1996) : 191–224.

MOORE, Robert Ian, *The Birth of Popular Heresy* (London:Edward Arnold, 1975).

MUSTON, Alexis, *Histoire des vaudois des vallées du Piémont et de leurs colonies, depuis leur origine jusqu'à nos jours* (Paris : F.-G. Levrault, 1834).

NEGRONI, Barbara de, *Intolérances : catholiques et protestants en France, 1560–1787* (Paris : Hachette,1996).

NELLI, René, *La Vie quotidienne des Cathares du Languedoc au XVIIe siècle* (Paris : Hachette, 1969).

NELLI, René, *Dictionnaire des Hérésies méridionales* (Toulouse :

Privat,1968).

NELLI, René, *Les cathares* (Paris : Grasset,1972).

NELLI, René, *La philosophie du catharisme* (Paris : Payot,1978).

NELLI, René, *Le Phénomène cathare : perspectives philosophiques et morales* (Toulouse : Privat,1988).

NICHOLLS, David, "The Theatre of Martyrdom in the French Reformation", *Past & Present* 121 (1988): 49–73.

NICHOLLS, David, "Heresy and Protestantism, 1520–1542: Questions of Perception and Communication", *French History* 10/2 (1996): 182–205.

OBERMAN, Heiko Augustinus ed., *Forerunners of the Reformation: the Shape of Late Medieval Thought Illustrated by Key Documents* (London: Lutterworth, 1967).

OBERMAN,Heiko Augustinus, *The Reformation. Roots and Ramifications* (Grand Rapids-Edimbourg: Eerdmans Pub Co.,1994).

OLIVIER, Daniel, *La foi de Luther, la cause de l'Évangile dans l'Église* (Paris : Beauchesne,1978).

PALADILHE, Dominique, « Rome décide d'extirper l'hérésie» , dans *Les cathares : la croisade albigeoise* (Paris : ÉditionsTallandier, 1999), pp.68–77.

PARKER, Charles H., "French Calvinists as the Children of Israel: an Old Testament self-consciousness in Jean Crespin's *Histoire des Martyrs* before the Wars of Religion", *The Sixteenth Century Journal* 24/2 (1993): 227–?48.

PASSERAT, Georges, « Dom Joseph Vaissète (1685–1756), historien du Languedoc et patriote occitan avant l'heure » , *Cahiers de*

Fanjeaux 49 (2014) : 119–137.

PATRY, Raoul, *Philippe du Plessis-Mornay : un huguenot homme d'État* (Paris : Fischbacher, 1933).

PAUL, Jacques, « La société hérétique dans le diocèse de Carcassonne au milieu du XIIIe siècle » , dans Claude Carozzi et al. éds., *Vivre en société au Moyen Âge* (Aix-en-Provence : Presses universitaires de Provence, 2008), pp.241–259.

PEGG, Mark Gregory, "On Cathars, Albigenses, and Good Men of Languedoc", *Journal of Medieval History* 27/2 (2001): 181–195.

PEGG, Mark Gregory, "Heresy, Good men, and Nomenclature", in Michael Frassetto ed., *Heresy and the Persecuting Society in the Middle Ages, Essays on the Work of R.I.Moore* (Leiden : Brill, 2006),pp.227–239.

PELIKAN, Jaroslav, JR., "Luther's Attitude toward John Hus", *Concordia Theological Monthly* 19/10 (1948): 747–763.

PETITMENGIN, Pierre, « Les *Haeretici nostri temporis* confrontés aux hérésies de l'Antiquité » , dans Irena Backus et al. éds., *L'argument hérésiologique, l'Église ancienne et les Réformes, XVIe-XVIIe siècles*(Paris: Beauchesne, 2012), pp.175–198.

PETTEGREE, Andrew ed., *The Sixteenth-Century French Religious Book* (Aldershot: Ashgate, 2001).

PIERRE, Benoist, « La parole publique des prédicateurs royaux au temps des guerres de Religion : l'exemple d'Arnaud Sorbin (1532–1606)》 , dans Stefano Simiz éd., *La parole publique en ville : des Réformes à la Révolution* (Villeneuve-d'Ascq : Presses Universitaires du Septentrion, 2012), pp.61–84.

POLMAN, Pontien, « La méthode polémique des premiers adversaires de la Réforme », *Revue d'histoire ecclésiastique* 25/3 (1929) : 471–506.

POLMAN,Pontien, « Flacius Illyricus, historien de l'Église », *Revue d'histoire ecclésiastique* 27/1 (1931) : 27–73.

POLMAN,Pontien, *L'élément historique dans la controverse religieuse du 16e siècle* (Gembloux : J. Duculot, 1932).

POUZET, Philippe, « Les origines Lyonnaises de la secte des Vaudois », *Revue d'histoire de l'Église de France* 22/94 (1936) : 5–37.

RACAUT, Luc, *Hatred in Print: Aspects of Anti-Protestant polemic in the French Wars of Religion* (Ph.D. diss., University of St. Andrews, 1999).

RACAUT,Luc, "The Polemical Use of the Albigensian Crusade during the French Wars of Religion", *French History* 13/3 (1999): 261–279.

RACAUT,Luc, "Religious Polemic and Huguenot Self-perception and Identity, 1554–1619", in Raymond A. Mentzer et Andrew Spicer eds., *Society and Culture in the Huguenot World 1559–1685* (Cambridge: Cambridge University Press, 2002), pp.29–43.

RACAUT,Luc et RYRIE, Alec ed., *Moderate voices in the European Reformation*(Aldershot : Ashgate, 2005).

RAGUIN, Marjolaine, « « Hérésie » et « hérétiques » dans la Chanson de Guilhem de Tudela », dans Jean-Claude Hélas dir. et Anne Brenon éd., *1209–2009, Cathares :une histoire à pacifier ?* (Portet-sur-Garonne : Loubatières, 2010), pp.65–80.

RAGUIN,Marjolaine, *Propagande Politique et religieuse dans la Chanson de la Croisade albigeoise, texte de l'anonyme* (Ph.D. thèse, Université Paul-Valéry Montpellier III, 2011).

RAHN, Otto, *La croisade contre le Graal : grandeur et chute des albigeois*, traduit par Robert Pitrou (Rosières-en-Haye : Camion Blanc, 2015).

RÉBELLIAU, Alfred, *Bossuet, historien du protestantisme : étude sur l'Histoire des Variations et sur la controverse entre les protestants et les catholiques au dix-septième siècle* (Paris : Hachette, 1891).

REID, W. Stanford, "The Four Monarchies of Daniel in Reformation Historiography", *Historical Reflections / Réflexions Historiques* 8/1 (1981): 115–123.

REX, Walter et al. éds., *De l'Humanisme aux Lumières. Bayle et le protestantisme. Mélanges en l'honneur d'Elisabeth Labrousse* (Paris : Universitas et Oxford, Voltaire foundation, 1996).

RÉVILLE, Albert, « Les albigeois » , *Revue des deux mondes* (1874) : 42–76.

RICOEUR, Paul, *Histoire et vérité* (Paris : Seuil, 1955).

RICOEUR, Paul, *La mémoire, l'histoire, l'oubli* (Paris : Seuil, 2000).

ROCHE, Déodat, *Le Catharisme. Son développment dans le Midi de la France et les Croisades contre les Albigeois* (Carcassonne : Imprimerie Gabelle, 1937).

ROCHE,Déodat, *L'Église Romaine et les Cathares Albigeois* (Arques : Édition des Cahiers d'ÉtudesCathares, 1957).

ROGET, Amédé, *Histoire du peuple de Genève depuis la Réforme jusqu'à l'Escalade* (Genève: John Jullien, 1877).

ROQUEBERT, Michel, *L'épopée cathare : I. L'invasion 1198–1212* (Toulouse : Privat, 1970).

ROQUEBERT, Michel, *L'épopée cathare :II. 1213–1216, Muret ou la dépossession* (Toulouse : Privat, 1977).

ROQUEBERT, Michel, *L'épopée cathare :III. 1216–1229, Le lys et la croix* (Toulouse : Privat, 1986).

ROQUEBERT, Michel, *L'épopée cathare : IV. Mourir à Montségur* (Toulouse : Privat, 1989).

ROQUEBERT, Michel, *L'épopée cathare :V. Les cathares : de la chute de Montségur aux derniers bûchers, 1244–1329* (Paris : Perrin,1998).

ROQUEBERT, Michel, *La religion cathare : le Bien, le Mal et le Salut dans l'hérésie médiévale* (Paris :Perrin,2001).

ROQUEBERT, Michel, « Le "déconstructionnisme" et les études cathares » , dans Martin Aurell dir.,*Les cathares devant l'histoire : mélanges offerts à Jean Duvernoy* (Cahors :L'Hydre Edition, 2005),pp. 105–133.

RUNCIMAN, Steven, *Le manichéisme médiéval. L'hérésie dualiste dans le chrétienisme* (Paris : Payot,1949).

RYRIE, Alec, "The Problemes of Legitimacy and Precedent in English Protestantism", in Bruce Gordon ed., *Protestant History and Identity in Sixteenth-century Europe*,volume 1:The medieval inheritance (Aldershot: Ashgate,1996), pp.78–92.

SACQUIN, Michèle, *Entre Bossuet et Maurras. L'antiprotestantisme en France* (Paris : Champion-Droz, 1998).

SAMARAN, Charles Samaran et NORTIER, Michel éds., *Recueil des Actes de Philippe-Auguste, roi de France*, t.III(1206–1215) et t.IV(1215–1223) (Paris : impr. Nationale, C.Klincksieck, 1966 et 1979).

SANCHEZ, Pilar Jiménez, « Aux commencements du catharisme : la communauté d'« apôtres hérétiques » dénoncée par Evervin de

Steinfeld en Rhénanie », *Heresis* 35 (2001) :17–44.

SANJEK, Franjo, « Matthias Flacius Illyricus (1520–1575), l'historien du christianisme », *Heresis* 35 (2001) :119–128.

SAUZET, Robert, *Au grand siècle des âmes : guerre sainte et paix chrétienne en France au XVIIe siècle* (Paris : Perrin, 2007).

SCHILLING, Heinz, *Martin Luther, rebelle dans un temps de rupture*, traduit par Jean-Louis Schlegel (Paris : Salvator, 2014).

SCHILLINGER, Jean, « Les quatre Monarchies dans le Chronicon Carionis de Philipp Melanchthon », *Revista de Historiografía* 14 (2011) : 144–154.

SHISHIMI, Tsuyoshi, « La Bibliothèque historiale de Nicolas Vignier : une « Histoire universelle » au service des français », *Seizième Siècle* 9 (2013) : 216–281.

SIMIZ, Stefano éd., *La parole publique en ville : des Réformes à la Révolution*, (Villeneuve-d'Ascq : Presses Universitaires du Septentrion, 2012).

SIMONIN, Michel,dir., *Dictionnaire des Lettres françaises : le XVIe siècle* (Paris : Fayard, 2001).

SIMONUTTI, Luisa, "Between History and Politics: Philipp van Limborch's *History of the Inquisition* (1692)", in John Christian Laursen ed., *Histories of Heresy in Early Modern Europe: for, against, and beyond Persecution and Toleration* (New York: Palgrave, 2002), pp. 101–117.

SINCLAIR, Finn E., « La Chanson de la croisade albigeoise comme forge d'une histoire mythique », *Revue des langues romanes* CXXI (2017) : 159–178.

SKINNER, Quentin, *The Fondations of Modern Political Thought*, volume 2: The Age of Reformation (Cambridge: Cambridge University Press,1978).

SKINNER, Quentin, *La vérité et l'historien* (Paris : EHESS,2012).

SMITH, Damian J.,*Crusade, Heresy, and Inquisition in the Lands of the Crown of Aragon, c.1167–1276* (Leiden, Boston: Brill,2010).

SOLÉ, Jacques, *Le débat entre protestants et catholiques français de 1598 à 1685*, 4 vols (Paris : Aux amateurs de livres, 1985).

SOLÉ, Jacques, *Les origines intellectuelles de la révocation de l'Édit de Nantes* (Saint-Étienne : Publications de l'Université de Saint-Étienne, 1997).

SOURIAC, Pierre-Jean, « Comprendre une société confrontée à la guerre civile: le Midi toulousainentre 1562 et 1596 》, *Histoire, économie et société* 23/2 (2004) : 261-272.

SOURIAC, Pierre-Jean, « Les enjeux mémoriels de la croisade albigeoise au temps des guerres de Religion » , dans *Le temps de la bataille de Muret. 12 septembre 1213* (Comminges : Société des Etudes de Comminges, 2014), pp.533–549.

SYPHER, George Wylie, "La Popelinière's Histoire de France. A Case Study of Historical Objectivity and Religious censorship", *Journal of the History of Ideas* 24/1 (1963): 41–54.

TATARENKO, Yves, « Les « Sorbonnistes » face à Genève. La perception de Calvin et de la Réforme genevoise par les théologiens catholiques parisiens (1536–1564)» , dans Olivier Millet éd., *Calvin et ses contemporains*, actes du colloque de Paris 1995 (Genève : Droz, 1998), pp.135–148.

TAYLOR, Larissa Juliet, *Soldiers of Christ. Preaching in late Medieval and Reformation France* (New York: Oxford University Press,

1992).

THÉRY, Julien, « L'hérésie des bonshommes : comment nommer la dissidence religieuse non vaudoise ni béguine en Languedoc (XIIe – début du XIVe siècle)? 》, *Heresis* 36–37 (2002) :75–117.

THOMAS, Eugène, *Introduction à l'Histoire Générale de Languedoc des bénédictins Fr. Claude de Vic et Fr. Joseph Vaissète* (Montpellier: Jean Martel ainé, 1853).

THOUZELLIER, Christine, *Catharisme et Valdéisme en Languedoc à la fin du XIIe et au début du XIIIe siècle* (Paris : PUF, 1966).

THOUZELLIER, Christine, *Hérésie et hérétiques : Vaudois,Cathares, Patarins, Albigeois* (Rome : Édizioni di storia e letteratura, 1969).

TINSLEY, Barbara Sher, *History and Polemic in the French Reformation: Florimond de Raemond, Defender of the Church* (Cranbury: NJ, 1992).

TRAVIANI-CAROZZI, Huguette, « La mort et l'hérésie : des hérétiques de l'an Mil à Pierre de Bruis et à Henri, dit de Lausanne », *Cahiers de Fanjeaux* 33 (1998) : 121–158.

VICAIRE, Marie-Humbert, « Les albigeois ancêtres des protestants : assimilations catholiques » , *Cahiers de Fanjeaux* 14 (1979) :23–46.

VILLEMAGNE, Augustin,*Bullaire du bienheureux Pierre de Castelnau, martyr de la foi : 16 février 1208* (Montpellier: Imprimerie de la Manufacture de la Charité, 1917).

VOELTZEL, René-Frédéric, *Vraie et fausse Église: selon les théologiens protestants français du 17e siècle* (Paris : PUF, 1956).

WALTHER, Daniel, "Were the Albigensians and Waldensians the Forerunners of the Reformation", *Andrews Univeristy Seminary*

Studies 6/2 (1968): 178–202.

WANEGFFELEN, Thierry, *Ni Rome, ni Genève. Des fidèles entre deux chaires en France au XVIe siècle* (Paris : Honoré Champion,1997).

WANG, Wenjing, *Les Albigeois comme ancêtres des Protestants ? La généalogie imaginaire des Protestants français du XVIe siècle au XVIIIe siècle* (Ph.D. thèse,Université Lyon III-Jean Moulin, 2016).

WANG, Wenjing, « La « reviviscence » de l'histoire des Albigeois dans le conflit catholiques-protestants au XVIe siècle » , *Histoire, monde et cultures religieuse* 43 (2017) : 115–130.

WANG, Wenjing, « L'Écriture de l'histoire des Albigeois et l'identité des Protestants dans la France Moderne » , *Chrétiens et sociétés. Documents et mémoires* 47 (2023) : 227–241.

WEISS, Nathanaël, *Du Plessis-Mornay comme théologien et comme caractère politique*, thèse à la faculté de Théologie protestante de Strasbourg (Strasbourg : Typographie de G.Silbermann, 1867).

WEISS,Nathanaël, *La chambre ardente: étude sur la liberté de conscience en France sous François Ier et Henri II (1540–1550)* (Paris : Fischbacher, 1889).

WENDEL, François, *Calvin, sources et évolution de sa pensée religieuse* (Paris : PUF, 1950).

YARDENI, Myriam, « La conception de l'histoire dans l'œuvre de la Popelinière » , *Revue d'histoire moderne et contemporaine* 11/2 (1964) : 109–126.

YARDENI, Myriam, *Repenser l'histoire: aspects de l'historiographie huguenote des guerres de religion à la révolution française* (Paris : Honoré Champion, 2000).

ZERNER, Monique, « L'abbé Gui des Vaux-de-Cernay prédicateur de croisade » , *Cahiers de Fanjeaux* 21 (1986) : 183–204.

ZERNER,Monique dir., *Inventer l'hérésie ? : Discours polémiques et pouvoirs avant l'Inquisition* (Nice : Centre d'études médiévales, 1998).

ZERNER,Monique dir., *L'histoire du catharisme en discussion. Le concile de Saint-Félix (1167)* (Nice : Centre d'études médiévales, 2001).

ZBIRAL, David, « Édition critique de la Charte de Niquinta selon les trois versions connues » , dans Anne Brenon dir., *1209–1229, cathares : une histoire à pacifier ?*(Portet-sur-Garonne : Loubatière, 2010), pp.45–52.

中文论著

〔法〕伏尔泰:《风俗论》(上),梁守锵译,商务印书馆,1994。

〔美〕J.W. 汤普森:《历史著作史》,谢德风等译,商务印书馆,1996—2013。

〔法〕伏尔泰:《风俗论》(中),梁守锵等译,商务印书馆,1997。

张广智等:《西方史学史》,复旦大学出版社,2000。

〔英〕爱德华·伯曼:《宗教裁判所:异端之锤》,何开松译,辽宁教育出版社,2001。

陈文海:《法国史》,人民出版社,2004。

〔美〕海登·怀特:《元史学:十九世纪欧洲的历史想象》,陈新译,译林出版社,2004。

〔法〕基佐:《欧洲文明史》,程洪逵、沅芷译,商务印书馆,2005。

〔法〕基佐:《欧洲代议制政府的历史起源》,张清津、袁淑娟译,复旦大学出版社，2008。

〔美〕约安·P. 库里亚诺：《西方二元灵知论——历史与神话》，张湛、王伟译，上海人民出版社，2009。

〔法〕约翰·加尔文：《基督教要义》，钱曜诚等译，生活·读书·新知三联书店，2010。

〔法〕乔治·杜比主编《法国史》，吕一民等译，商务印书馆，2010。

〔法〕马克·布洛克：《历史学家的技艺》，黄艳红译，中国人民大学出版社，2011。

〔美〕娜塔莉·泽蒙·戴维斯：《法国近代早期的社会与文化》，钟孜译，中国人民大学出版社，2011。

〔英〕约翰·布罗：《历史的历史：从远古到20世纪的历史书写》，黄煜文译，广西师范大学出版社，2012。

〔法〕米歇尔·德·塞尔托：《历史书写》，倪复生译，中国人民大学出版社，2012。

吕一民：《法国通史》，上海社会科学院出版社，2012。

〔德〕扬·阿斯曼：《文化记忆：早期高级文化中的文字、回忆和政治身份》，金寿福、黄晓晨译，北京大学出版社，2015。

〔法〕阿莱特·茹阿纳：《圣巴托罗缪大屠杀：一桩国家罪行的谜团》，梁爽译，北京大学出版社，2015。

〔美〕柯文：《历史三调：作为事件、经历和神话的义和团》，杜继东译，社会科学文献出版社，2015。

〔法〕皮埃尔·诺拉主编《记忆之场：法国国民意识的文化社会史》，黄艳红等译，南京大学出版社，2015。

〔法〕伏尔泰：《巴黎高等法院史》，吴模信译，商务印书馆，2015。

〔德〕阿莱达·阿斯曼：《回忆空间：文化记忆的形式和变迁》，

潘璐译，北京大学出版社，2016。

〔法〕克里斯蒂昂·德拉克鲁瓦、〔法〕弗朗索瓦·多斯、〔法〕帕特里克·加西亚：《19—20世纪法国史学思潮》，顾杭、吕一民、高毅译，商务印书馆，2016。

〔法〕埃马纽埃尔·勒华拉杜里：《蒙塔尤：1294—1324年奥克西塔尼的一个山村》，许明龙、马胜利译，商务印书馆，2016。

王明珂：《反思史学与史学反思：文本与表征分析》，上海人民出版社，2016。

王首贞：《中世纪法国民间宗教思潮研究：以卡塔尔教派为中心》，上海人民出版社，2016。

王文婧：《法国宗教改革时期纯洁派与新教之间的谱系构建问题》，《世界历史》，2016年第4期。

〔法〕乔治·杜比：《布汶的星期天：1214年7月27日》，梁爽、田梦译，北京大学出版社，2017。

彭刚：《叙事的转向：当代西方史学理论的考察》，北京大学出版社，2017。

〔法〕保罗·利科：《记忆，历史，遗忘》，李彦岑、陈颖译，华东师范大学出版社，2018。

〔英〕以赛亚·伯林：《浪漫主义的根源》，吕梁、张箭飞等译，译林出版社，2019。

〔法〕奥古斯丁·梯叶里：《法国史信札》，许樾译，上海社会科学院出版社，2019。

〔加〕玛格丽特·麦克米伦：《历史的运用与滥用》，孙唯瀚译，广西师范大学出版社，2021。

王文婧：《历史书写与纯洁派形象的近代"制造"》，《史学月刊》，2025年第4期。

人名索引

后　记

本书是在我的博士学位论文《作为新教先驱的阿尔比派？16—18世纪法国新教徒想象中的谱系》(Les Albigeois comme ancêtres des Protestants ? La généalogie imaginaire des Protestants français du XVIe siècle au XVIIIe siècle) 的基础上，重新构思、补充完成的。如果我的导师、宗教改革史研究专家伊夫·克鲁姆纳盖尔（Yves Krumenacker）教授有机会看到这本书（多希望这是真的），他或许会感到惊讶，因为书中试图思考和回应的问题，早已超出了我们当年反复探讨的法国新教徒的观念世界。在这一点上，我可能是有负于老师的。但我想，他不会因此责怪我。

2023年，在导师家中，我曾提及想要扩展书的内容，可能偏离原来的主题，那时他便鼓励我，研究只需追随自己内心即可。正因如此，我始终相信，他会以那种一贯宽和通达的态度，理解我在研究路径上的探索和转变。而且，这本书尽管在方向上有所变化，不再专注于宗教改革时期和新教徒的信仰世界，但它仍承续着我们始终关心的问题：人是如何通过历史理解自身，从而使历史得以介入现实世界的。就此而言，这本书依然是与老师探讨和对话的延续。我想将这本书献给他。愿他知道，无论何时，他的信任与教导对我而言都是莫大的鼓励。

除了克鲁姆纳盖尔老师，我还要向许多人致以诚挚的谢意。感谢华南师范大学陈文海教授、复旦大学李宏图教授在我就学和学术道路上从未中断的支持与鼓励。他们的言传身教不仅不断拓宽着我对历史研究的理解，也始终提醒我应以真诚、严谨的态度面对学术和人生。感谢罗讷-阿尔卑斯历史研究中心（LARHRA），尤其是贝尔纳·乌尔（Bernard Hours）教授、皮埃尔-让·苏里雅克（Pierre-Jean Souriac）副教授和克里斯蒂娜·沙蒂埃（Christine Chadier）博士一直以来的帮助。感谢在我博士学位论文写作期间给予我支持以及参与我博士论文答辩的专家学者，如法国高等研究实践学院于贝尔·柏斯特（Hubert Bost）教授和帕特里克·卡巴内尔（Patrick Cabanel）教授、蒙彼利埃三大塞尔日·布吕耐（Serge Brunet）教授、勒芒大学席琳·博雷洛（Céline Borello）教授、波城大学菲利普·夏雷尔（Philippe Chareyre）教授、玛丽与路易·巴斯德大学（原弗朗什-孔泰大学）于格·道西（Hugues Daussy）教授等。我在博士学位论文及本书中关注的很多问题，都得益于他们的追问和建议。感谢本书相关论文发表过程中给予我许多重要意见的匿名审稿专家和刊物编辑，这些论文能够以更为成熟和完善的面貌呈现出来，离不开他们细致的审阅和宝贵的意见。

这本书的思考和写作历时多年，感谢黄兴涛老师、朱浒老师、吕学明老师、夏明方老师、郭双林老师、王大庆老师及其他诸位人大历史学院老师在此期间对我的关心和鼓励。尤其感谢历史学院青年沙龙，如果没有沙龙的各种活动，我大概不能如此快速地融入人大的教学和科研环境。感谢沙龙的同事益友陈昊老师

（我的书写完了，陈昊，你看到了吗）、杜宣莹老师、高波老师、古丽巍老师、胡恒老师、侯深老师、姜萌老师、李晶老师、伍婷婷老师，这项研究离不开他们的支持和帮助。

本书得以完成，有赖于国家社会科学基金对这一课题的资助，谨此致谢。研究期间，我曾有幸在浙江大学人文高等研究院访学，那里的宁谧环境及其间的学术交流对本书写作帮助良多，在此一并致谢。此外，还要感谢社会科学文献出版社郑庆寰、白纪洋等各位老师，是他们的支持和辛勤工作让这本书得以顺利出版。

最后，我想特别感谢我的家人和朋友，前行路上一直有他们的鼓励和陪伴，是我的幸运。

王文婧
2025 年 5 月于北京

图书在版编目（CIP）数据

神圣的异端：法国中世纪纯洁派叙事研究 / 王文婧
著 . -- 北京：社会科学文献出版社，2025.6. -- （大
有）. -- ISBN 978-7-5228-5287-4

Ⅰ. B928.565
中国国家版本馆 CIP 数据核字第 2025X8H777 号

大有
神圣的异端：法国中世纪纯洁派叙事研究

著　　者 / 王文婧

出 版 人 / 冀祥德
责任编辑 / 白纪洋
责任印制 / 岳　阳

出　　版 / 社会科学文献出版社·历史学分社（010）59367256
　　　　　　地址：北京市北三环中路甲 29 号院华龙大厦　邮编：100029
　　　　　　网址：www. ssap. com. cn
发　　行 / 社会科学文献出版社（010）59367028
印　　装 / 北京联兴盛业印刷股份有限公司

规　　格 / 开本：889mm × 1194mm　1/32
　　　　　　印张：11.5　字数：265 千字
版　　次 / 2025 年 6 月第 1 版　2025 年 6 月第 1 次印刷
书　　号 / ISBN 978-7-5228-5287-4
定　　价 / 98.00 元

读者服务电话：4008918866